그림과 작동 원리로 쉽게 이해하는
네트워크의 기초
네트워크의 전체 구조와 기술이
한눈에 들어오는 핵심 입문서

그림과 작동 원리로 쉽게 이해하는
네트워크의 기초
네트워크의 전체 구조와 기술이
한눈에 들어오는 핵심 입문서

지은이 데브아틱스

펴낸이 박찬규　**엮은이** 이대엽　**디자인** 북누리　**표지디자인** Arowa & Arowana

펴낸곳 위키북스　**전화** 031-955-3658, 3659　**팩스** 031-955-3660

주소 경기도 파주시 문발로 115 세종출판벤처타운 311호

가격 25,000　**페이지** 244　**책규격** 175 x 235mm

초판 발행 2025년 04월 22일
ISBN 979-11-5839-571-1 (93000)

등록번호 제406-2006-000036호　**등록일자** 2006년 05월 19일

홈페이지 wikibook.co.kr　**전자우편** wikibook@wikibook.co.kr

Copyright © 2025 by 데브아틱스
All rights reserved.
First published in Korea in 2025 by WIKIBOOKS

이 책의 한국어판 저작권은 저작권자와 독점 계약한 위키북스에 있습니다.
신저작권법에 의해 한국 내에서 보호를 받는 저작물이므로 무단 전재와 복제를 금합니다.
이 책의 내용에 대한 추가 지원과 문의는 위키북스 출판사 홈페이지 wikibook.co.kr이나
이메일 wikibook@wikibook.co.kr을 이용해 주세요.

그림과 작동 원리로 쉽게 이해하는
네트워크의 기초

네트워크의 전체 구조와 기술이
한눈에 들어오는 핵심 입문서

— 데브아틱스 지음 —

위키북스

추천사

네트워크라는 과목을 정보보안을 통해 처음으로 접하게 됐습니다. 이 책은 적어도 제가 네트워크를 알아야겠다, 네트워크를 시작해야겠다, 라는 마중물 역할을 하는 책이고, 배움에 있어 지치지 않게 해주는 책이라고 느꼈습니다. 실제로 마주하던 학습 내용을 그림으로 표현한다는 것은 이질감이 느껴지게 할 수도 있지만 그림을 통해 지식을 표현하고 이 지식을 괴리감을 최소한해서 표현하셨다는 점에서 독자를 배려해주신 것이 느껴져 즐겁게 읽었습니다.

— 세무법인 글로비 책임 이제영

서문

처음 네트워크를 공부했을 때 텍스트로만 설명된 개념을 읽으며 막막함을 느꼈다. IP 주소가 패킷 안에서 어떻게 이동하는지, 계층별 데이터 흐름이 어떻게 이뤄지는지 머릿속에서 선명하게 그려지지 않기 때문에 구조를 이해하지 못한 채 단순 암기로 외워야 할 때마다 비효율적인 학습에 고전을 면치 못했다. 그러던 중 그림을 그리면서 개념을 정리해 보니 텍스트로는 흐릿했던 개념들이 명확하게 연결되기 시작했다. 네트워크를 이해하는 데 있어 텍스트 형태의 설명을 넘어서 시각적인 자료를 활용하면 훨씬 직관적으로 이해된다는 것을 체험했다.

이 책에서는 그림을 활용해 네트워크 개념을 더욱 직관적으로 전달하고자 했다. 특히 부가적으로 제공하는 애프터 이펙트를 활용한 애니메이션을 통해 글로는 설명하기 어려운 헤더의 필드와 그 외 데이터 흐름을 시각적으로 구현했다.

이 책은 그런 고민 끝에 쓰였다. 네트워크 개념을 좀 더 직관적으로 전달하기 위해 그림 자료와 애니메이션 영상 자료를 활용했다. IT 교육 자료에서 애니메이션을 도입하는 것은 흔치 않은 시도이지만 눈으로 따라가기 어려운 개념을 독자들이 더욱 쉽게 직관적으로 이해하는 데 도움이 될 것 같아 부가 자료로 제공했다.

또한 단순한 개념 암기가 아니라 이해를 바탕으로 한 학습이 이뤄질 수 있도록 각 장마다 간단한 문제를 포함했다. 네트워크의 기초 개념은 어렵지 않지만 실무에서는 단순한 지식 습득을 넘어 어떻게 응용할 것인가가 중요하다. 따라서 이 책은 단순히 읽고 끝나는 것이 아니라 학습자가 스스로 개념을 익혀 문제를 해결할 수 있도록 구성했다.

네트워크를 공부하는 과정에서 TCP/IP 모델이 실무에서 더 많이 쓰인다는 점은 분명하다. 하지만 대학에서 배우는 OSI 7계층 모델 또한 빼놓을 수 없는 기초 개념이다. 많은 학부 과정에서는 OSI 모델을 중심으로 네트워크 개념을 설명하며, 이는 네트워크의 구조와 개념적 이해를 돕기 위해 설계된 모델이다. 이 책에서는

OSI 7계층 모델을 먼저 다룬 후, 실무에서 널리 쓰이는 TCP/IP 모델로 자연스럽게 연결되도록 구성했다.

이 책의 목표는 독자분들이 네트워크의 기초 개념을 탄탄히 다진 후 심화된 개념을 학습할 수 있도록 발판을 제공하는 것이다. 필요한 부분을 선택적으로 학습하는 것도 좋지만 순서대로 빠르게 훑어 보는 것이 좀 더 도움이 될 것이다.

네트워크를 처음 공부하는 사람도, 실무에서 개념을 다시 정리하고 싶은 사람도 이 책이 탄탄한 기본기를 쌓는 데 도움이 되기를 바란다.

저자 소개

데브아틱스

정보시스템공학을 전공하고 추상적인 개념과 연관된 실습 부분을 직관적으로 이해할 수 있도록 블렌더, 애프터이펙트 등과 같은 모션그래픽 프로그램을 활용한 IT 분야의 애니메이션 영상 자료를 제작하고 있다. 현재는 Unity, Unreal Engine을 활용한 AR/VR 기반 미디어아트에 관심을 가지고 연구하고 있다.

부가 영상 안내

이 책에서 다루는 네트워크 관련 개념들을 더욱 직관적으로 이해할 수 있도록 아래의 유튜브 채널과 강의를 통해 헤더의 필드와 그 외 데이터 흐름을 시각적으로 구성한 자료를 제공합니다.

- 유튜브 채널: https://wikibook.co.kr/network-yt

- 인프런 강의: https://wikibook.co.kr/network-inf

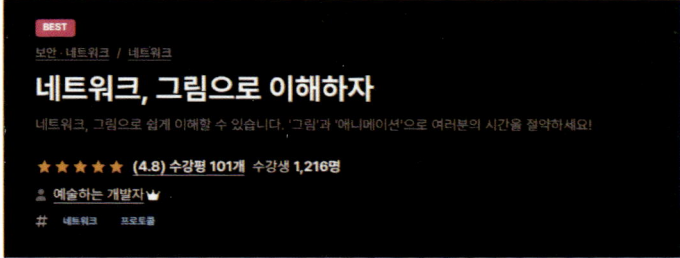

세부 영상 목록

다음은 이 책의 세부 주제와 관련된 영상 목록입니다. 특정 주제의 영상이 궁금하신 분들은 함께 기재된 링크를 통해 확인하실 수 있습니다.

번호	영상 제목/URL	관련 본문 내용
1	사설 네트워크 공용 네트워크 • https://wikibook.co.kr/netv1	1.1절 '네트워크의 두 얼굴: 사설 네트워크와 공용 네트워크'(2쪽)
2	프로토콜 프로토콜 스위트 • https://wikibook.co.kr/netv2	1.3절 '프로토콜: 컴퓨터들의 비밀 언어'(10쪽)
3	캡슐화 역캡슐화 • https://wikibook.co.kr/netv3	1.5절 '데이터의 변신: 캡슐화에서 역캡슐화까지'(19쪽)
4	이더넷 프레임 이더넷 헤더 • https://wikibook.co.kr/netv4	3.3절 '데이터 링크 계층의 데이터 포장: 이더넷 프레임과 이더넷 헤더'(53쪽)
5	IP 패킷 IP 헤더 • https://wikibook.co.kr/netv5	4.2절 '네트워크 계층의 데이터 포장: IP 패킷, IP 헤더'(76쪽)
6	TCP 세그먼트 TCP 헤더 • https://wikibook.co.kr/netv6	5.2절 '전송 계층의 데이터 포장: TCP 세그먼트와 TCP 헤더'(131쪽)
7	HTTP • https://wikibook.co.kr/netv7	6.6절 '웹의 기초: HTTP'(190쪽)

01. 네트워크 개요: 무엇을 먼저 알아야 할까? 1

1.1 네트워크의 두 얼굴: 사설 네트워크와 공용 네트워크 2
- 1.1.1 사설 네트워크와 공용 네트워크의 분류 2
- 1.1.2 사설 네트워크에서 공용 네트워크로의 여행 3
- 1.1.3 핵심 정리 4

1.2 네트워크의 크기별 분류: LAN, WAN, MAN 6
- 1.2.1 가깝거나 멀거나, LAN과 WAN 6
- 1.2.2 도시권 통신망도 있다고? MAN 8
- 1.2.3 핵심 정리 9

1.3 프로토콜: 컴퓨터들의 비밀 언어 10
- 1.3.1 컴퓨터의 언어 체계 10
- 1.3.2 프로토콜은 어디에 있을까? 네트워크 구조 11
- 1.3.3 핵심 정리 13

1.4 네트워크의 지도: OSI 모델과 TCP/IP 모델 14
- 1.4.1 네트워크 모델의 비교, OSI vs. TCP/IP 14
- 1.4.2 OSI 모델의 계층 15
- 1.4.3 핵심 정리 17

1.5 데이터의 변신: 캡슐화에서 역캡슐화까지 19
- 1.5.1 헤더를 붙였다가 떼었다가, 캡슐화와 역캡슐화 19
- 1.5.2 캡슐화와 역캡슐화의 과정, 그리고 PDU 20
- 1.5.3 전송 중 변신하는 데이터의 여정 21
- 1.5.4 핵심 정리 22

1.6 네트워크의 메시지 전송 스타일: 유니캐스트, 멀티캐스트, 브로드캐스트 24
- 1.6.1 1:1 채팅, 유니캐스트 24
- 1.6.2 그룹 채팅, 멀티캐스트 25
- 1.6.3 전체에게 공지 채팅, 브로드캐스트 25
- 1.6.4 핵심 정리 26

1.7	통신의 두 가지 스타일: 반이중 통신, 전이중 통신	28
	1.7.1 차례대로 소통, 반이중 통신	28
	1.7.2 동시 소통, 전이중 통신	28
	1.7.3 핵심 정리	29

02. 물리 계층   30

2.1	물리 계층 개요	31
2.2	전송 매체의 대모험	32
	2.2.1 UTP 케이블	33
	2.2.2 동축 케이블	35
	2.2.3 빛의 속도로, 광섬유 케이블	35
	2.2.4 핵심 정리	36
2.3	리피터와 허브	37
	2.3.1 신호 증폭기, 리피터	37
	2.3.2 통신의 중심, 허브	37
	2.3.3 핵심 정리	38
2.4	네트워크 토폴로지	40
	2.4.1 가장 간단한 구조, 버스형	40
	2.4.2 별처럼 빛나는 구조, 스타형	41
	2.4.3 끝없는 순환의 구조, 링형	42
	2.4.4 진화된 구조, 망형	42
	2.4.5 핵심 정리	43

03. 데이터 링크 계층   45

    3.1   데이터 링크 계층 개요   46

    3.2   유선 네트워크의 고속도로: 이더넷   47

         3.2.1   이더넷이란?   48

         3.2.2   다양한 이더넷의 속도   49

         3.2.3   이더넷의 여러 속도와 규격들   51

         3.2.4   핵심 정리   51

    3.3   데이터 링크 계층의 데이터 포장: 이더넷 프레임과 이더넷 헤더   53

         3.3.1   더 자세히 보는 이더넷 프레임과 이더넷 헤더   53

         3.3.2   핵심 정리   55

    3.4   네트워크의 주민 등록: MAC 주소   56

         3.4.1   MAC 주소란?   56

         3.4.2   표로 한눈에 보는 MAC 주소 테이블   58

         3.4.3   핵심 정리   59

    3.5   스위치: 유선 네트워크의 교차로   61

         3.5.1   스위치란?   61

         3.5.2   스위치의 작동 원리, 스위칭   62

         3.5.3   핵심 정리   68

    3.6   네트워크 충돌을 해결해주는 경찰: CSMA/CD   69

         3.6.1   CSMA/CD의 충돌 감지와 해결 과정   69

         3.6.2   핵심 정리   72

04. 네트워크 계층   73

- 4.1 네트워크 계층 개요   74
- 4.2 네트워크 계층의 데이터 포장: IP 패킷, IP 헤더   76
  - 4.2.1 더 자세히 보는 IP 패킷과 IP 헤더   77
  - 4.2.2 핵심 정리   78
- 4.3 인터넷의 규칙: IP(Internet Protocol)   80
  - 4.3.1 핵심 정리   80
- 4.4 인터넷의 주소 체계: 네트워크 주소   81
  - 4.4.1 세계 각지로 뻗어나가자, IP 주소   81
  - 4.4.2 네트워크 ID와 호스트 ID로 구분해요   83
  - 4.4.3 클래스풀 주소 지정: A, B, C, D, E 클래스의 IP 주소   83
  - 4.4.4 핵심 정리   85
- 4.5 효율적으로 네트워크를 분할하자: 서브넷팅, 서브넷 마스크   87
  - 4.5.1 네트워크를 나누자, 서브넷팅   87
  - 4.5.2 네트워크를 구분하자, 서브넷 마스크   88
  - 4.5.3 클래스리스 주소 지정: CIDR과 VLSM   90
  - 4.5.4 핵심 정리   92
- 4.6 더 넓은 네트워크를 위한 나침반: 라우터   94
  - 4.6.1 라우터란?   95
  - 4.6.2 최적의 경로를 찾자, 라우팅   97
  - 4.6.3 핵심 정리   99
- 4.7 라우팅 정보를 주기적으로 교환하자: RIP   100
  - 4.7.1 RIP란?   100
  - 4.7.2 예시로 보는 RIP의 동작 과정   101
  - 4.7.3 핵심 정리   104
- 4.8 자율시스템 간 최적의 경로를 찾자: BGP   105
  - 4.8.1 앗 뜨거! 뜨거운 감자 라우팅   105
  - 4.8.2 어디에나 존재하는 BGP, eBGP와 iBGP   105

4.8.3 BGP의 경로 선택 기준은 무엇일까?	106
4.8.4 BGP의 메시지 종류는 무엇일까?	107
4.8.5 핵심 정리	107
4.9 최적의 길을 실시간으로 업데이트하자: OSPF	109
4.9.1 OSPF란?	109
4.9.2 빼놓을 수 없는 다익스트라 알고리즘	113
4.9.3 핵심 정리	116
4.10 네트워크 주소를 변신하자: 네트워크 주소 변환(NAT)	117
4.10.1 사설 IP에서 공인 IP로, NAT로 변신!	117
4.10.2 핵심 정리	119
4.11 주소 해석의 고수 프로토콜: 주소 결정 프로토콜(ARP)	120
4.11.1 ARP의 주소 해석 과정은 어떻게 될까?	121
4.11.2 핵심 정리	123
4.12 상태 보고하러 왔어요: 인터넷 제어 메시지 프로토콜(ICMP)	124
4.12.1 ICMP 자세히 살펴보기	124
4.12.2 핑! 핑! 지나간 데이터의 상태를 알려줘	126
4.12.3 ICMP 헤더 타입을 자세히 보자	127
4.12.4 핵심 정리	128

05. 전송 계층   129

5.1 전송 계층 개요	130
5.2 전송 계층의 데이터 포장: TCP 세그먼트와 TCP 헤더	131
5.2.1 더 자세히 보는 TCP 세그먼트와 TCP 헤더의 영역	132
5.2.2 핵심 정리	134
5.3 연결도 조심스럽게: 3방향 핸드셰이크, 4방향 핸드셰이크	136
5.3.1 첫인사는 3방향 핸드셰이크로!	137
5.3.2 작별 인사는 4방향 핸드셰이크로!	138
5.3.3 핵심 정리	139

5.4 데이터 에러를 잡자: TCP 에러 제어 — 140

- 5.4.1 Stop-and-Wait ARQ — 141
- 5.4.2 Go-Back-N ARQ — 142
- 5.4.3 Selective Repeat ARQ — 143
- 5.4.4 핵심 정리 — 144

5.5 데이터의 균형을 잡자: TCP 흐름 제어 — 145

- 5.5.1 흐름 제어의 비밀: 슬라이딩 윈도우 — 145
- 5.5.2 TCP 흐름 제어의 동작 과정 — 146
- 5.5.3 핵심 정리 — 148

5.6 데이터 교통 정리를 하자: TCP 혼잡 제어 — 149

- 5.6.1 혼잡을 피하는 전략 — 149
- 5.6.2 핵심 정리 — 151

5.7 애플리케이션의 출입구: 포트 번호 — 152

- 5.7.1 더 자세히 보는 포트 번호 — 152
- 5.7.2 이것만은 꼭 알아둬, Well-Known 포트 — 153
- 5.7.3 핵심 정리 — 154

5.8 빠르고 자유로운 프로토콜, UDP — 155

- 5.8.1 더 자세히 보는 UDP의 특징 — 155
- 5.8.2 UDP 데이터그램과 UDP 헤더 — 156
- 5.8.3 브로드캐스트 방식에 적합한 UDP — 157
- 5.8.4 핵심 정리 — 158

5.9 보안의 수호자: SSL/TLS — 160

- 5.9.1 암호화 시너지를 내자, 비대칭 키와 대칭 키 — 161
- 5.9.2 SSL/TLS의 악수, 핸드셰이크 — 162
- 5.9.3 핵심 정리 — 164

06. 응용 계층 — 166

6.1 응용 계층 개요 — 168

6.2 자동으로 IP 주소를 배정하자: DHCP — 170
- 6.2.1 DHCP의 동작 과정을 탐구하자 — 172
- 6.2.2 핵심 정리 — 173

6.3 인터넷의 주소록: DNS — 174
- 6.3.1 DNS로 웹 접속하기 — 174
- 6.3.2 DNS도 위계 질서가 있어요, DNS 계층 구조 — 176
- 6.3.3 어떻게 질의할까? 재귀적 질의와 반복적 질의 — 177
- 6.3.4 핵심 정리 — 180

6.4 파일 전송은 나에게 맡겨: FTP — 181
- 6.4.1 TCP의 힘을 빌려, 두 개의 TCP 연결 — 181
- 6.4.2 모드로 이해하기, 액티브 모드와 패시브 모드 — 182
- 6.4.3 핵심 정리 — 184

6.5 이메일 전송의 뼈대: SMTP와 POP3 — 186
- 6.5.1 이메일 발송은 나에게 맡겨, SMTP — 186
- 6.5.2 이메일 수신은 나에게 맡겨: POP3 — 187
- 6.5.3 핵심 정리 — 189

6.6 웹의 기초: HTTP — 190
- 6.6.1 웹 브라우저와 대화를 시작해보자 — 190
- 6.6.2 웹의 요구사항, HTTP 요청 — 192
- 6.6.3 웹 서버의 대답, HTTP 응답 — 194
- 6.6.4 HTTP도 역사가 있어요 — 196
- 6.6.5 핵심 정리 — 197

6.7 전송 계층과 응용 계층의 통합, 더 빠르고 더 안전하게: QUIC — 199
- 6.7.1 TCP/UDP와 QUIC을 비교해보자 — 199
- 6.7.2 왕복은 필요하지 않아, 0-RTT — 200
- 6.7.3 핵심 정리 — 202

07. 무선 LAN — 204

7.1 공기를 통해 연결해요: 무선 LAN — 205
- 7.1.1 무선 연결의 쌍둥이, 무선 LAN 액세스 포인트와 무선 LAN 클라이언트 — 206
- 7.1.2 어떤 방식으로 무선 통신을 할까?, 인프라스트럭처 방식과 애드혹 방식 — 207
- 7.1.3 주요 무선 LAN 규격을 살펴보자 — 209
- 7.1.4 핵심 정리 — 209

7.2 공기 중의 데이터 교통 경찰: CSMA/CA — 211
- 7.2.1 앗! 무선 네트워크도 충돌할 수 있어요 — 212
- 7.2.2 충돌 없는 통신을 위한 CSMA/CA의 과정 — 212
- 7.2.3 핵심 정리 — 214

08. 총정리: 예시를 통해 둘러볼까요? — 216

01

네트워크 개요: 무엇을 먼저 알아야 할까?

오늘날 사람들은 게임을 하거나, 강의를 듣거나, 정보를 검색할 때 컴퓨터 상에서 연결된 망을 통해 통신합니다. 이 연결망을 '네트워크'라고 합니다. 네트워크를 통해 데이터가 전송될 때, 가정이나 회사 내의 소규모의 네트워크를 거치기도 하고, 멀리 있는 컴퓨터와 통신할 때는 여러 대규모의 네트워크를 거치기도 합니다. 이처럼 각종 통신 장비들이 데이터를 주고받으며 연결된 망이 네트워크인 것입니다.

그렇다면 이 복잡한 네트워크 시스템을 어떻게 체계적으로 이해할 수 있을까요? 네트워크를 통해 데이터 통신을 할 때, 데이터는 복잡한 시스템 구조를 거칩니다. 네트워크를 통해 데이터 통신이 이뤄지는 과정을 정의하지 않으면 체계가 없어지기 때문에 국제표준화기구인 ISO(International Organization for Standardization)에서는 데이터가 전송되는 과정을 7개의 추상적 계층으로 나눈 OSI(Open Systems Interconnection) 모델을 제정했습니다. 즉, OSI 모델은 네트워크 통신 과정을 이해하기 위한 핵심적인 '기준'을 제공합니다. 여기서 각 계층의 역할을 간략히 살펴보면, 데이터는 응용 계층에서 시작해 물리 계층까지 이동하며, 각 계층에서 필요한 정보를 추가합니다. 필요한 정보를 추가하는 이 같은 과정을 캡슐화라고 하고, 제거하는 과정을 역캡슐화라고 합니다. 이때 캡슐화 과정이 필요한 이유는 무엇일까요? 데이터의 정확한 전송과 해석을 보장하기 위해서입니다. 즉, 데이터가 단순히 이동하기만 하는 것이 아니라 각 계층을 지나는 동안 필수적인 정보를 덧붙이거나 제거하는 캡슐화와 역캡슐화 과정을 거칩니다.

1장 '네트워크 개요'에서는 OSI 모델의 각 계층에서 일어나는 일들을 이해하기에 앞서, 큰 틀과 기초 용어를 알아봅니다. 이번 절에서는 특정한 기준으로 분류한 네트워크와 그 역할, 추상적으로 나눈 각 계층의 역할, 데이터가 계층 간에 이동할 때 일어나는 캡슐화와 역캡슐화, 그리고 필수적으로 알아야 할 기초 용어와 규칙을 알아보겠습니다.

1.1 네트워크의 두 얼굴: 사설 네트워크와 공용 네트워크

네트워크는 어떤 기준으로 분류할 수 있을까요? 네트워크는 거리, 이용자, 크기 등 다양한 관점으로 분류할 수 있습니다. 이번 절에서는 그중 이용자를 기준으로 '누가 이용할 수 있는가?'에 초점을 맞춰 분류해보겠습니다. 이용자를 기준으로 분류하면 네트워크에 접속하는 사용자를 제한하는 사설 네트워크와 사용자를 제한하지 않는 공용(인터넷) 네트워크로 구분할 수 있습니다. 그렇다면 사설 네트워크와 공용 네트워크의 구체적인 차이점은 무엇일까요?

1.1.1 사설 네트워크와 공용 네트워크의 분류

네트워크에 접속하는 사용자를 제한하는 사설 네트워크의 예로는 기업의 내부 네트워크나 가정 내 네트워크가 있습니다. 반대로 공용 네트워크는 네트워크에 접속하는 사용자를 제한하지 않습니다. 예를 들어, 공공장소의 와이파이(Wi-Fi)가 이에 해당합니다. 따라서 공용 네트워크는 누구나 이용할 수 있어 누구나 해당 네트워크에 접속할 수 있다는 특징이 있습니다.

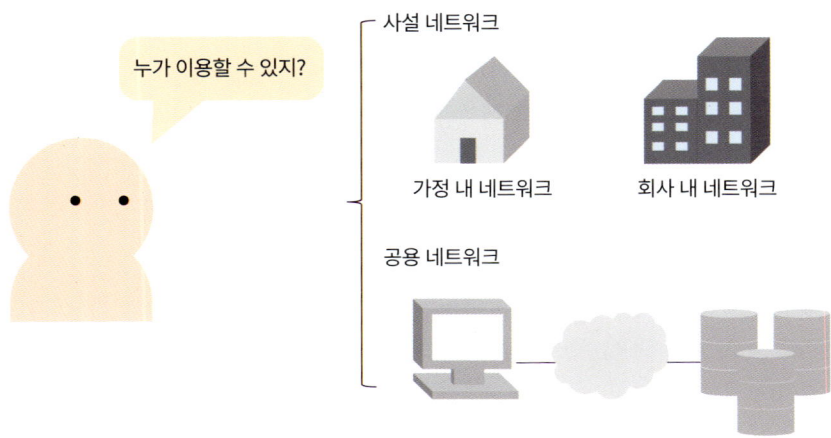

그림 1.1 사설 네트워크와 공용 네트워크

사설 네트워크와 공용 네트워크는 각 기기에 부여하는 IP 주소 대역이 다릅니다. 여기서 IP 주소(IP Address)란 Internet Protocol Address의 약자로, 네트워크에서 기기들이 통신하기 위해 부여하는 주소입니다. 사설 네트워크에 속한 기기들은 사설 IP를 사용하고, 공용 네트워크에 있는 기기들은 공용 IP를 사용합니다. 이렇게 다른 IP 주소 대역을 사용하는 이유는 모든 기기에 고유한 주소를 하나씩 부여하기 어렵기 때문에 사설 네트워크와 공용 네트워크에서 사용하는 주소를 분리하기 위해서입니다.

공용 네트워크 대역에서 기기들이 부여받는 공인(공용) IP는 인터넷 서비스 제공업체인 ISP(Internet Service Provider)에서 할당합니다. 인터넷 서비스 제공업체인 ISP의 예로는 KT, SK브로드밴드(SKB), LG U+ 등이 있습니다.

1.1.2 사설 네트워크에서 공용 네트워크로의 여행

어떤 기기가 인터넷에 접속하려면 통신 과정에서 반드시 공인 IP 주소가 필요합니다. 인터넷 전체에서 공인 IP는 중복되지 않게 관리되고, 함부로 사용할 수 없습니다. KT, SK브로드밴드, LG U+ 같은 인터넷 서비스 제공업체가 라우터에 공인 IP 주소를 부여하고, 인터넷 접속 서비스를 계약하는 과정을 거침으로써 공인 IP 주소가 할당됩니다.

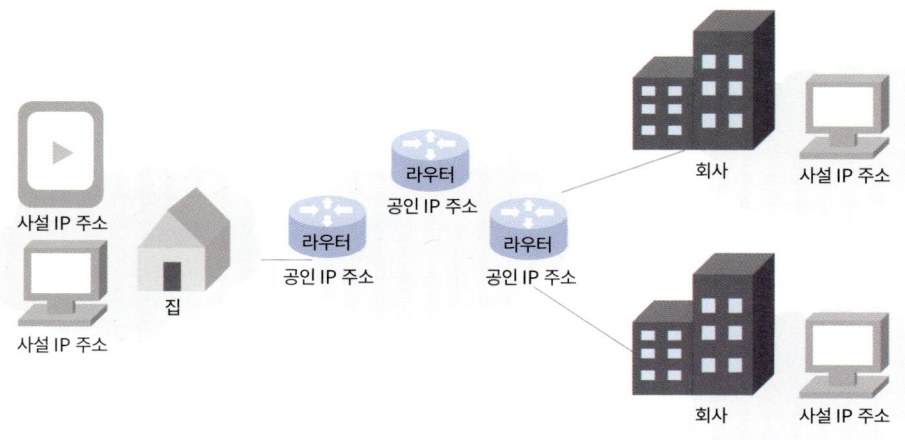

그림 1.2 사설 네트워크와 공용 네트워크의 연결 구조

그렇다면 사설 네트워크 내부에서는 어떻게 인터넷에 접속할까요? 여기서 사설 IP 주소의 개념이 중요합니다. 그림 1.2를 보면 가정 내 기기와 회사 내 컴퓨터에 사설 IP 주소가 할당된 것을 볼 수 있습니다. 이러한 네트워크를 사설 네트워크로 분류할 수 있습니다. 이때 회사의 데스크톱에서 사용하는 사설 IP 주소와 가정 내 데스크톱에서 사용하는 사설 IP 주소가 같더라도 서로 다른 네트워크에 속해 있기 때문에 문제가 되지 않습니다.

사설 네트워크에 속한 기기가 인터넷에 접속하려면 4장 '네트워크 계층'에서 다룰 네트워크 주소 변환 프로토콜(Network Address Translation; NAT)을 통해 사설 IP 주소를 공인 IP 주소로 변환하는 과정을 거칩니다. 이것이 사설 네트워크에서 공용 네트워크로 접속하는 과정의 예입니다.

결과적으로 우리가 사용하는 기기들이 인터넷에 접속하는 과정은 사설 네트워크와 공용 네트워크에서 사설 IP 주소와 공인 IP 주소가 배분되는 방식으로 이뤄집니다. 이 과정들은 사실 우리가 인터넷을 사용할 때마다 눈에 보이지 않는 속도로 매끄럽게 이뤄지고 있습니다.

1.1.3 핵심 정리

- 사설 네트워크는 가정이나 회사 내의 네트워크처럼 접속할 수 있는 사용자를 제한하는 네트워크로, 사설 IP 주소를 사용합니다.
- 공용 네트워크는 인터넷처럼 접속할 수 있는 사용자를 제한하지 않는 네트워크로, 공용 IP 주소를 사용합니다.

【연습 문제】

1. 사설 네트워크에 사용되는 IP 주소와 공용 네트워크에 접속할 때 사용되는 IP 주소의 종류는 무엇인가요?
2. 사설 IP 주소를 공인 IP 주소로 변환해서 인터넷에 접속할 수 있게 하는 것을 무엇이라고 하나요?
3. 공용 IP 주소를 할당하는 기관을 무엇이라고 하나요?
4. 사설 IP 주소와 공인 IP 주소의 주요 차이점은 무엇인가요?

연습문제 해답

1. 사설 IP 주소, 공용 IP 주소
2. NAT (4장 '네트워크 계층'에서 더 자세하게 배웁니다)
3. 인터넷 서비스 제공업체(Internet Service Provider; ISP)
4. 사설 IP 주소는 내부 네트워크에서만 사용되고, 사설 IP 주소를 통해서는 직접 인터넷에 접속할 수 없습니다. 공인 IP 주소를 통해서라면 인터넷에서 접속할 수 있게 됩니다.

1.2 네트워크의 크기별 분류: LAN, WAN, MAN

앞에서 네트워크를 규모, 이용자, 크기 등 다양한 관점에서 분류할 수 있다고 했습니다. 이번 절에서 다룰 LAN(Local Area Network), WAN(Wide Area Network), MAN(Metropolitan Area Network)은 거리와 범위에 따라 분류한 네트워크입니다. LAN과 WAN, MAN은 약어는 비슷하지만 역할과 범위가 확연히 다른 네트워크입니다. 이번 절에서는 그 차이점에 대해 알아보겠습니다.

1.2.1 가깝거나 멀거나, LAN과 WAN

LAN(Local Area Network)은 근거리 통신망 또는 로컬 영역 네트워크를 의미합니다. 'Local Area'라는 이름에서 알 수 있듯이 근거리 범위를 대상으로 하며, 집이나 회사 같은 비교적 좁은 범위의 네트워크를 예로 들 수 있습니다.

WAN(Wide Area Network)은 Local에 비해 넓은 의미를 가진 Wide라는 단어처럼, 광역 통신망을 의미합니다. WAN의 주요 특징은 LAN과 LAN을 연결하는 역할을 한다는 점입니다. LAN이 그림 1.3의 왼쪽과 같이 가정 내 기기들처럼 거점 내 기기끼리 연결하는 역할을 한다면, WAN은 각 거점의 LAN을 서로 연결하는 역할을 합니다.

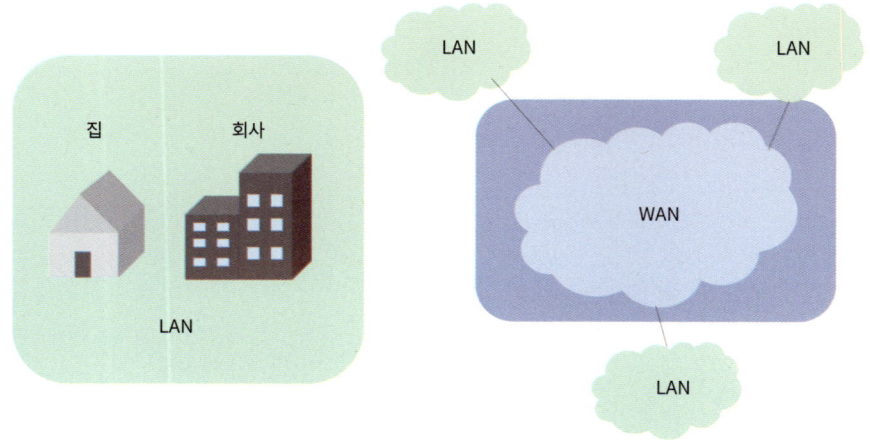

그림 1.3 LAN과 WAN의 특징

WAN을 더 자세히 이해하기 위해 가상의 회사인 위키전자를 예로 들어보겠습니다. 위키전자의 본사는 판교에 있고, 서울 지사와 인천 지사가 있다고 가정해보겠습니다. 이때 본사의 네트워크는 LAN, 서울 지사의 네트워크도 LAN, 인천 지사의 네트워크 역시 LAN입니다. 이때 각 지사의 네트워크를 연결하는 역할을 하는 것이 WAN입니다. 이처럼 지사 내 네트워크인 LAN을 연결해 여러 지사들이 통신할 수 있게 하는 네트워크가 WAN입니다.

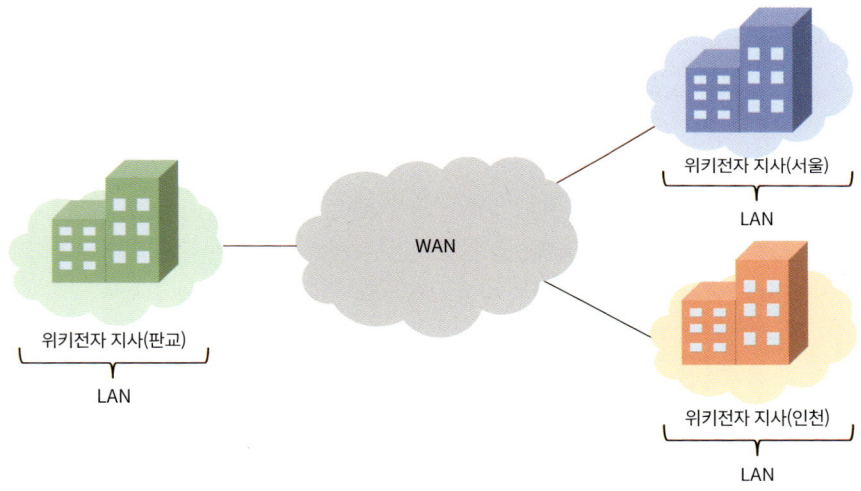

그림 1.4 LAN과 WAN으로 구성된 위키전자

또 다른 예로 가정 내의 네트워크가 어떻게 인터넷에 접속할 수 있는지 살펴보겠습니다. 가정 내 네트워크의 인터넷 접속 과정을 보면 가정 내 기기들이 구성하는 LAN과 인터넷의 연결을 이해할 수 있습니다. 집안의 프린터, 콘솔 게임기, 데스크톱, 노트북 등의 기기들은 가정 내 LAN을 형성하며, 이 기기들이 무선 LAN을 지원하는 인터넷 공유기와 연결되면 ISP의 서비스를 통해 인터넷에 접속할 수 있게 됩니다. 이것이 LAN이 WAN으로 연결이 되는 과정의 한 예입니다.

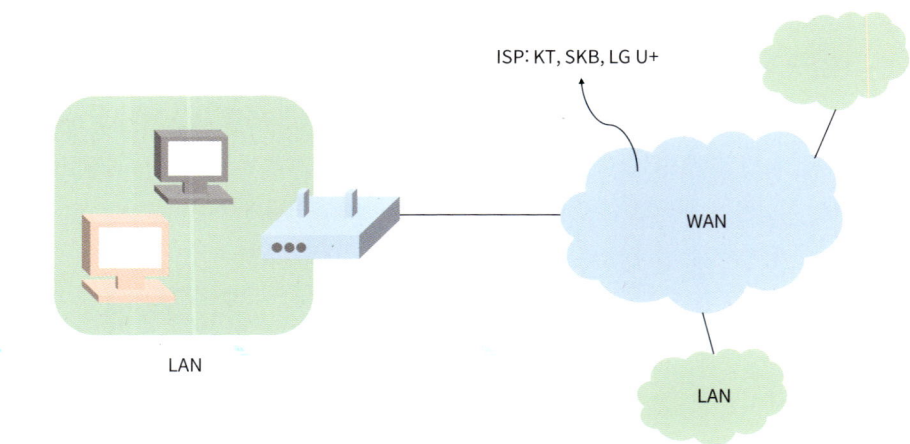

그림 1.5 LAN에서 WAN으로 연결되는 과정

표 1.1 LAN과 WAN의 비교

	LAN	WAN
역할	거점 내 기기 연결	LAN과 LAN 연결(거점 간 연결)
범위	좁음(특정 건물 및 지역)	넓음
속도	빠름	느림

각 네트워크의 역할을 보면 LAN은 거점 내 기기들을 연결하고, WAN은 LAN과 LAN을 연결합니다. 범위로는 거점 내 기기를 연결하는 LAN이 더 좁고, WAN은 거점 간 연결로 더 넓습니다. 속도는 LAN이 근거리 통신망이기에 더 빠르고 WAN은 광역 통신망이기에 상대적으로 느립니다.

1.2.2 도시권 통신망도 있다고? MAN

추가로 도시권 통신망인 **MAN(Metropolitan Area Network)**에 대해 설명하겠습니다. Metropolitan Area라는 이름에서 알 수 있듯이, MAN은 캠퍼스나 도시 규모의 네트워크를 지칭합니다. LAN과 WAN에 비교하면 MAN은 LAN보다 넓은 범위를 포함하지만 WAN보다는 지리적으로 제한된 영역에 집중돼 있습니다.

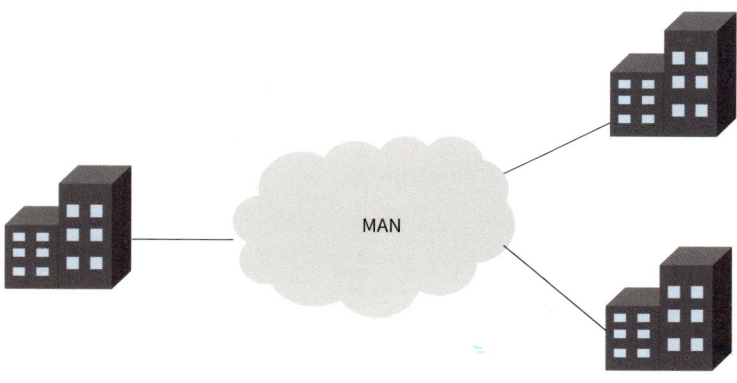

그림 1.6 도시권 통신망 MAN

1.2.3 핵심 정리

- LAN(Local Area Network)은 근거리 통신망으로, 가정이나 회사 내 네트워크에 적합합니다.
- WAN(Wide Area Network)은 광역 통신망으로, 국가나 대륙 단위의 대규모 네트워크에 적합합니다.
- MAN(Metropolitan Area Network)은 도시권 통신망으로, 대규모 캠퍼스나 도시 내 네트워크에 적합합니다.

【연습 문제】

1. LAN과 LAN을 연결해서 더 넓은 영역으로 형성된 네트워크를 무엇이라고 하나요?
2. LAN과 WAN의 속도 차이는 왜 발생하나요?

연습문제 해답

1. WAN
2. LAN은 근거리 통신망으로 데이터 전송 거리가 짧아 빠르고, WAN은 광역 통신망으로 데이터 전송 거리가 길어 상대적으로 느립니다.

1.3 프로토콜: 컴퓨터들의 비밀 언어

네트워크를 공부하는 데 있어 **프로토콜(protocol)**은 빠질 수 없는 중요한 개념입니다. 5장 '전송 계층'에서 배울 TCP와 UDP, 6장 '응용 계층'에서 배울 HTTP와 DHCP 같은 약속과 규칙들을 모두 프로토콜이라고 합니다. 그렇다면 '프로토콜'이란 무엇일까요? 구체적으로 어떤 상황에서 사용되며, 어떤 역할을 할까요? 프로토콜을 자세히 이해하기 위해 컴퓨터의 언어 체계와 네트워크 구조를 살펴볼 필요가 있습니다.

1.3.1 컴퓨터의 언어 체계

사람은 대화를 할 때 '언어'를 사용해 의사를 전달하고 소통합니다. 이러한 과정을 컴퓨터 통신에 비유하면 어떻게 설명할 수 있을까요? 컴퓨터도 서로 대화할 때 특정한 언어 체계가 필요합니다. 한마디로 컴퓨터 네트워크에서 정보를 교환하려면 표준화된 방식이 필요하고, 이를 **네트워크 구조**라고 합니다. 네트워크 구조는 다양한 프로토콜이 서로 어떻게 상호작용하는지 정의하고, 각 프로토콜은 특정 목적과 상황에 맞는 통신 규칙을 설정합니다.

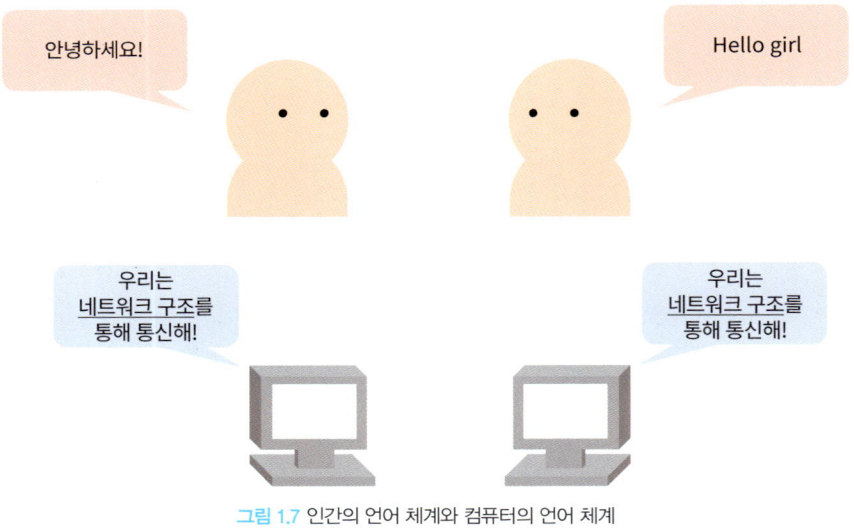

그림 1.7 인간의 언어 체계와 컴퓨터의 언어 체계

1.3.2 프로토콜은 어디에 있을까? 네트워크 구조

사람들이 한국어나 영어와 같은 언어를 사용해 대화할 때는 발음, 문법, 문자 표기 등 세부적인 규칙이 포함된 복잡한 언어 체계가 필요합니다. 마찬가지로 컴퓨터 두 대가 서로 데이터를 주고받으며 대화하려면 어떤 형식과 과정에 따라 데이터를 주고받을지에 관한 체계가 필요합니다. **네트워크 구조**는 이처럼 복잡한 시스템을 큰 틀에서 프로토콜의 집합으로 정리한 체계입니다. 즉, 컴퓨터가 통신하는 과정에서는 네트워크 구조라는 큰 틀 안에서 데이터 형식과 통신 절차 등 세부적인 규칙이 필요하고, 이러한 규칙들을 **프로토콜**이라고 합니다.

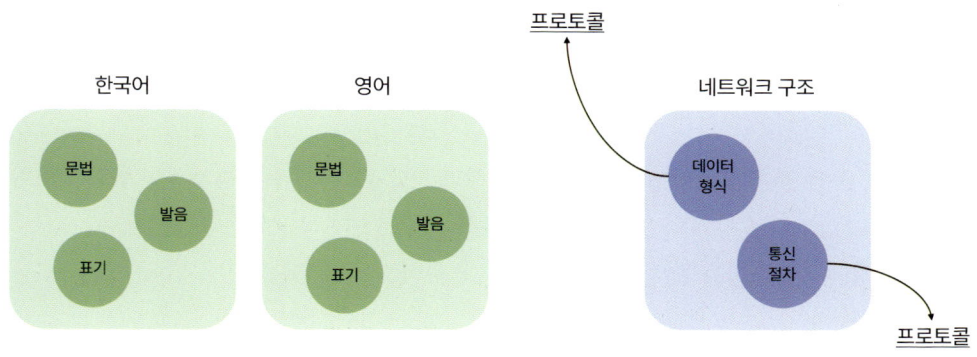

그림 1.8 언어 체계와 네트워크 구조

그렇다면 프로토콜의 대표적인 예는 무엇일까요? 1.4절에서 배울 OSI(Open Systems Interconnection) 모델을 기준으로 각 계층의 프로토콜 예시를 살펴보겠습니다.

OSI 모델을 구성하는 각 계층마다 주요 프로토콜이 있으며, 프로토콜별로 서로 다른 역할을 합니다. 그림 1.9에 각 계층에서 한 번 즈음은 들어봤을 법한 프로토콜을 정리했습니다.

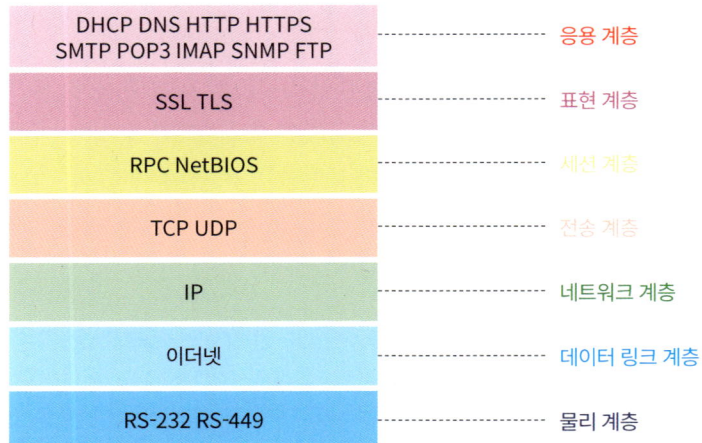

그림 1.9 OSI 모델의 각 계층별 주요 프로토콜

예를 들어, 응용 계층의 HTTP는 웹 페이지 요청과 전달을 관리하고, HTTPS는 이를 암호화해서 보안을 강화합니다. DNS는 도메인 이름을 IP 주소로 변환하는 역할을 합니다. 이 프로토콜들은 사용자가 인터넷을 통해 정보를 검색하고 소통하는 데 중요한 역할을 합니다.

전송 계층에서는 TCP가 데이터를 신뢰성 있게 전송하도록 하고, UDP는 더 빠른 전송이 가능하지만 신뢰성은 낮습니다.

네트워크 계층의 IP는 패킷의 주소 지정과 라우팅을 담당합니다. 이는 현실 세계의 우편 시스템에서 소포에 주소를 적는 것과 유사합니다.

데이터 링크 계층의 이더넷은 로컬 네트워크 내에서 데이터를 전송합니다.

물리 계층의 RS-232 같은 프로토콜은 데이터를 전기적 신호로 변환합니다.

순서대로 나열해보니 어떤가요? 각 계층별로 분류된 네트워크 모델, HTTP와 TCP, 이더넷 등이 무엇인지 프로토콜을 처음 접하는 사람에게는 낯선 단어일 수 있습니다. 프로토콜에 익숙하더라도 각 프로토콜이 구체적으로 어떤 역할을 하는지 모를 수도 있습니다. 하지만 이러한 내용들은 각 계층에서 프로토콜이 어떻게 동작하는지 차근차근 배우다 보면 자연스럽게 익힐 수 있습니다.

1.3.3 핵심 정리

- 네트워크 구조는 복잡한 시스템을 프로토콜의 집합으로 정리한 체계입니다.
- 프로토콜은 통신에 필요한 형식, 약속, 규칙을 정의하는 규약입니다.

【연습 문제】

1. 특정 목적과 상황에 맞게 컴퓨터 간 데이터를 주고받기 위해 설계된 데이터 형식, 통신 절차 등의 규칙을 무엇이라고 하나요?
2. 사람의 언어 체계와 컴퓨터의 언어 체계의 유사점은 무엇인가요?

연습문제 해답
1. 프로토콜
2. 복잡한 정보를 효과적으로 전달하기 위해 구조화된 규칙과 체계를 사용한다는 점입니다.

1.4 네트워크의 지도: OSI 모델과 TCP/IP 모델

이번 절에서는 OSI 모델과 TCP/IP 모델에 대해 알아보겠습니다. 네트워크 기초를 이해하기 위해서는 OSI 모델과 TCP/IP 모델은 반드시 알아둬야 할 개념입니다.

네트워크 통신은 데이터를 주고받는 과정입니다. 예를 들어, 친구와 인터넷으로 컴퓨터 게임을 하던 중 갑자기 인터넷 연결이 끊겼다고 가정해보겠습니다. 이때 무엇이 문제인지 모른다면 어떻게 해야 할까요? 어느 부분에서 문제가 발생했는지 알 수 있는 규칙과 규정이 필요하지 않을까요? 통신 에러가 어디에서 발생했는지 정확하게 명시해주는 규칙이 없다면 어디서 문제가 발생했는지 알기 어렵습니다. 이처럼 네트워크에서 문제가 발생한 지점을 파악하려면 통신 과정을 단계별로 구분하고 관리할 필요가 있습니다. 그렇기 때문에 원활한 네트워크 통신을 위해서는 추상화된 계층이 필요합니다.

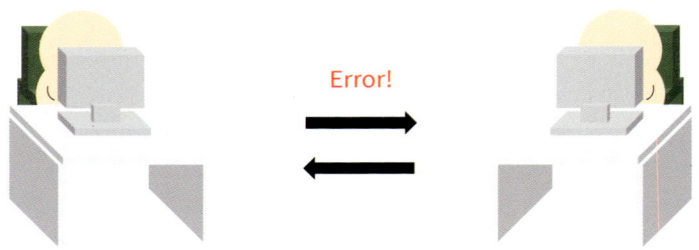

그림 1.10 인터넷 연결 오류

1.4.1 네트워크 모델의 비교, OSI vs. TCP/IP

국제표준화기구(International Organization for Standardization; ISO)에서는 복잡한 네트워크 구조를 7개의 추상적인 계층으로 나누어 데이터 통신 과정을 단계적으로 살펴보고 파악할 수 있도록 **OSI 모델**(Open System Interconnection)을 제정했습니다. OSI 모델은 아래부터 물리 계층, 데이터 링크 계층, 네트워크 계층, 전송 계층, 세션 계층, 표현 계층, 응용 계층의 7계층으로 이뤄져 있습니다. OSI 모델을 통해 복잡한 네트워크 시스템을 작은 계층으로 분리해 각 계층을 독립적으로 관리할 수 있게 됨으로써 네트워크에서 발생하는 변경 사항도 쉽게 반영할 수 있습니다.

반면, TCP/IP 모델은 OSI 모델과 달리 아래서부터 네트워크 인터페이스 계층, 인터넷 계층(네트워크 계층), 전송 계층, 응용 계층의 4계층으로 단순화되어 사용됩니다. TCP/IP 모델은 OSI 모델보다 먼저 개발됐으며, 현대 네트워크 통신은 실용성에 중점을 둔 TCP/IP 모델을 중심으로 이뤄집니다.

OSI 모델은 7계층으로, TCP/IP 모델은 4계층으로 구성돼 있습니다. OSI 모델의 물리 계층과 데이터 링크 계층은 TCP/IP 모델의 네트워크 인터페이스 계층에 해당합니다. 또한 OSI 모델의 네트워크 계층은 TCP/IP 모델의 인터넷 계층으로 볼 수 있고, OSI 모델의 세션 계층, 표현 계층, 응용 계층은 TCP/IP 모델에서는 하나로 묶어 응용 계층으로 봅니다.

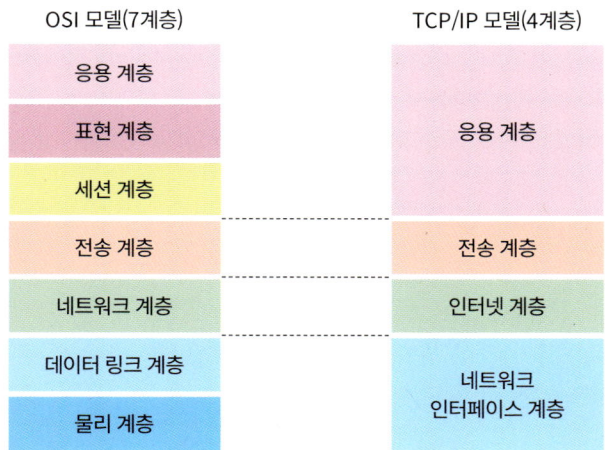

그림 1.11 OSI 모델과 TCP/IP 모델 비교

1.4.2 OSI 모델의 계층

이번 절에서는 OSI 모델의 각 계층이 대략적으로 어떤 역할을 하고, 데이터가 어떻게 전송되고 처리되는지 설명하겠습니다. OSI 7계층은 아래에서부터 물리 계층, 데이터 링크 계층, 네트워크 계층, 전송 계층, 세션 계층, 표현 계층, 응용 계층으로 이뤄집니다.[1]

---

1 참고로 이 책에서는 세션 계층, 표현 계층, 응용 계층을 하나로 묶어 6장 '응용 계층'에서 설명하겠습니다.

물리 계층은 데이터를 전기 신호로 변환하는 역할을 합니다. 물리적인 연결과 관련된 정보를 정의하고, 전송 매체와도 밀접한 관계가 있습니다. 주요 네트워크 장비로는 각 장치를 연결하면서 신호를 증폭시켜주는 리피터와 허브가 있습니다.

데이터 링크 계층은 LAN에서 데이터를 주고받는 데 필요한 계층으로, 네트워크 기기 간 데이터 전송 기능과 절차를 정의하고, 물리적인 주소를 결정합니다. 이를 통해 데이터가 정확한 주소로 통신할 수 있습니다. 이 계층의 주요 특징은 MAC 주소 체계가 존재한다는 점이고, 주요 네트워크 장비는 스위치(스위칭 허브)입니다.

물리 계층부터 데이터 링크 계층까지 한 네트워크 내에서 데이터를 주고받는 과정에 초점을 맞췄다면 네트워크 계층은 '한 네트워크에서 다른 네트워크로' 데이터를 전송하는 과정에 중점을 둡니다. 네트워크 계층은 '다른' 네트워크와 통신하기 위해 경로를 설정하거나 논리적 주소를 결정합니다. 이를 위해 인터넷 프로토콜 주소인 IP 주소가 필요합니다. 그리고 이러한 통신을 가능하게 해주는 네트워크 장비는 라우터입니다.

네트워크 계층에서 데이터가 전달되는 과정에서 데이터가 유실되거나 에러가 발생할 수 있기 때문에 더 정확한 전송을 위해 전송 계층을 거칩니다. 전송 계층에서는 신뢰성 있는 데이터를 전송하기 위한 주요 프로토콜을 사용합니다.

전송 계층에서 신뢰성 있고 정확하게 데이터를 전송했다면 데이터가 애플리케이션(응용 프로그램)까지 전달되는 과정을 거쳐야 합니다. 애플리케이션(응용 프로그램)에서 사용하는 데이터를 주고받는 데 필요한 계층이 세션, 표현, 응용 계층입니다. 세션 계층은 세션 연결, 설정, 해제와 통신 방식을 결정하고, 표현 계층은 데이터를 읽을 수 있도록 문자 코드, 압축, 암호화 등의 방식으로 데이터를 변환합니다. 마지막으로 OSI 모델의 가장 상위 계층인 응용 계층은 사용자와 가장 가까운 계층으로, 애플리케이션에 대한 서비스를 제공합니다.

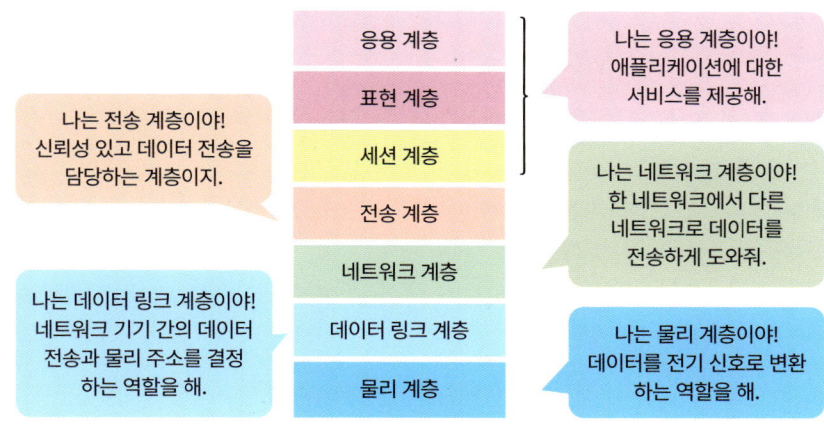

그림 1.12 OSI 7계층의 역할

1.4.3 핵심 정리

- 물리 계층은 데이터를 전기 신호로 변환하는 계층입니다.
- 데이터 링크 계층은 네트워크 기기 간 데이터 전송과 물리적 주소를 결정하는 계층입니다.
- 네트워크 계층은 한 네트워크에서 다른 네트워크로 데이터를 전송하는 과정을 규정하는 계층입니다.
- 전송 계층은 신뢰성 있고 정확하게 데이터를 전송하는 계층입니다.
- 세션 계층은 세션을 연결하고 설정 및 해제하는 통신 방식을 규정하는 계층입니다.
- 표현 계층은 문자 코드를 압축하거나 암호화하는 방식으로 데이터를 변환하는 계층입니다.
- 응용 계층은 애플리케이션에 대한 서비스를 제공하는 계층입니다.

【연습 문제】

1. 데이터를 전기 신호로 변환하고, 물리적인 연결을 관리하는 OSI 모델의 계층은 어느 계층인가요?

2. 네트워크 기기 간 데이터를 전송하는 기능과 절차를 정의하고, 물리적 주소를 결정하는 계층은 OSI 모델의 어느 계층인가요?

3. 한 네트워크에서 다른 네트워크로 데이터를 전송하는 과정에 초점을 맞춘 계층은 OSI 모델의 어느 계층인가요?

4. 사용자 인터페이스 및 애플리케이션 서비스를 제공하는 OSI 모델의 가장 상위 계층은 어느 계층인가요?

5. 네트워크 계층에서 전달된 데이터의 오류를 제어하고 신뢰성 있는 데이터 전송에 초점을 맞춘 계층은 어느 계층인가요?

연습문제 해답

1. 물리 계층
2. 데이터 링크 계층
3. 네트워크 계층
4. 응용 계층
5. 전송 계층

1.5 데이터의 변신: 캡슐화에서 역캡슐화까지

앞서 1.4절에서 OSI 모델의 7개의 계층에 대해 다뤘으니 이번 절에서는 데이터를 전송한 후 각 계층을 지나면서 일어나는 과정인 캡슐화와 역캡슐화에 대해 알아보겠습니다. 데이터는 각 계층을 지날 때마다 그 계층에서 필요로 하는 정보가 다릅니다. 계층마다 읽어야 하는 정보가 다르기 때문에 그러한 정보를 데이터에서 떼어내기도 하고, 데이터에 덧붙이기도 합니다. 그렇다면 각 계층을 지나는 데이터는 논리적으로 어떤 형태를 띠고, 어떤 방식으로 정보를 떼고 붙일까요? 또 그 정보를 무엇이라고 부를까요? 이번 절에서는 이러한 내용을 알아보겠습니다.

1.5.1 헤더를 붙였다가 떼었다가, 캡슐화와 역캡슐화

이전 절에서는 OSI 모델의 각 계층에서 데이터가 송수신되는 과정을 설명했습니다. 데이터를 상위 혹은 하위 계층으로 보내는 과정에서, 각 계층마다 필요한 정보들을 붙이거나 떼어내기 위해 **캡슐화**와 **역캡슐화**라는 과정을 거칩니다. 이렇게 캡슐화 또는 역캡슐화된 데이터는 수신자에게 전달됩니다. 예를 들어, 데이터를 목적지까지 보내려면 출발지 IP 주소와 목적지 IP 주소 등의 정보가 필요합니다. 헤더에는 이와 같은 출발지 IP 주소와 목적지 IP 주소 같은 정보가 담기며, 각 계층을 지나면서 헤더가 붙여지거나 제거됩니다.

여기서 **헤더**(header)는 데이터를 캡슐화하거나 역캡슐화할 때 데이터 앞에 덧붙여지는 부가 정보를 의미합니다. 헤더를 붙이는 과정을 캡슐화(encapsulation), 헤더를 제거하는 과정을 역캡슐화(decapsulation)라고 합니다. 캡슐화는 접두사 en이 붙어 '–하게 하다'라는 의미가 되어 '캡슐화하다'라는 의미가 되고, 역캡슐화는 접두사 de가 붙어 '분리, 부정, 떼어내다'라는 의미로, '캡슐을 제거하는 것'을 의미합니다. 즉, 헤더를 붙이는 것이 캡슐화, 헤더를 제거하는 것이 역캡슐화입니다.

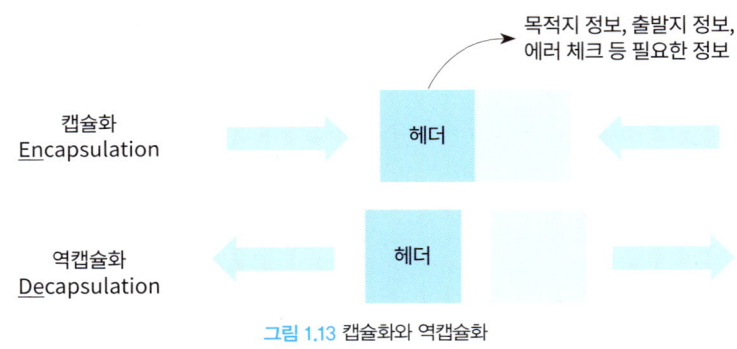

그림 1.13 캡슐화와 역캡슐화

1.5.2 캡슐화와 역캡슐화의 과정, 그리고 PDU

그렇다면 캡슐화와 역캡슐화는 어떤 형태로 일어날까요? 각 계층에서의 **캡슐화** 과정을 상위 계층부터 살펴보면 다음과 같습니다.

OSI 7계층의 각 계층은 데이터를 다루는 목적이 다르고, 그에 맞는 헤더 정보도 다릅니다. 응용 계층에서의 데이터 형식은 '메시지'로, 응용 헤더와 유저 데이터가 함께 붙은 형태입니다. 응용 계층의 목적은 알맞은 응용 프로그램에 데이터를 전송하는 것이므로, 응용 계층 프로토콜에 맞는 부가 정보가 헤더에 포함됩니다.

이 메시지가 전송 계층으로 보내지면 캡슐화 과정에서 TCP 헤더가 추가되어 '세그먼트'가 됩니다. 전송 계층의 목적은 데이터를 목적지까지 신뢰성 있게 전송하는 것이므로 이에 맞는 부가 정보가 헤더에 포함됩니다.

세그먼트를 네트워크 계층으로 보내면 캡슐화 과정에서 IP 헤더가 붙어 '패킷'이 됩니다. 데이터가 하나의 네트워크에서 다른 네트워크로 이동하려면 IP 주소와 데이터 전송에 필요한 부가 정보가 IP 헤더에 포함되어 패킷으로 캡슐화됩니다.

패킷이 데이터 링크 계층으로 보내지면 이더넷 헤더와 오류를 확인하는 트레일러가 추가되며 캡슐화됩니다. 이 데이터 형식을 '프레임'이라고 합니다. 데이터 링크 계층의 목적은 주소 정보를 전달하고 정확한 주소를 정의하는 것입니다. 이를 위해 이더넷 헤더에는 물리적 주소인 매체 접근 제어 주소(MAC; Media Access Control Address)와 그 외 부가 정보가 포함됩니다. 이렇게 이더넷 헤더와 트레일러가 덧붙여져 패킷이 프레임으로 캡슐화됩니다.

반대로 **역캡슐화**는 어떻게 이뤄질까요? 데이터 링크 계층에서 프레임의 이더넷 헤더가 제거되어 패킷이 되고, 이 패킷은 네트워크 계층으로 전달됩니다. 이후 IP 헤더가 제거된 패킷은 세그먼트가 되어 전송 계층으로 전달됩니다. 마지막으로, 세그먼트의 TCP 헤더가 제거되면 메시지가 되어 응용 계층으로 전달됩니다. 이처럼 하위 계층에서 상위 계층으로 올라가면서 헤더가 순차적으로 제거되는 과정이 역캡슐화입니다.

각 계층에서 동작하는 데이터 단위를 **프로토콜 데이터 단위**(Protocol Data Unit; PDU)라고 부릅니다. 앞에서 설명한 바와 같이 응용 계층에서 동작하는 데이터는 '메시지' 또는 '데이터'라고 부르고, 메시지에 TCP 헤더가 붙은 데이터는 '세그먼트', 세그먼트에 IP 헤더가 붙은 데이터는 '패킷', 패킷에 이더넷 헤더와 트레일러가 붙은 데이터는 '프레임'이라고 부르고, 이를 PDU로 축약해 표현할 수 있습니다.

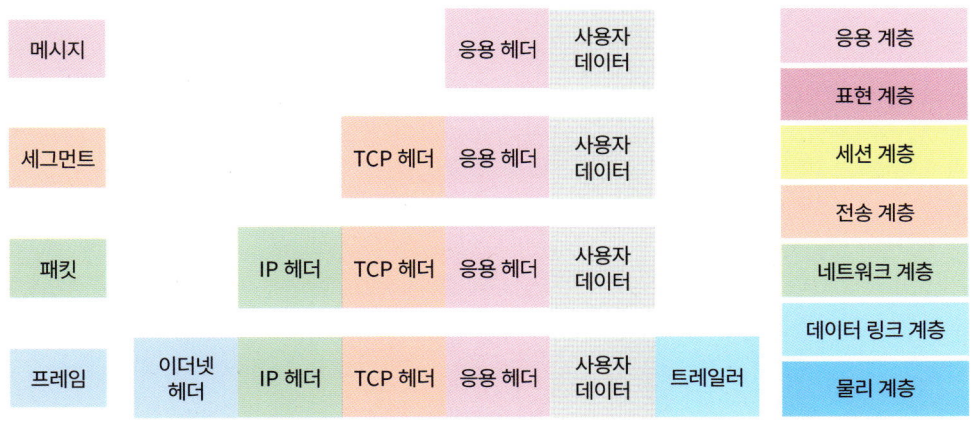

그림 1.14 캡슐화/역캡슐화의 과정과 PDU

1.5.3 전송 중 변신하는 데이터의 여정

각 계층에서 데이터가 상위 계층이나 하위 계층으로 이동하는 과정에서 헤더가 추가되거나 제거되는 캡슐화와 역캡슐화 과정이 이뤄집니다. 데이터를 송신 측과 수신 측으로 나눠서 설명하자면 송신자는 상위 계층에서 하위 계층으로 데이터를 보내고, 수신자는 전기 신호로 전달된 데이터를 하위 계층에서 상위 계층을 거쳐 처리하게 됩니다. 이처럼 송신자가 데이터를 보내고자 할 때, 송신자는 캡슐화를 통해 물리 계층을 거쳐 케이블로 전기 신호를 전달합니다. 이후 수신 측은 물리 계층부터 응용 계층까지 역캡슐화 과정을 거쳐 데이터를 받습니다.

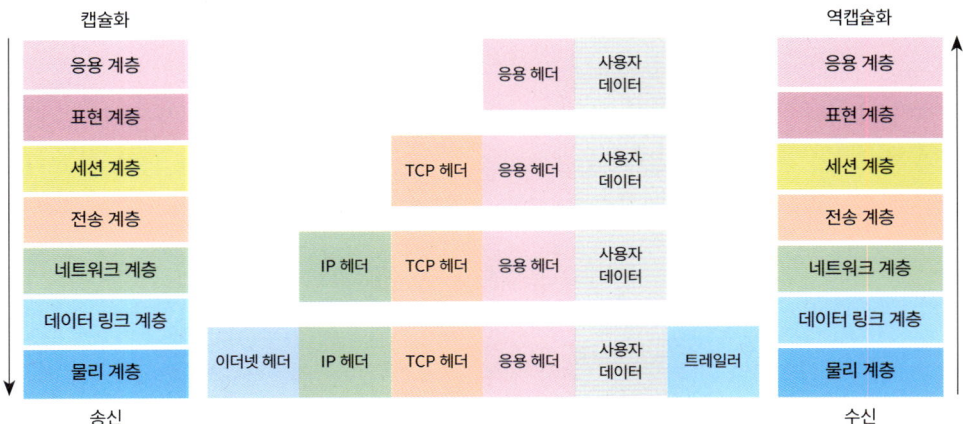

그림 1.15 데이터 통신 시 캡슐화와 역캡슐화의 과정

1.5.4 핵심 정리

- 헤더는 캡슐화/역캡슐화 시 추가되는 목적지 정보, 출발지 정보, 에러 체크 등의 필수 정보입니다.

- 캡슐화는 데이터를 하위 계층으로 전송할 때 헤더를 붙이는 작업입니다.

- 역캡슐화는 데이터를 상위 계층으로 전송할 때 헤더를 제거하는 작업입니다.

- 각 계층별 데이터 단위는 응용 계층에서 메시지 또는 데이터, 전송 계층에서 세그먼트, 네트워크 계층에서 패킷, 데이터 링크 계층에서 프레임, 물리 계층에서 비트입니다.

【연습 문제】

1. 데이터를 상위 계층에서 하위 계층으로 전송할 때 추가되는 정보를 무엇이라고 하나요?
2. 데이터를 상위 또는 하위 계층으로 전송할 때, 각 계층마다 필요한 정보를 붙이거나 떼어내는 과정을 각각 무엇이라고 하나요?
3. 전송 계층에서 네트워크 계층으로 이동할 때, 캡슐화되어 생성되는 데이터 단위의 이름은 무엇인가요?
4. 네트워크 계층에서 데이터 링크 계층으로 이동할 때, 캡슐화되어 생성되는 데이터 단위의 이름은 무엇인가요?
5. 네트워크 계층에서 전송 계층으로 이동할 때, 역캡슐화되는 데이터 단위의 이름은 무엇인가요?

연습문제 해답

1. 헤더
2. 캡슐화, 역캡슐화
3. 패킷
4. 프레임
5. 세그먼트

1.6 네트워크의 메시지 전송 스타일: 유니캐스트, 멀티캐스트, 브로드캐스트

사용자가 메신저로 채팅할 때, 한 사람과 일대일로 메시지를 보내는 상황도 있고, 그룹 채팅으로 여러 사람에게 메시지를 보낼 때도 있습니다. 또는 단체 메신저에서 한 사람이 방에 있는 모든 사람에게 공지 메시지를 보낼 때도 있습니다.

이처럼 네트워크 통신에서도 상황에 따라 전송 방식과 양상이 다릅니다. 어떤 경우에는 1대1의 데이터 통신이 필요하고, 또 어떤 경우에는 1대 다수의 데이터 통신이, 또는 한 지점에서 모든 곳으로 데이터를 전송하는 방식이 필요할 때가 있습니다. 이러한 통신 방식을 각각 **유니캐스트(unicast)**, **멀티캐스트(multicast)**, **브로드캐스트(broadcast)**라고 하며, 이번 절에서는 이처럼 다양한 통신 방식에 대해 살펴보겠습니다.

1.6.1 1:1 채팅, 유니캐스트

유니캐스트는 하나의 송신지에서 하나의 목적지로 데이터를 전송하는 방식입니다. 가장 기본적인 통신 방식으로, 일대일 대화처럼 하나의 송신지에서 하나의 수신지로 데이터를 전송합니다. 그림 1.16과 같이 PC 한 대가 다른 PC 한 대로 데이터를 전송하는 형태에 해당하며, 실제 네트워크 통신의 대부분은 유니캐스트 방식입니다. 유니캐스트 방식은 메신저에서 사용자가 일대일 채팅을 하는 것과 비슷합니다.

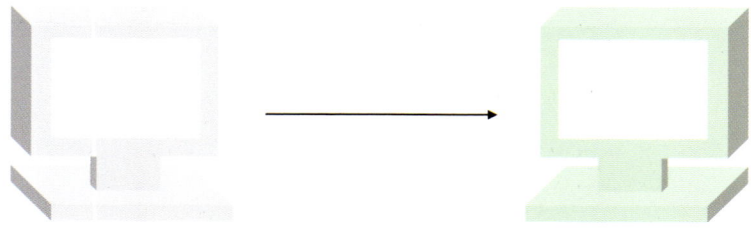

그림 1.16 유니캐스트

1.6.2 그룹 채팅, 멀티캐스트

멀티캐스트는 하나의 송신지가 다수의 목적지로 데이터를 전송하는 방식입니다. 이 방식은 그룹 내 여러 목적지로 데이터를 전송할 때 사용됩니다. 그림 1.17과 같이 한 대의 PC가 여러 대의 PC로 데이터를 전송하는 형태에 해당하며, 단방향으로 특정 그룹에 속한 다수에게 같은 내용을 전달하는 데 사용됩니다. 비유하자면, 한 사람이 다수의 사람에게 채팅을 보내는 그룹 채팅과 비슷합니다.

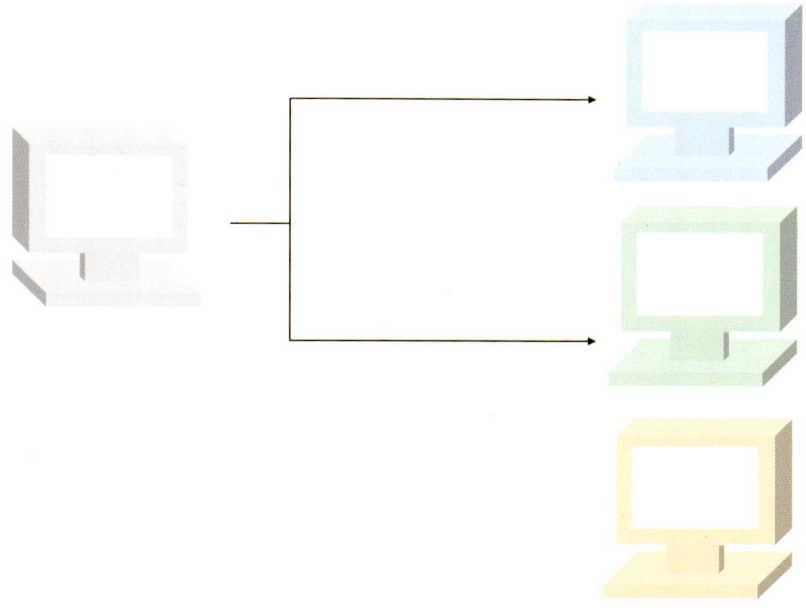

그림 1.17 멀티캐스트

1.6.3 전체에게 공지 채팅, 브로드캐스트

브로드캐스트는 하나의 송신지가 모든 목적지로 데이터를 전송하는 방식입니다. 그림 1.18과 같이 한 대의 PC에서 다른 모든 PC로 데이터를 전송하는 형태에 해당합니다. 브로드캐스트는 목적지 주소가 '모두'로 지정된 통신 방식이고, 주로 한 네트워크에서 모든 호스트에게 데이터를 전달할 때 사용됩니다.

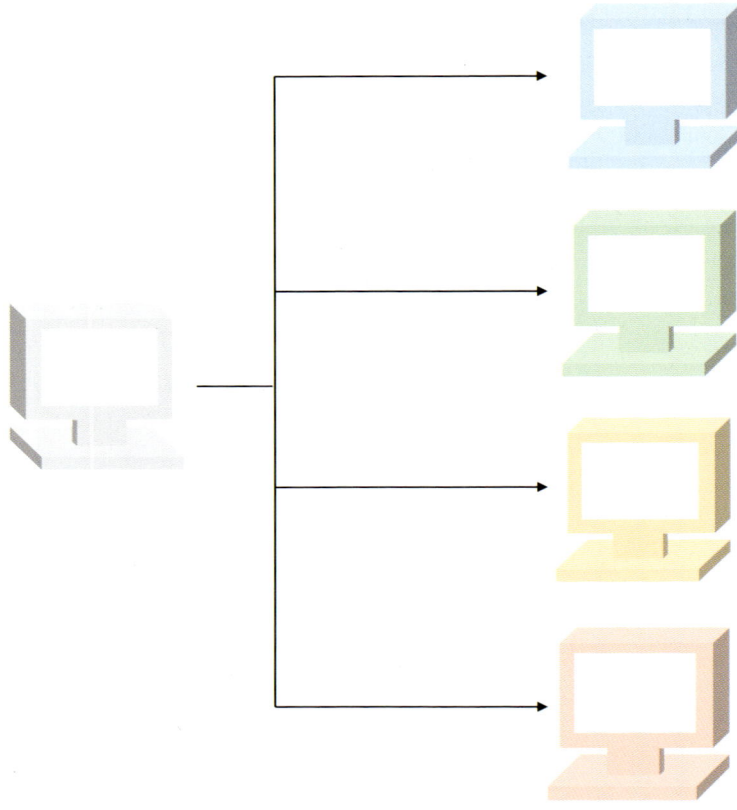

그림 1.18 브로드캐스트

1.6.4 핵심 정리

- 유니캐스트 방식은 한 곳에서 특정 목적지 하나로 데이터를 보내는 방식입니다.
- 멀티캐스트 방식은 한 곳에서 여러 특정 목적지로 동시에 데이터를 보내는 방식입니다.
- 브로드캐스트 방식은 한 곳에서 네트워크에 연결된 모든 장치로 데이터를 보내는 방식입니다.

【연습 문제】

1. 네트워크에서 한 송신지가 다른 하나의 수신지에만 데이터를 전송하는 통신 방식은 무엇인가요?
2. 네트워크 내의 모든 호스트에게 데이터를 전달할 때 사용되는 통신 방식은 무엇인가요?
3. 그룹 채팅처럼 한 사람이 여러 사람에게 메시지를 보낼 때 사용하는 네트워크 통신 방식은 무엇인가요?

연습문제 해답

1. 유니캐스트
2. 브로드캐스트
3. 멀티캐스트

1.7 통신의 두 가지 스타일: 반이중 통신, 전이중 통신

무전기를 사용할 때 두 사람 모두 통신할 수 있지만, 동시에 통신하는 것은 불가능합니다. 반면 실시간 스트리밍 서비스는 양방향 통신이 가능합니다. 이처럼 데이터를 통신하는 방식도 정보 교환 방향에 따라 두 가지로 나뉩니다. 데이터 송수신을 번갈아가며 하는지, 양방향으로 동시에 송수신하는지에 따라 반이중 통신과 전이중 통신으로 구분됩니다.

1.7.1 차례대로 소통, 반이중 통신

반이중 통신(half-duplex communication)은 초기 이더넷에서 사용한 형식으로, 데이터를 '번갈아가며' 송수신하는 방식입니다. 그림 1.19는 두 대의 PC가 반이중 통신 방식으로 연결된 모습을 보여줍니다. 반이중 통신에서는 데이터의 송수신이 동시에 이뤄지지 않으며, A와 B가 동시에 송신하면 충돌이 발생합니다. 즉, 반이중 통신은 양방향 통신이 가능하지만 송수신이 동시에 일어나지 않고 번갈아가며 이뤄집니다. 대체적으로 무전기에서 이 방식을 사용합니다.

그림 1.19 반이중 통신

1.7.2 동시 소통, 전이중 통신

전이중 통신(full-duplex communication)은 데이터를 '동시에' 송수신하는 방식입니다. 초기 이더넷은 반이중 통신 방식을 사용했지만 현재 이더넷은 전이중 통신이 가능합니다. 그림 1.20은 두 대의 PC가 전이중 통신 방식으로 연결된 모습을 보여줍니다. 전이중 통신 방식은 반이중 통신 방식과 달리 송수신의 연결 통로가 각각 분리돼 있어 동시에 송신과 수신이 가능하다는 차이가 있습니다. 즉 A와 B가 동시에 송신하더라도 전이중 통신 방식에서는 충돌 없이 원활하게 데이터를 송수신할 수 있습니다.

그림 1.20 전이중 통신

1.7.3 핵심 정리

- 반이중 통신은 데이터를 '번갈아가며' 송수신하는 방식입니다.
- 전이중 통신은 데이터를 '동시에' 송수신하는 방식입니다.

【연습 문제】

1. 무전기를 사용할 때 통신은 어떤 방식으로 이뤄지나요?
2. 데이터를 동시에 송수신할 수 있는 통신 방식은 무엇인가요?
3. 반이중 통신 방식과 전이중 통신 방식의 주요 차이점은 무엇인가요?

연습문제 해답
1. 반이중 통신
2. 전이중 통신
3. 반이중 통신 방식은 데이터를 번갈아가며 송수신하고 전이중 통신 방식은 데이터를 동시에 송수신합니다.

02

물리 계층

물리 계층은 OSI 모델의 7계층 중 가장 하위 계층으로, 데이터 링크 계층과 밀접한 관계가 있는 계층입니다. OSI 모델의 가장 하위 계층인 물리 계층은 네트워크 통신의 물리적 기초이자 토대를 형성합니다.

물리 계층에서는 전기 신호를 정형화하고, 케이블 등 전송 매체에 신호를 보내기 위해 데이터를 전기 신호로 변환하는 역할을 합니다. 또한 수신된 데이터를 전기 신호로 변환하므로 **전송 매체**와도 밀접한 관련이 있습니다. 이번 장에서는 전송 매체의 종류와 네트워크의 연결 방식인 **네트워크 토폴로지**를 배우게 됩니다.

그렇다면 물리 계층에서 자주 사용되는 네트워크 장치가 있을까요? 물리 계층은 데이터를 전기 신호로 변환하고, 네트워크 장비를 연결하는 역할을 합니다. 이를 담당하는 주요 네트워크 장비로 **리피터**와 **허브**가 있습니다.

이처럼 물리 계층은 건물의 기초처럼 네트워크에서 데이터 전송이 원활하게 이뤄지기 위한 튼튼한 물리적 기반을 제공합니다. 그럼 물리 계층에 대해 더 자세히 알아보겠습니다.

2.1 물리 계층 개요

물리 계층은 데이터를 전송하기 위한 물리적인 장치와 전송 매체를 다루는 계층입니다. 그렇다면 물리적 장치에서 전송 매체를 통해 지나가는 데이터는 어떤 형태로 전송할까요? 바로 **전기 신호**입니다. 이 계층은 디지털 신호(비트)를 전송 가능한 신호로 변환하고, 전송 매체를 통해 전기 신호로 전송합니다.

조금 더 쉽게 이해하기 위해 예시를 들어볼까요? 물리 계층이 데이터 링크 계층으로부터 데이터를 받았다고 가정해보겠습니다. 이 데이터를 케이블과 같은 전송 매체로 전송하려면 데이터를 전기 신호로 변환하는 과정이 필요합니다.

가상의 PC인 A와 B가 있다고 가정했을 때, A에서 B로 데이터를 보내면 0과 1의 비트열로 이뤄진 데이터를 전기 신호로 변환해 전송한 후, 여러 네트워크를 거쳐 전선을 통해 전달됩니다. B가 이 신호를 인식하려면 받은 전기 신호를 다시 0과 1로 이뤄진 비트열로 복원해야 합니다. 이처럼 데이터는 A의 물리 계층을 통해 전송되고, 전선을 거쳐 B의 물리 계층으로 도착하면서 송수신이 이뤄집니다.

즉, 물리 계층은 데이터 링크 계층으로부터 받은 비트열을 전송 매체가 전송할 수 있는 전기 신호로 변환하는 역할을 합니다. 또한 장치 간 연결과 신호 증폭을 담당하고, 주요 네트워크 장치로 허브와 리피터가 사용됩니다.

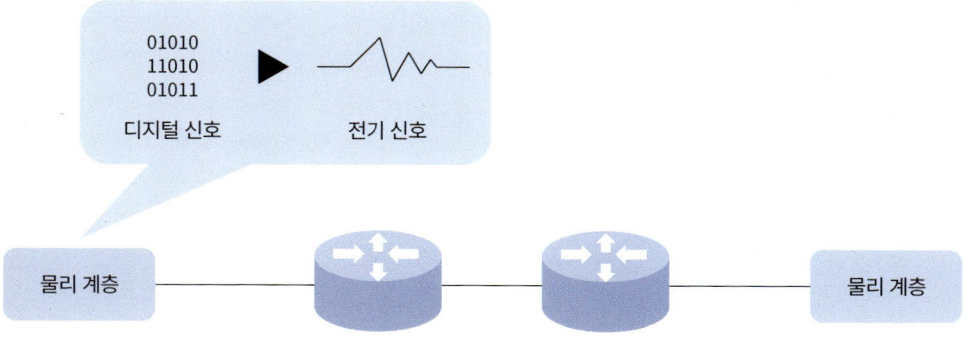

그림 2.1 물리 계층에서의 데이터 통신 과정

2.2 전송 매체의 대모험

앞서 물리 계층에서는 0과 1의 비트열을 전기 신호로 변환하는 역할을 한다고 설명했습니다. 이렇게 변환된 전기 신호를 전달하는 데는 '전송 매체'가 필요하며, 이번 절에서는 전송 매체의 종류에 대해 설명하겠습니다.

전송 매체의 종류로는 어떤 것이 있을까요? 또 어떻게 분류할 수 있을까요? 전송 매체는 선의 유무에 따라 크게 유선 케이블과 무선 매체로 나눌 수 있습니다. **유선 케이블**은 물리적인 전선을 이용해 데이터를 전송하는 방식으로, 전기 신호가 전선을 통해 이동하므로 전기적 노이즈나 간섭이 적습니다. 유선은 전송 거리가 무선보다 길고 속도가 빠르고, 주로 건물이나 기기 간 연결에 사용됩니다. 대표적인 유선 케이블로는 **UTP 케이블, 동축 케이블, 광섬유 케이블**이 있으며, UTP 케이블은 전송 방식에 따라 다시 **다이렉트 케이블**과 **크로스 케이블**로 나뉩니다.

반면, 전선 없이도 통신할 수 있는 **무선 매체**가 있습니다. 무선 매체는 전파를 이용해 데이터를 전송하며, 전파가 공기를 통해 전달되기 때문에 케이블 없이도 통신이 가능합니다. 이로 인해 이동성이 요구되는 공간이나 이동 중인 기기 간의 통신에 적합합니다. 대표적인 무선 매체로는 **라디오파, 위성 마이크로파, Wi-Fi, 블루투스** 등이 있습니다.

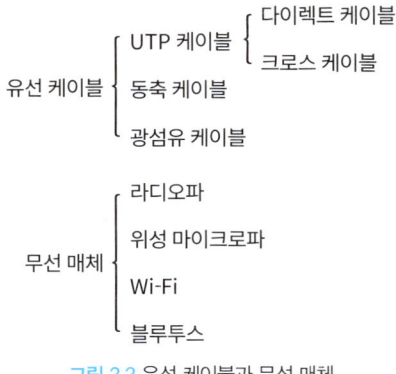

그림 2.2 유선 케이블과 무선 매체

2.2.1 UTP 케이블

UTP 케이블(Unshielded Twisted Pair Cable)은 네트워크에 가장 많이 사용되는 케이블로, **랜 케이블(LAN Cable)**이라고도 불립니다. UTP 케이블 안에는 8개의 선이 들어 있는데, 각각의 선이 두 개씩 짝을 이뤄 네 쌍으로 구성됩니다. 그림 2.3과 같이 UTP 케이블의 선은 꼬여 있는 형태인데, 이는 전자기 간섭이나 노이즈를 억제하도록 설계된 구조입니다.

그림 2.3 선이 꼬여 있는 UTP 케이블

네트워크 관리사 실기 시험에서는 꼬여 있는 선을 정렬해 RJ-커넥터에 고정하는 작업을 하게 됩니다. 우리가 흔히 볼 수 있는 랜 케이블이 바로 대표적인 UTP 케이블입니다.

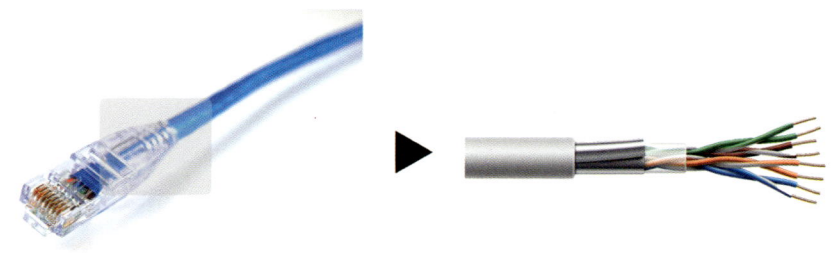

그림 2.4 UTP 케이블의 구조

UTP 케이블에는 **다이렉트 케이블(direct cable)**과 **크로스 케이블(crossover cable)**의 두 가지 종류가 있습니다. 다음 페이지의 그림 2.5에서 위쪽은 다이렉트 케이블을, 아래쪽은 크로스 케이블의 구조를 보여줍니다. **다이렉트 케이블**은 이름과 같이 순행하는 케이블로, 양쪽 커넥터의 선 색이 동일하게 연결되어, 같은 핀 배열을 갖는 방식입니다. **크로스 케이블**은 일부 선의 순서가 교차돼 있는데, 그림 2.5의 하단처럼 1번 핀이 다른 쪽의 3번 핀에, 2번 핀이 6번 핀에 연결되는 식으로 일부 선의 위치를 달리해서 교차한 케이블입니다. UTP 케이블은 이렇게 선의 연결 순서에 따라 다이렉트 케이블과 크로스 케이블로 나눌 수 있습니다.

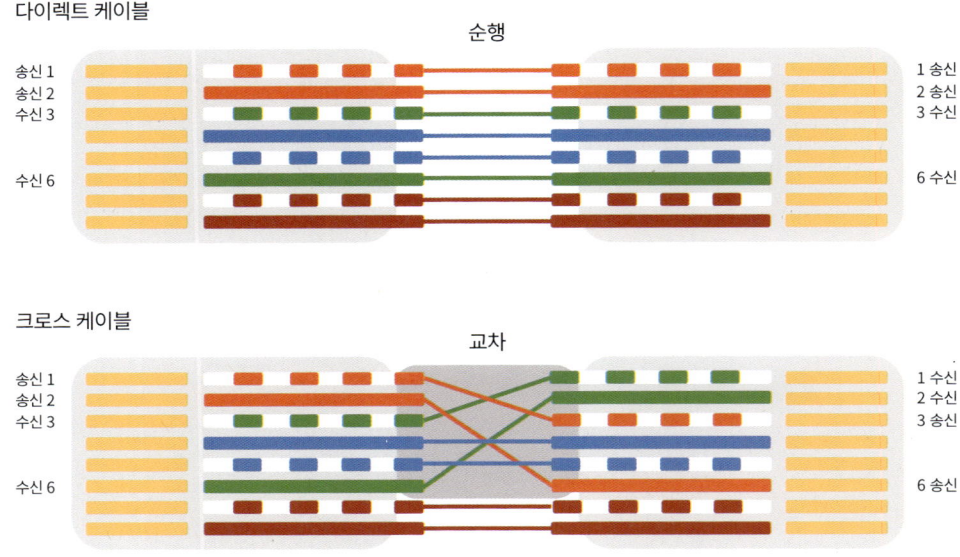

그림 2.5 다이렉트 케이블과 크로스 케이블

다이렉트 케이블은 일반적으로 서로 다른 유형의 장치를 연결하는 데 사용됩니다. 예를 들어, 컴퓨터를 스위치에 연결하거나, 스위치를 라우터에 연결할 때 사용됩니다. 반면 크로스 케이블은 주로 같은 유형의 장치를 직접 연결할 때 사용됩니다. 예를 들어, 두 대의 컴퓨터를 연결하거나 두 대의 스위치를 연결할 때 사용됩니다.

이는 두 기기를 직접 연결할 때 송신 포트에서 나오는 데이터가 상대 컴퓨터의 수신 포트로 가야 하는데, 동일한 장치들끼리는 송신-송신, 수신-수신으로 연결되기 때문에 충돌할 위험이 있어 크로스 케이블을 사용해 이를 교차시켜주는 것입니다.

그런데 케이블은 하나의 규격만 존재할까요? 그렇지 않습니다. 시간이 지나면서 네트워킹 요구사항의 변화와 기술 발전에 따라 UTP 케이블은 다양한 규격으로 나뉘게 됐습니다. UTP 케이블은 품질에 따라 **카테고리**로 구분되며, 카테고리에 따라 지원하는 주파수, 용도, 전송 속도가 달라집니다. 다음 페이지의 표 2.1은 다양한 UTP 케이블의 규격의 예시를 보여줍니다. 표에서 하이픈(-) 뒤에 있는 알파벳은 케이블 종류를 의미합니다. 자세한 UTP 케이블 규격에 대한 내용은 3장 '데이터 링크 계층'의 3.2절 '이더넷'에서 더 자세히 다룰 예정입니다.

표 2.1 다양한 UTP 케이블 규격

UTP 케이블 규격	전송 속도	카테고리
10BASE-T	10Mbps	Cat. 3
10BASE-TX	100Mbps	Cat. 5
1000BASE-T	1000Mbps	Cat. 5e
1000BASE-TX	1000Mbps	Cat. 6
10GBASE-T	10Gbps	Cat. 6e

2.2.2 동축 케이블

동축 케이블은 아날로그와 디지털 신호 모두를 전송할 수 있는 매체입니다. 그림 2.6과 같이 내부의 단일 전선과 이를 감싸는 원통형 외부 도체로 구성되고, 그 사이에 절연체가 삽입된 구조입니다. 동축 케이블은 집중적인 구조 덕분에 물리적 강도가 높고, 외부 간섭에 강합니다. 또한 우수한 주파수 특성으로 높은 주파수 대역과 높은 전송률을 보입니다. 주로 텔레비전 신호를 전송하는 케이블로 사용됩니다.

그림 2.6 동축 케이블의 구조

2.2.3 빛의 속도로, 광섬유 케이블

광섬유 케이블은 빛을 이용한 통신매체로, 전송 속도가 매우 빠른 케이블입니다. 그림 2.7처럼 광섬유 케이블은 **코어**, **클래딩**, **코팅**으로 구성됩니다. **코어**는 광섬유에서 빛이 흐르는 중심 부분으로, 실제로 빛을 전송하는 영역입니다. **클래딩**은 코어를 감싸 보호하고, **코팅**은 클래딩을 둘러싸 외부 충격으로부터 광섬유를 보호합니다. 광섬유 케이블의 장점은 데이터의 전송 손실이 매우 적고, 누화나 잡음에 영향을 받지 않아 보안성이 뛰어나다는 점입니다.

그림 2.7 광섬유 케이블의 구조

2.2.4 핵심 정리

- UTP 케이블은 일반적으로 LAN 케이블이라고 불리고, 전송 방식에 따라 다이렉트 케이블과 크로스 케이블로 나뉩니다.
- 동축 케이블은 아날로그와 디지털 신호를 모두 전송할 수 있는 매체로, 외피, 내부 도체, 외부 도체, 절연체로 구성됩니다.
- 광섬유 케이블은 광섬유를 이용한 통신 매체로 코어, 클래딩, 코팅으로 구성됩니다.

> 【연습 문제】
>
> 1. 물리 계층에서 사용되는 주요 네트워크 기기 두 가지는 무엇인가요?
> 2. 물리 계층의 주요 기능 중 하나는 무엇인가요?
> 3. 유선 케이블 중 가장 많이 사용되며 랜 케이블이라고도 불리는 케이블은 무엇인가요?
> 4. UTP 케이블의 두 가지 종류는 무엇인가요?

연습문제 해답
1. 리피터, 허브
2. 데이터를 전기 신호로 변환하는 것입니다.
3. UTP 케이블
4. 다이렉트 케이블, 크로스 케이블

2.3 리피터와 허브

두 대의 컴퓨터가 통신할 때, 거리가 멀면 전송 신호가 약해질 수 있습니다. 이럴 경우 약해지는 신호를 복원하거나 증폭해주는 장비가 필요합니다. 물리 계층의 주요 네트워크 장치인 **리피터**와 **허브**가 바로 이러한 역할을 합니다.

2.3.1 신호 증폭기, 리피터

리피터(repeater) 는 단어의 뜻풀이대로 '중계', '반복'의 의미를 지닌 장치입니다. 즉, 네트워크 장치 간의 신호를 중계하고 반복, 증폭해서 통신 거리를 늘리는 역할을 합니다. 리피터는 전송 신호가 약해지지 않도록 신호를 재생하고 증폭해 다시 전송하는 과정을 통해 동일한 LAN 내에서 통신 거리를 연장해 멀리 있는 통신 대상과도 원활하게 통신할 수 있게 해줍니다. 단순히 신호를 증폭하는 역할을 하기 때문에 현재 리피터는 거의 사용하지 않으며, 리피터의 단점을 보완해서 새로운 기기들이 점차 등장했습니다.

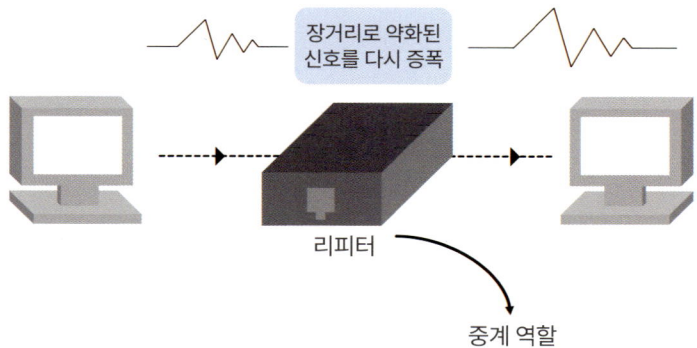

그림 2.8 원거리 통신에서 리피터의 역할

2.3.2 통신의 중심, 허브

허브는 여러 컴퓨터를 서로 중계하는 네트워크 장비입니다. 여러 대의 컴퓨터를 연결해 데이터를 주고받을 수 있게 하고, 리피터처럼 전기 신호를 정형화하고 증폭하는 역할도 동시에 합니다. 허브는 **더미 허브**와 **스위칭 허브**로 나눌 수 있습니다.[2]

---

2 참고로 스위칭 허브는 다른 말로 스위치라고 부르며, 데이터 링크 계층의 주요 네트워크 장치입니다.

더미 허브는 네트워크의 전체 대역폭을 각 컴퓨터가 분할해 사용하는 방식으로 작동합니다. 예를 들어, 데이터가 100Mbps 속도로 들어오면 4대의 노트북이 네트워크를 사용할 때 각 기기는 100Mbps를 1/4 속도로 나눠서 사용하게 됩니다. 이처럼 더미 허브는 네트워크의 대역폭을 분할해 사용하기 때문에 속도가 떨어지며, 주로 소규모 환경에서 사용됩니다.

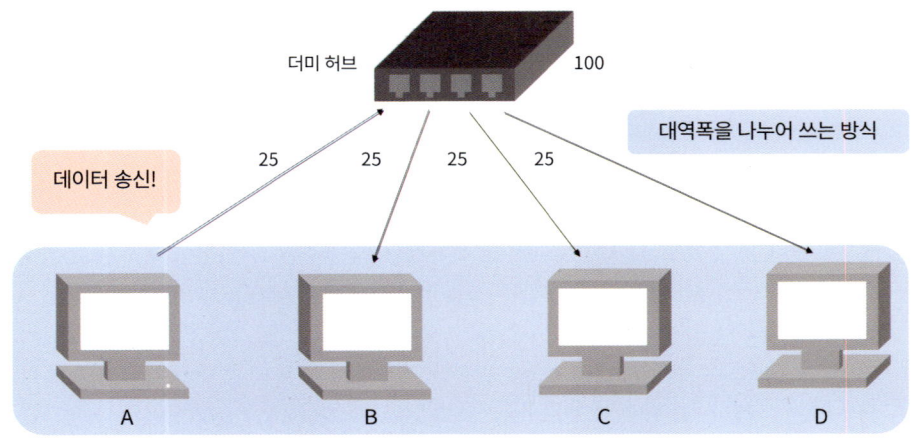

그림 2.9 더미 허브의 통신 특징

예를 들어, 가상의 PC A가 B에게만 데이터를 전송하고 싶다고 가정해보겠습니다. 그런데 더미 허브를 사용할 경우 B뿐만 아니라 C와 D에도 데이터가 전송됩니다. 이처럼 전기 신호를 모든 포트로 보내기 때문에 '더미 허브'라는 이름이 붙었습니다.

이러한 불편함을 해결하기 위해 나온 장치가 **스위칭 허브**입니다. 스위칭 허브는 데이터 링크 계층에서 배울 '스위치'라고도 불리고, 더미 허브와 달리 관리 기능을 갖추고 있습니다. 더미 허브는 단순히 데이터를 전송하는 기능만 있지만 스위칭 허브(즉, 스위치)는 네트워크 관리를 위한 다양한 기능을 제공합니다.

2.3.3 핵심 정리

- 리피터는 네트워크 장치 간 신호를 복원하고 증폭해서 LAN에서 통신 거리를 연장할 수 있습니다.
- 더미 허브는 네트워크 장치 간 중계 역할만 하며, 네트워크 대역폭을 나눠서 사용하기 때문에 장치가 많아지면 속도가 저하되는 단점이 있습니다.
- 스위칭 허브는 허브의 단점을 보완한 장치로, '스위치'라고도 불립니다.

【연습 문제】

1. 물리 계층에서 여러 컴퓨터를 연결해 데이터를 중계하는 네트워크 장치는 무엇인가요?
2. 스위칭 허브를 다른 말로 무엇이라고 하나요?

연습문제 해답

1. 허브
2. 스위치

2.4 네트워크 토폴로지

새로운 네트워크를 구축할 때는 네트워크의 기본적인 구조가 필요합니다. 설계 시 기본적인 구조가 없다면 구현이나 유지 보수 단계에서 문제가 발생할 확률이 높습니다. 네트워크 설계는 특정한 구조를 토대로 이뤄지는데, 이러한 물리적 또는 논리적인 구조를 설계하고 구현할 때 **네트워크 토폴로지**를 활용합니다.

'네트워크 토폴로지'에서 '토폴로지(topology)'는 원래 도형의 위상적 성질을 연구하는 위상기하학이라는 학문 분야에서 비롯된 용어입니다. 이런 이유로 토폴로지는 '네트워크가 연결된 접속 형태'를 나타내는 말로도 사용됩니다. 그렇다면 자주 사용되는 네트워크 토폴로지가 있을까요? 그렇습니다. 네트워크를 설계할 때 몇 가지 주요 토폴로지가 자주 활용되는데, 주로 사용되는 네트워크 토폴로지에는 **버스형**, **스타형**, **링형**, **망형** 등이 있습니다.

2.4.1 가장 간단한 구조, 버스형

버스(bus)형 토폴로지는 네트워크 토폴로지 중 가장 간단한 형태로, 동축 케이블을 전송 매체로 사용하는 10BASE5와 10BASE2 규격이 대표적인 예입니다. 버스형 토폴로지는 여러 기기가 하나의 선에서 선형적으로 연결된 구조입니다. 선형적으로 연결된 간단한 형태이기 때문에 이 구조는 설계가 간단하고, 설치가 쉬우며, 비용이 저렴하다는 장점이 있습니다. 그러나 단점으로는 한 노드나 링크에 장애가 발생하면 전체 네트워크에 영향을 미치고, 여러 기기가 동시에 데이터를 전송할 경우 충돌이 발생해 동시에 데이터를 전송할 수 없다는 문제가 있습니다.[3]

---

[3] 이런 상황을 고려해서 나온 메커니즘이 데이터 링크 계층에서 배우게 될 CSMA/CD입니다.

그림 2.10 버스형 토폴로지의 구조

2.4.2 별처럼 빛나는 구조, 스타형

스타(star)형 토폴로지는 온라인 시스템의 전형적인 형태로, 중앙 시스템 서버나 허브에 각 노드가 연결된 중앙집중식 구조입니다. 중앙 시스템에 일대일(point to point)로 연결되는 것이 특징입니다. 장점은 어느 한 노드에 장애가 발생해도 전체 네트워크에 영향을 주지 않고, 고속의 대규모 네트워크에 적합하다는 점입니다. 반면, 단점은 중앙집중식 구조이기 때문에 중앙 시스템이 고장나면 전체 네트워크가 중단된다는 점입니다. 또한 노드 수가 증가하면 제어가 복잡해지고, 설치 비용이 높아집니다. 과거에는 버스형 토폴로지가 많이 사용됐지만 현재는 스타형 토폴로지로 전환되는 추세입니다.

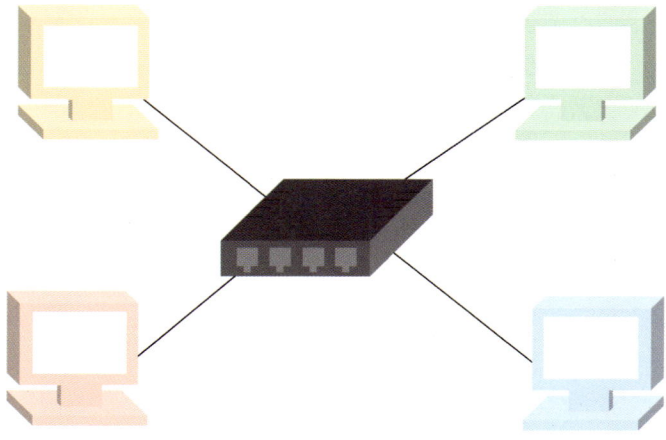

그림 2.11 스타형 토폴로지의 구조

2.4.3 끝없는 순환의 구조, 링형

링(ring)형 토폴로지는 이름 그대로 고리 모양으로 둥글게 연결된 형태입니다. 장점은 구조가 단순해 케이블 비용이 저렴하고, 네트워크 전송 시 충돌이 발생하지 않는다는 점입니다. 그러나 단점으로는 한 곳에 장애가 발생하면 전체 네트워크가 중단되고, 접합부에서 재구성이나 변경이 어렵다는 점이 있습니다.

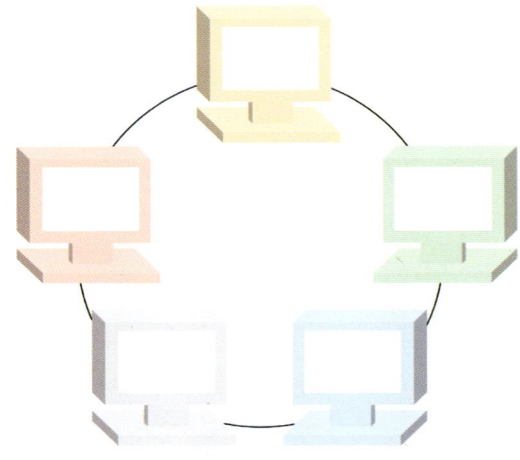

그림 2.12 링형 토폴로지의 구조

2.4.4 진화된 구조, 망형

버스형, 스타형, 링형 구조는 비교적 간단한 네트워크 구조입니다. 그러나 기존 네트워크 토폴로지의 한계를 극복하기 위해 설계된 구조가 필요했습니다. 그 결과로 탄생한 네트워크 구조가 그림 2.13과 같은 그물망 형태의 망형 토폴로지입니다.

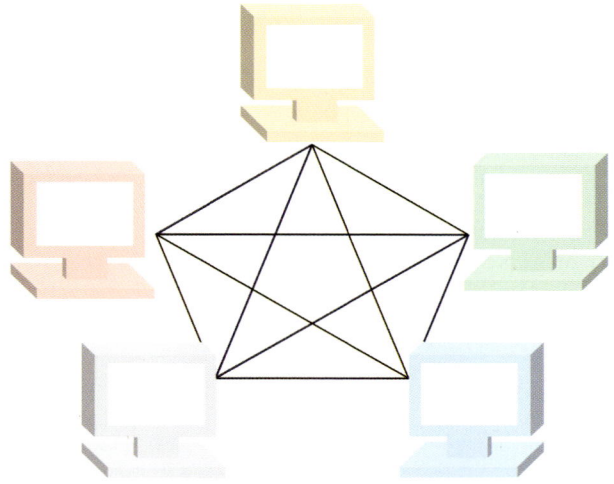

그림 2.13 망형 토폴로지의 구조

망(mesh)형 토폴로지는 단말기 사이를 그물처럼 연결한 구조로, 연결성이 높습니다. 이 같은 특성 때문에 공중 전화망과 공중 데이터 통신망에 적합합니다. 장점은 한 곳에 장애가 발생해도 다른 회선을 통해 통신할 수 있어 신뢰성이 높고, 네트워크 내 모든 장치가 서로 직접 연결된다는 점입니다. 반면, 단점은 링형이나 버스형에 비해 회선 경로가 길어 설치 비용이 많이 들고, 유지보수가 어렵다는 점입니다. 또한 장애 발생 시 문제의 위치를 추적하기 어렵다는 것 또한 단점입니다.

2.4.5 핵심 정리

- 대표적인 네트워크 토폴로지, 즉 네트워크 접속 형태로는 스타형, 버스형, 링형, 망형 등이 있습니다.
- 버스형은 다수의 기기가 선형적으로 연결된 형태입니다.
- 스타형은 중앙집중식 형태입니다.
- 링형은 고리 모양으로 둥글게 연결된 형태입니다.
- 망형은 단말기 사이를 그물 모양으로 연결한 형태입니다.

【연습 문제】

1. 여러 기기가 동시에 데이터를 전송하면 충돌이 발생해 여러 대의 기기가 동시에 데이터를 전송할 수 없어 CSMA/CD 메커니즘이 도입된 토폴로지는 무엇인가요?
2. 중앙 집중식 구조에 모든 노드가 연결되는 토폴로지의 이름은 무엇인가요?
3. 다른 구조들의 단점을 보완해서 한 곳에 장애가 발생해도 다른 회선을 사용할 수 있으며, 네트워크 내 모든 장치가 서로 직접 연결되는 구조의 토폴로지는 무엇인가요?

연습문제 해답

1. 버스형 토폴로지
2. 스타형 토폴로지
3. 망형 토폴로지

03

데이터 링크 계층

2장 '물리 계층'에서는 데이터를 전송하기 위한 물리적 장치와 전송 매체를 다루고, 전기 신호가 전선을 통해 데이터를 전송하는 과정을 배웠습니다. 물리 계층이 데이터 전송의 토대를 이루는 계층이라면 바로 위의 데이터 링크 계층은 어떤 역할을 할까요? 물리 계층과 데이터 링크 계층 사이에는 어떤 상호작용과 연관성이 있을까요?

데이터 링크 계층은 OSI 모델의 하위 두 번째 계층으로, 데이터를 전송하는 기능과 절차를 제공합니다. 이 계층은 물리 계층에서 발생할 수 있는 에러를 감지하고 수정하고, 물리적 주소를 설정하는 역할도 합니다. 물리 계층을 통해 전송되는 데이터는 신뢰성이 보장되지 않기 때문에 데이터 링크 계층에서 신뢰성 있는 데이터 전송을 책임집니다.

각 계층에서 캡슐화와 역캡슐화 과정이 일어나듯, 데이터 링크 계층에서도 같은 과정이 발생합니다. 이번 장에서는 그 과정에서 핵심이 되는 일종의 데이터 덩어리인 **이더넷 헤더**와 이를 통해 캡슐화된 데이터 단위인 **프레임**을 다룹니다.

물리 계층이 전기 신호의 전달에 초점이 맞추고 있었다면 데이터 링크 계층은 주소 정보를 정의하고, 데이터를 정확한 주소로 전송하는 데 초점이 맞춰져 있습니다. 이때 정확한 주소의 체계를 잡기 위해 **MAC 주소**를 정의하고, MAC 주소를 부여받은 여러 장비를 중계하는 **스위치**(스위칭 허브)가 데이터 링크 계층의 주요 네트워크 장치입니다.

3.1 데이터 링크 계층 개요

데이터 링크 계층은 두 개의 부계층으로 나뉩니다. **LLC(Logical Link Control) 계층**은 논리적 연결을 제어하고, **MAC(Media Access Control) 계층**은 데이터 링크 계층의 기본을 다루는 매체 접근을 조정하고 제어하는 역할을 합니다.

LLC 계층은 데이터 링크 계층의 상위 부분으로, 데이터 링크 계층과 상위 계층인 네트워크 계층 간의 소통을 담당하고, 데이터 전송 과정에서 발생할 수 있는 문제를 해결합니다. 구체적으로는 여러 네트워크 프로토콜과 함께 작동할 수 있도록 하고, 데이터 전송 중 발생한 오류를 찾아내고, 전송 속도를 조절해 데이터가 너무 빠르게 전송되지 않도록 도와줍니다.

반면, 데이터 링크 계층의 하위 부분을 담당하는 **MAC 계층**은 컴퓨터와 네트워크 기기 사이에서 데이터 전송에 필요한 역할을 합니다. 이 계층은 물리적 연결과 관련된 작업을 처리하고, 각 기기에 고유한 주소를 할당하는데, 바로 이 주소를 **MAC 주소**라고 합니다. MAC 계층의 주요 기능 중 하나는 고유한 **MAC 주소**를 할당하는 것입니다. 이 주소는 네트워크에서 기기를 식별하고, 데이터를 해당 기기로 전송하는 데 중요한 역할을 합니다. 또한 MAC 계층은 데이터를 **프레임**이라는 작은 조각으로 나누고, 각 프레임에 에러를 확인할 수 있는 정보를 추가해 전송하는 역할도 합니다.

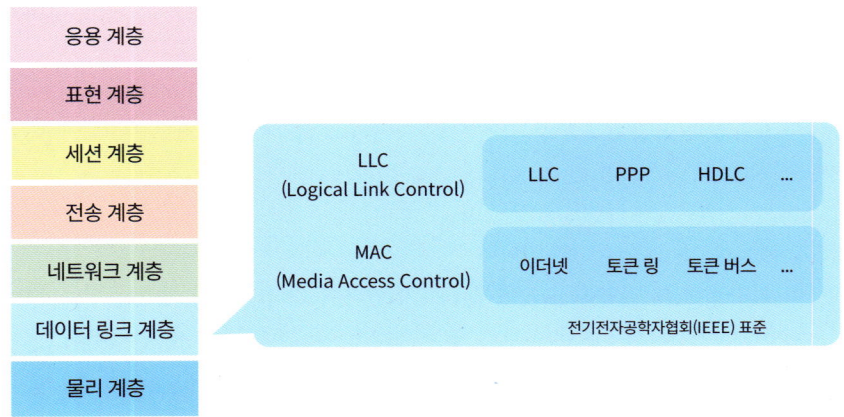

그림 3.1 데이터 링크 계층의 부계층인 LLC 계층과 MAC 계층

데이터 링크 계층에서는 **프레임**의 **캡슐화**와 **역캡슐화** 과정이 일어납니다. **캡슐화**는 상위 계층인 네트워크 계층에서 받은 데이터를 처리해서 하위 계층으로 전송할 수 있는 형태로 변환하는 과정입니다. 이 과정에서 그림 3.2와 같이 네트워크 계층으로부터 받은 기존 데이터에 **이더넷 헤더**와 **트레일러**를 추가해 **프레임**을 완성합니다. 캡슐화를 통해 이더넷 헤더에 포함된 정보로 데이터가 목적지까지 올바르게 전송됩니다.

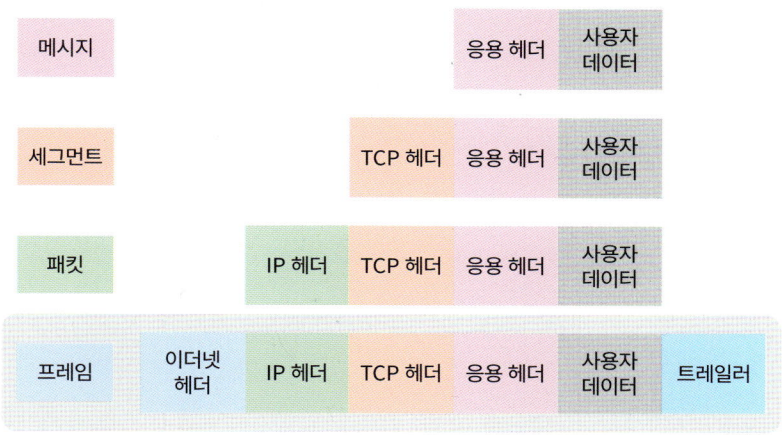

그림 3.2 데이터 링크 계층의 데이터 단위

반대로 역캡슐화는 물리 계층에서 수신한 프레임에서 데이터 링크 계층의 헤더와 트레일러를 제거하고, 원래 데이터를 추출해 상위 계층인 네트워크 계층으로 전달하는 과정입니다. 이 과정에서 오류를 검출하고, 수신한 프레임이 어떤 프로토콜을 사용하는지 확인하며, 데이터를 추출합니다.

이처럼 데이터 링크 계층은 캡슐화와 역캡슐화를 통해 프레임의 오류를 확인하고 수정을 요청하며, 상위 계층과 하위 계층 간의 정보 교환을 원활하게 합니다.

3.2 유선 네트워크의 고속도로: 이더넷

이더넷은 OSI 7계층의 하위 두 번째 계층인 데이터 링크 계층의 프로토콜로, 데이터를 전송하는 방식이자 네트워크를 구성하는 유선 통신 기술입니다.

이더넷의 핵심은 유선 통신 방식이라는 점입니다. 네트워크는 유선 방식과 무선 방식으로 구분되는데, 이더넷은 유선 케이블을 통해 네트워크 장치들을 연결해서 데이터를 전송합니다. 이 방식은 주로 사무실, 학교, 가정에서 널리 사용됩니다. 예를 들어, 가정에서 벽면에 설치된 랜선 케이블을 데스크톱이나 노트북에 연결할 때 '이더넷'을 통해 인터넷에 접속하는 경우가 그렇습니다.

이더넷도 하나의 규격만 존재하는 것이 아닙니다. 기술의 요구 사항이 시간에 따라 변하는 것처럼, 이더넷도 다양한 속도와 규격으로 변화해 왔습니다. 규격에 따라 속도, 케이블 종류, 최대 전송 거리가 다르고, 이를 구분하는 여러 표기법이 있습니다. 이 표기법을 통해 이더넷의 규격을 알면 네트워크 환경에 적합한 기기나 케이블을 선택할 수 있습니다.

이더넷을 배우는 이유는 유선 네트워크를 구축해야 할 때 네트워크 설계와 구조를 파악하는 데 도움이 되기 때문입니다. 이번 절에서는 이더넷이 무엇이고, 이더넷 표기법은 무엇인지, 이더넷 규격으로는 무엇이 있는지 등에 대해 알아보겠습니다.

3.2.1 이더넷이란?

예를 들어, 회사에서 직원들이 스위치나 허브와 같은 장비에 연결된 컴퓨터를 통해 파일을 공유하거나 이메일을 주고받을 때 사용되는 것이 바로 **이더넷**입니다. 이더넷은 회사의 컴퓨터, 프린터, 서버 같은 네트워크 장치들이 서로 통신할 수 있도록 지원하는 유선 통신 기술입니다. 이더넷의 기본적인 형태는 스위치나 허브와 같은 네트워크 장치에 연결된 컴퓨터와 케이블을 통해 데이터를 전송하는 방식입니다.

이더넷은 **전기전자공학자협회(Institute of Electrical and Electronics Engineers; IEEE) 802** 위원회에서 표준으로 지정됐으며, ISO에서 국제 표준으로 채택됐습니다. 이더넷은 유선 네트워크 구축을 위한 기술로, 일반적으로 LAN에서 널리 사용됩니다.

이더넷이 널리 사용되는 이유는 유선 통신 방식으로 데이터를 전송할 때 안정성이 높고, 구축 비용이 비교적 저렴하기 때문입니다. 이러한 이유로 기업, 가정, 교육 기관 등 다양한 환경에서 선호됩니다. 또한 이더넷은 국제적으로 인정된 규격과 규정에 맞게 설계되어 호환성이 뛰어나 다양한 네트워크 장비나 시스템과 쉽게 연결됩니다. 이처럼 이더넷은 전 세계적으로 LAN 구축에 가장 많이 사용되는 기술 규격입니다.

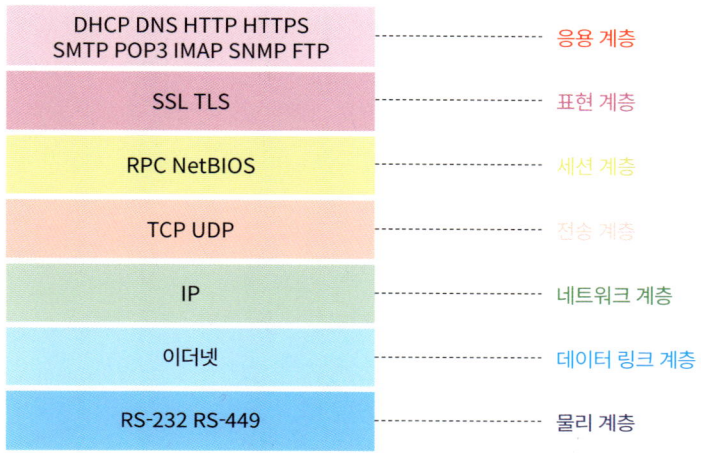

그림 3.3 데이터 링크 계층의 대표적인 프로토콜인 이더넷

3.2.2 다양한 이더넷의 속도

컴퓨터에서 처리해야 하는 서비스가 복잡해지고, LAN에 연결되는 장치의 수가 증가함에 따라 송수신되는 데이터의 양도 빠르게 증가하는 것은 당연합니다. 이에 기존 네트워크보다 더 빠른 고속 네트워크가 필요해졌습니다. 그에 따라 이더넷도 기존 네트워크보다 더 신속하게 통신할 수 있도록 발전했으며, 그 종류는 그림 3.4와 같습니다.

그림 3.4 전송 속도에 따른 이더넷의 종류

지금부터 그림 3.4에 따라 이더넷의 종류를 살펴보겠습니다. 이더넷은 **표준 이더넷**에서 시작해 **고속 이더넷**, **기가비트 이더넷**, **Ten-기가비트 이더넷** 등으로 발전해왔으며, 각각의 속도는 10배씩 증가했습니다.

먼저 **표준 이더넷**은 전송 속도가 10Mbps에 달하며, 이보다 10배 빠른 **고속 이더넷**이 있습니다. 최근에는 초고속 네트워크 기술 중 하나인 **기가비트 이더넷**이 등장했는데, 기가비트 이더넷은 고속 이더넷의 10배인 1000Mbps, 즉 전송 속도가 1Gbps에 달합니다. 또한 더 빠르고 신속한 데이터 전송이 요구됨에 따라 1Gbps의 기가비트 이더넷을 넘어 **10기가비트 이더넷**과 같은 더 빠른 이더넷이 개발됐습니다. 이 경우, 10Gbps 이상의 속도를 보여주는 이더넷은 상당히 빠른 이더넷의 범주에 속합니다. 이러한 고속 이더넷은 10Mbps, 100Mbps의 속도를 제공하는 이더넷과도 호환됩니다.

이더넷에도 규격과 명칭이 있으며, 각 규격을 표기하는 방식에는 일정한 규칙이 있습니다. 이더넷 규격 표기는 일반적으로 **"속도+BASE+케이블 유형"** 형태로 구성됩니다.

예를 들어, 1000BASE-T 표기를 보면 맨 앞의 숫자 1000은 1000Mbps의 전송 속도를 의미하며, 단위는 Mbps입니다. BASE는 원래의 신호 형태 그대로 전송하는 방식을 가리키는 '베이스밴드 방식'을 의미합니다. 현재는 베이스밴드 방식 외에 다른 방식은 이용하지 않습니다. '-' 뒤의 T는 트위스티드 페어 케이블(twisted pair cable)을 의미하고, UTP 케이블을 나타내는 약어입니다. 즉, 1000BASE-T는 1000Mbps의 전송 속도를 가진 베이스밴드 방식의 UTP 케이블을 나타냅니다.

또 다른 예로 10BASE-T는 10Mbps의 전송 속도를 가진 베이스밴드 방식의 UTP 케이블을 의미하며, 100BASE-FX는 100Mbps의 전송 속도를 가진 베이스밴드 방식의 광섬유 케이블을 의미합니다. 마지막 표기 FX는 섬유를 뜻하는 fiber에서 유래한 것으로, 광섬유 케이블을 사용한다는 의미입니다.

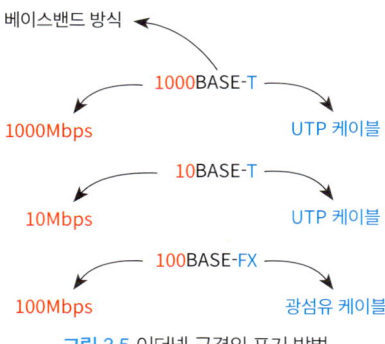

그림 3.5 이더넷 규격의 표기 방법

3.2.3 이더넷의 여러 속도와 규격들

모든 기술에는 초기 규격이 있듯이, 이더넷도 초기 규격이 있습니다. 이더넷은 어떤 구조에서 시작됐을까요? 초기 이더넷 규격은 버스형 구조를 기반으로 한 동축 케이블에 바탕을 뒀습니다. 이 규격은 10BASE5와 10BASE2로 알려져 있습니다. 이후 이더넷은 빠르게 발전해서 광섬유 기반의 더 높은 속도와 전송 거리를 지원하는 100BASE-FX, 1000BASE-SX, 1000BASE-LX 등의 규격으로 확장됐습니다. 이 규격 모두 광섬유 케이블의 규격을 의미합니다. F는 fiber(섬유)를 의미하고, SX의 'S'는 'short wavelength(단파장)', LX의 'L'은 'long wavelength(장파장)'을 의미합니다. SX와 LX의 차이는 1000Mbps 광통신에서 전송 거리의 차이를 나타냅니다.

이외에도 CX로 끝나는 규격이 있는데, 여기서 C는 'coaxial(동축 케이블)'을 의미합니다. 마지막으로 10GBASE-T와 같이 전송 속도가 Gbps 단위인 규격도 있습니다. 10GBASE-T에서 10Gbps는 10Gbps의 전송 속도를 의미합니다.

이더넷 규격	전송 속도	전송 매체
10BASE5	10Mbps	동축 케이블
10BASE2	10Mbps	동축 케이블
10BASE-T	10Mbps	UTP 케이블
100BASE-FX	100Mbps	광섬유 케이블
1000BASE-SX	1000Mbps	광섬유 케이블
1000BASE-LX	1000Mbps	광섬유 케이블
10GBASE-T	10Gbps	UTP 케이블

초기 이더넷 규격은 동축 케이블의 버스형

SX와 LX는 전송 거리의 차이
SX: 550m
LX: 5km

CX(coaxial): 동축 케이블

그림 3.6 그 외 여러 가지 이더넷의 규격

3.2.4 핵심 정리

- 이더넷은 데이터를 전송하는 프로토콜이자 네트워크를 구성하는 기술 방식입니다.
- 이더넷은 IEEE 802 위원회에서 표준으로 지정됐습니다.
- 대부분의 LAN은 이더넷 방식을 사용하며, LAN에서 자주 활용됩니다.
- CSMA/CD 기술은 이더넷에서 사용하는 프로토콜입니다.

【연습 문제】

1. 초기 이더넷의 규격은 동축 케이블의 버스형 구조로 설계됐는데, 이때의 이더넷 규격은 무엇인가요?
2. 10GBASE-T 규격에서 'G'는 어떤 의미인가요?
3. 'BASE'라는 용어가 이더넷 규격에서 나타내는 의미는 무엇인가요?
4. 100BASE-FX 규격이 사용하는 전송 매체는 무엇인가요?

연습문제 해답

1. 10BASE5, 10BASE2
2. Gigabit(기가비트)
3. 원래의 신호 형태 그대로 나타내는 '베이스밴드' 방식
4. 광섬유 케이블

3.3 데이터 링크 계층의 데이터 포장: 이더넷 프레임과 이더넷 헤더

OSI 7계층의 각 계층에서는 헤더를 붙이거나 제거하는 과정, 즉 캡슐화와 역캡슐화가 일어납니다. 데이터 링크 계층의 캡슐화 과정에서는 이더넷 헤더와 트레일러를 붙여 **프레임**이라는 단위를 만듭니다. 그렇다면 프레임은 어떤 정보를 담고 있으며, 핵심이 되는 주요 정보는 무엇일까요?

물리 계층, 데이터 링크 계층, 네트워크 계층, 전송 계층, 응용 계층에서의 데이터 단위마다 핵심이 되는 주요 헤더가 다르듯이 프레임도 마찬가지입니다. 프레임에서 핵심이 되는 정보는 이더넷 헤더에 포함돼 있습니다. 이번 절에서는 이더넷 프레임의 역할과 그 안에 담긴 정보들을 알아보겠습니다.

3.3.1 더 자세히 보는 이더넷 프레임과 이더넷 헤더

이더넷 프레임은 4장에서 배울 네트워크 계층의 데이터 단위인 IP 패킷에 이더넷 헤더와 트레일러가 캡슐화된 형태입니다. 그림 3.7에서 이더넷 헤더와 트레일러가 붙으면 프레임, 제거되면 패킷이 됩니다.

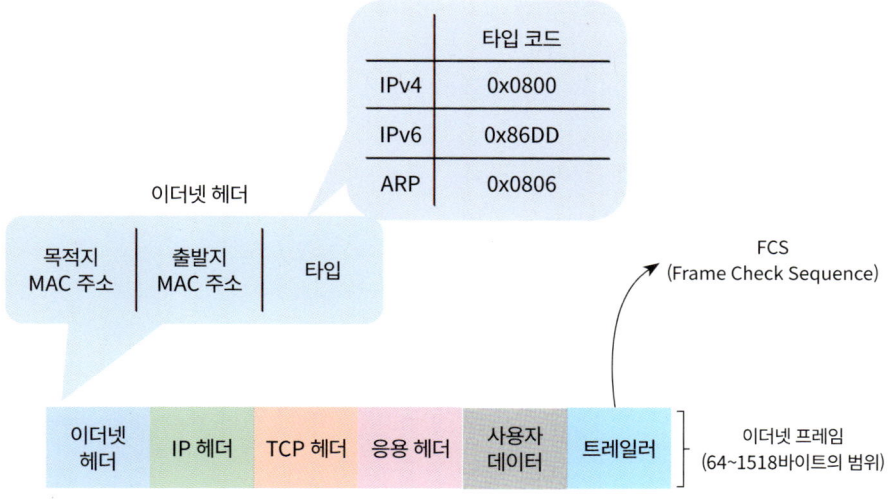

그림 3.7 이더넷 헤더의 주요 필드

이더넷 프레임의 핵심은 이더넷 헤더로, **목적지 MAC 주소**, **출발지 MAC 주소**, **타입** 등의 정보가 포함됩니다. **트레일러**는 FCS(Frame Check Sequence)라고도 불리며, 오류 발생 여부를 확인하는 데 사용됩니다. 이 프레임을 주고받는 과정에서 이더넷 헤더의 출발지 MAC 주소와 목적지 MAC 주소를 참조하는 과정이 필요합니다. 물리 계층은 전기 신호 전달에 초점을 맞췄지만 데이터 링크 계층에서는 어떤 주소를 가진 기기로 데이터를 전송해야 하는지에 대한 추가 정보를 참조하는 과정이 필요합니다. 기기의 MAC 주소를 알아야 프레임을 어디로 전송할지 결정할 수 있기 때문입니다. 자주 사용되는 이더넷 헤더의 타입 코드 값은 그림 3.7에 나와 있으며, 이 타입 코드는 상위 계층의 프로토콜 종류를 구분하는 역할을 합니다.

데이터를 다른 곳으로 전송할 때, 너무 큰 데이터를 한 번에 전송하는 것은 어렵습니다. 마치 사람들이 큰 물건을 나를 때 여러 번 나누어 옮기듯, 데이터도 분할해서 전송합니다. 이더넷 프레임의 크기가 일정 수준을 넘으면 여러 오류가 발생할 수 있기 때문에 최대 전송 단위인 **MTU(Maximum Transmission Unit)**라는 데이터 크기 최댓값을 설정해서 데이터를 분할합니다. 이 MTU를 넘게 되면 데이터를 분할해서 전송하게 됩니다.

이더넷 프레임의 크기는 64~1518바이트의 범위입니다. 이더넷 헤더를 구성하는 각 공간의 크기를 보면 목적지 MAC 주소는 6바이트, 출발지 MAC 주소는 6바이트, 타입은 2바이트로, 총 14바이트입니다. 이더넷 환경에서 MTU의 기본값은 1500바이트이며, 트레일러는 4바이트입니다. 따라서 이더넷 프레임의 최대 크기는 14바이트(헤더) + 1500바이트(MTU) + 4바이트(트레일러)로, 1518바이트입니다.

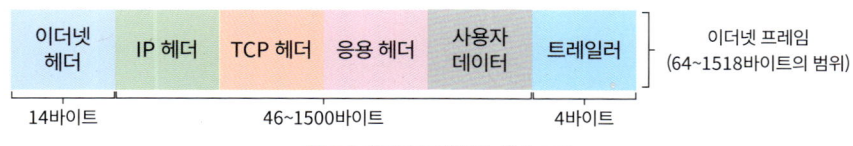

그림 3.8 이더넷 프레임의 최대 크기

3.3.2 핵심 정리

- 데이터 링크 계층의 주요 데이터 단위는 이더넷 프레임입니다.
- 이더넷 프레임은 캡슐화 시 이더넷 헤더와 트레일러가 부착되고, 역캡슐화 시에는 이더넷 헤더와 트레일러가 제거됩니다.
- 이더넷 헤더는 목적지 MAC 주소, 출발지 MAC 주소, 타입으로 구성됩니다.

【연습 문제】

1. 데이터 링크 계층에서의 프로토콜 데이터 단위를 무엇이라고 하나요?
2. 이더넷 프레임의 헤더에는 어떤 주소 정보가 포함되나요?
3. 데이터 링크 계층에서 캡슐화 또는 역캡슐화 시 추가되거나 제거되어 이더넷 프레임을 형성하는 두 가지 주요 정보는 무엇인가요?
4. 표준 이더넷 프레임의 크기 범위는 얼마인가요?

연습문제 해답

1. 프레임
2. 출발지 MAC 주소, 목적지 MAC 주소
3. 이더넷 헤더, 트레일러(Frame Check Sequence; FCS)
4. 64바이트~1518바이트

3.4 네트워크의 주민 등록: MAC 주소

네트워크에서 데이터를 전송할 때 정확한 목적지로 데이터를 전송하려면 네트워크 장치마다 고유한 주소가 필요합니다. 예를 들어, 한 회사에서 여러 직원들이 동시에 로컬 네트워크를 통해 데이터를 주고받아야 할 때 각 컴퓨터는 데이터를 공유해야 합니다. 이때 각 컴퓨터가 전송하는 데이터를 올바르게 전달하려면 네트워크 장치의 고유한 물리적인 주소를 사용해야 합니다.

이러한 상황에서 **MAC 주소**가 사용됩니다. MAC 주소는 네트워크에서 각 장치를 고유하게 식별할 수 있는 정보입니다. MAC 주소가 각 장치에 부여돼 있다면 데이터 링크 계층에서는 어떤 장치로부터 데이터가 왔는지, 그리고 어떤 장치로 데이터를 보내야 하는지를 알 수 있습니다.

따라서 모든 네트워크 장치에는 고유한 MAC 주소가 할당돼 있고, 이를 통해 데이터를 정확한 목적지로 전달할 수 있습니다. 3.5절에서 배우게 될 스위치는 MAC 주소를 사용해 프레임을 전달하고, 필요한 경우 MAC 주소 테이블이라는 공간에 MAC 주소 정보를 저장해 전달 과정을 효율적으로 관리할 수 있습니다.

이처럼 MAC 주소는 데이터 링크 계층에서 네트워크 장치를 식별하고, 스위치를 통해 프레임을 정확하게 전달하는 데 중요한 역할을 합니다. 이번 절에서는 MAC 주소의 구조와 표현 방법, MAC 주소 테이블에 대해 자세히 알아보겠습니다.

3.4.1 MAC 주소란?

MAC 주소는 어떻게 표기할까요? 특별한 표기 방식이 있을까요? 각 장치마다 MAC 주소를 부여하기 위해 16진수로 표현하는 방식을 사용합니다.

MAC 주소는 데이터 링크 계층에서 통신할 때 물리적인 장치를 식별하기 위한 48비트의 물리적인 주소입니다. MAC 주소는 48비트(6바이트)로 구성돼 있고, 일반적으로 16진수로 표현됩니다. 예를 들어 'AA:BB:CC:DD:EE:FF' 또는 'AA-BB-CC-DD-EE-FF'와 같은 형태로 콜론(:)이나 하이픈(-)으로 구분된 2자리의 16진수로 나타냅니다.

그림으로 예를 들어보겠습니다. 그림 3.9와 같이 PC A~D가 허브 또는 스위치에 연결된 상황에서 각 기기를 특정할 수 있는 물리적 주소가 필요합니다. 이때 사용되는 주소가 바로 MAC 주소입니다.

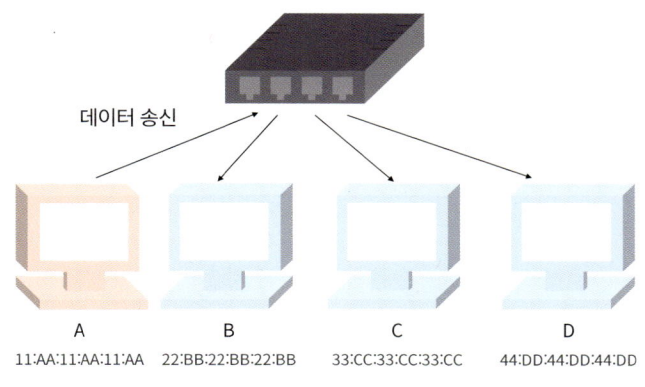

그림 3.9 스위치를 통해 연결된 PC와 MAC 주소 예시

MAC 주소는 네트워크 상의 물리적인 장치를 구분하기 위해 사용되므로 물리적인 주소라고도 불리며, 하드웨어 장치의 일부로 존재하기 때문에 하드웨어 주소라고도 합니다. MAC 주소는 각 네트워크 연결 장치를 제조할 때 부여되는 전 세계에서 유일한 번호로, 중복되지 않도록 규칙이 정해져 있습니다. MAC 주소는 48비트(6바이트)로 구성돼 있으며, 그중 상위 24비트(3바이트)는 랜 카드를 만든 제조사를 나타내고, 하위 24비트(3바이트)는 제조사가 랜 카드에 붙인 고유의 일련번호입니다.

그림 3.10 MAC 주소의 구조와 표현

네트워크에서 데이터가 전송될 때 이더넷 헤더에 포함된 MAC 주소 정보는 중요한 역할을 합니다. 이 정보는 바로 목적지 MAC 주소와 출발지 MAC 주소입니다. 왜 출발지와 목적지 MAC 주소 정보를 이더넷 헤더에 저장할까요? 두 대 이상의 컴퓨터가 데이터를 주고받을 때, 최종 목적지와 출발지를 명확히 하기 위해 MAC 주소 정보가 필요하기 때문입니다. 이 정보를

통해 스위치가 동작하는 과정에서 MAC 주소 테이블을 이용해 데이터를 올바른 목적지로 전달할 수 있습니다.

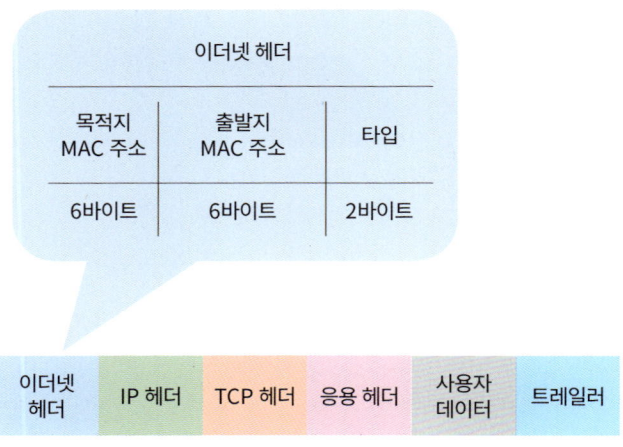

그림 3.11 이더넷 헤더에 포함된 핵심적인 MAC 주소 정보

3.4.2 표로 한눈에 보는 MAC 주소 테이블

MAC 주소 테이블은 주로 스위치라는 네트워크 장비에서 사용되는 데이터베이스로, 연결된 장치들의 MAC 주소와 해당 포트 정보를 저장하고 관리하는 데 사용됩니다. 이를 통해 스위치는 들어오는 패킷의 목적지 MAC 주소를 참조해서 올바른 포트로 전달할 수 있습니다.

예를 들어, 다음 페이지의 그림 3.12에서 스위치 1을 중심으로 PC A가 포트 1을 통해 연결돼 있고, PC B가 포트 2를 통해 연결돼 있다고 가정해보겠습니다. 이 예시에서 PC A가 포트 1에 연결돼 있으므로, 스위치 1의 MAC 주소 테이블에는 PC A의 MAC 주소와 포트 번호 1이 연결되어 저장됩니다. 마찬가지로, PC B가 포트 2에 연결돼 있으므로 스위치 1의 MAC 주소 테이블에는 PC B의 MAC 주소와 포트 번호 2가 저장됩니다.

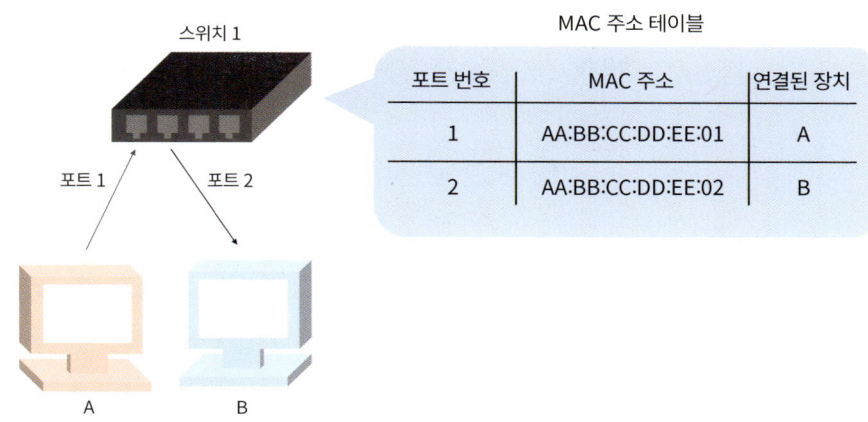

그림 3.12 MAC 주소 테이블

이 정보를 바탕으로 스위치는 네트워크에서 데이터 프레임을 올바른 목적지로 전달할 수 있습니다. 예를 들어, PC A가 PC B에게 데이터를 보내려 한다면 스위치는 목적지 MAC 주소가 PC B의 MAC 주소임을 인식하고, MAC 주소 테이블에서 해당 MAC 주소와 연결된 포트 번호 2를 찾아 데이터 프레임을 해당 포트로 전송합니다.

3.4.3 핵심 정리

- MAC 주소는 물리적인 장치를 식별하기 위한 48비트의 물리적인 주소입니다.
- MAC 주소 표기는 'AA:BB:CC:DD:EE:FF'와 같이 2자리 16진수로 나타냅니다.
- MAC 주소는 물리적 주소 또는 하드웨어 주소라고도 불립니다.
- 스위치는 연결된 장치들의 정보를 저장하고 관리하기 위해 MAC 주소 테이블을 사용합니다.

【연습 문제】

1. MAC 주소는 어떤 숫자 체계로 표기되나요?
2. MAC 주소의 상위 24비트는 어떤 정보를 나타내나요?

연습문제 해답

1. 16진수
2. 랜 카드 제조사 번호(OUI)

3.5 스위치: 유선 네트워크의 교차로

스위치는 데이터 링크 계층에서 동작하는 네트워크 장치로, 연결된 장치들 간에 프레임을 전달할 때 목적지 MAC 주소와 출발지 MAC 주소를 참조합니다. 스위치는 프레임의 목적지 MAC 주소를 참조해서 해당 포트로 프레임을 정확하게 전송하고, 출발지 MAC 주소는 MAC 주소 테이블을 업데이트하고 학습하는 데 사용됩니다. 이를 통해 스위치는 데이터 링크 계층에서 프레임 전달 과정을 효율적으로 처리함으로써 데이터 전송 시간을 단축하고 성능을 향상시킵니다.

또한 스위치는 MAC 주소 테이블을 사용해 연결된 장치들의 MAC 주소와 해당 장치가 연결된 포트 번호를 관리합니다. 이 MAC 주소 테이블을 통해 스위치는 프레임을 목적지 MAC 주소에 해당하는 포트로 효율적으로 전달할 수 있습니다. 따라서 이번 절에서는 스위치가 데이터 링크 계층에서 프레임을 어떻게 전달하는지, MAC 주소 테이블을 어떻게 사용하는지 등의 동작 원리를 배우게 됩니다.

스위치와 스위치의 동작 과정을 이해하면 데이터 링크 계층에서 프레임 전달을 효율적으로 처리하는 방법을 배울 수 있고, 이를 통해 데이터 링크 계층에서 동작하는 네트워크의 구성을 전반적으로 이해할 수 있습니다.

3.5.1 스위치란?

스위치(switch)는 네트워크 장비로, 스위칭 허브라고도 불리고, 컴퓨터와 같은 네트워크 기기들을 서로 연결해서 효율적인 데이터 통신을 가능하게 합니다. 스위치는 각 기기의 물리적 주소인 MAC 주소를 인식하고, 이를 기반으로 데이터를 전송할 목적지를 결정합니다.

스위치는 외관상 허브와 비슷하지만, 내부적으로 스위칭 기능을 사용해 데이터를 전송하기 때문에 일반적으로 스위치라고 부릅니다. 스위치는 연결된 장치의 MAC 주소를 인식하고, 해당 주소를 가진 장치로 데이터를 전송합니다. 이더넷을 통해 스위치에 각 기기를 연결하면 기기들이 서로 통신할 수 있는 하나의 네트워크가 구성됩니다.

예를 들어, PC A~D가 있다고 가정하고, A가 C에게 데이터를 보낸다고 가정해보겠습니다. 스위치는 스위칭 기능을 통해 데이터를 전송할 장치에 연결된 포트로만 데이터를 전송합니다. 이 과정에서 스위치는 MAC 주소 테이블을 사용해 목적지 장치의 MAC 주소를 찾아 정확한 포트로 전송합니다. 이런 방식 덕분에 스위치는 더미 허브에서 발생하는 속도 저하 문제를 해결할 수 있습니다. 더미 허브는 데이터를 모든 포트로 전송해 대역폭을 공유하므로 속도가 저하됩니다. 그러나 스위치는 특정 포트로만 데이터를 전송함으로써 대역폭을 효율적으로 사용하고, 데이터 전송 속도를 높일 수 있습니다.

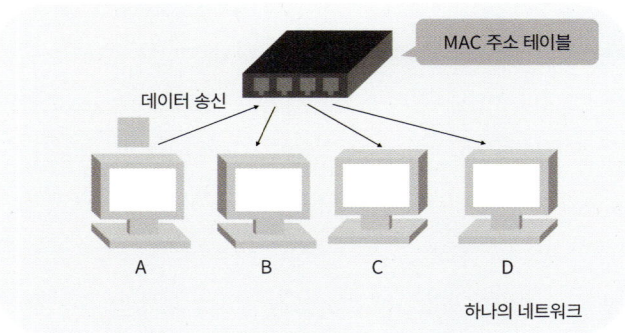

그림 3.13 스위치로 연결된 네트워크

3.5.2 스위치의 작동 원리, 스위칭

스위치도 고유의 동작 메커니즘이 있습니다. 그렇다면 스위치는 어떤 방식으로 동작하고, 어떻게 데이터를 처리할까요?

스위칭(switching)은 스위치라는 네트워크 장치를 통해 데이터 프레임을 특정 목적지로 전송할 때, 전송 경로를 선택하고 제어하는 기능입니다. 스위치는 스위칭을 통해 연결된 네트워크 장치 간의 통신을 관리하고 효율적으로 처리합니다.

스위칭 기술은 데이터 전송을 개선하고 지연 현상을 줄일 수 있기 때문에 통신 성능을 향상시키는 데 도움을 줍니다. 이를 통해 데이터 전송 속도는 높아지고, 신뢰성 있는 데이터 전송이 가능해집니다.

그럼 스위치가 스위칭을 통해 동작하는 순서를 알아보겠습니다. 그림 3.14에서 가상의 PC인 A와 B는 스위치 1에, C와 D는 스위치 2에 연결돼 있으며, 각 스위치는 자신만의 MAC 주소 테이블을 갖고 있습니다.

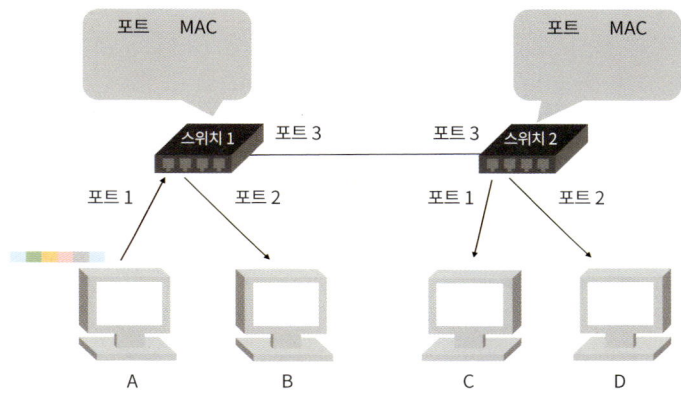

그림 3.14 스위칭 동작 과정 준비

이때 A가 C로 데이터를 보내고 싶어 한다고 가정해보겠습니다. ❶ 해당 이더넷 프레임의 이더넷 헤더에는 출발지 MAC 주소가 A, 목적지 MAC 주소가 C로 설정된 후 전송됩니다. ❷ 데이터를 전송받은 스위치는 데이터를 보낸 출발지 MAC 주소를 MAC 주소 테이블에 표기합니다. 1번 포트로 데이터를 전송받은 스위치 1은 MAC 주소 테이블에 포트는 1번 포트, 출발지 MAC 주소는 A로 저장합니다.

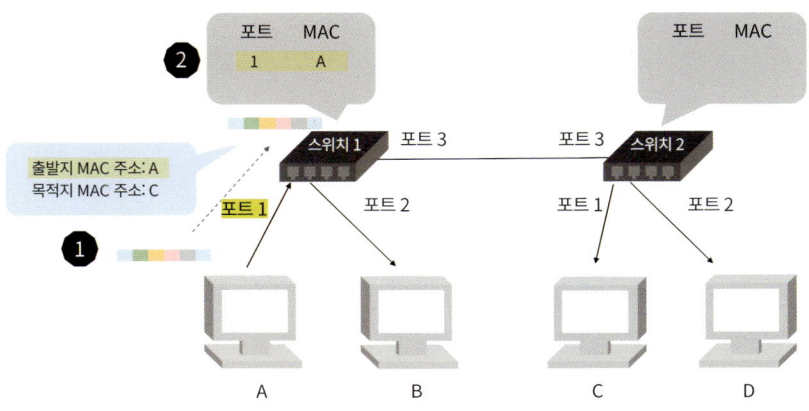

그림 3.15 프레임 전송 및 MAC 주소 표기

❸ 이제 스위치 1은 전송받은 포트(포트 1)를 제외한 다른 모든 연결된 포트로 데이터를 전송합니다. 즉, 포트 1을 제외한 포트 2와 포트 3으로 데이터를 전송하게 됩니다. 이 과정을 '**플러딩**'이라고 합니다. 플러딩은 스위치가 목적지 MAC 주소를 모르는 상태에서 전송받은 포트를 제외한 나머지 모든 포트로 데이터를 전송하는 것을 말합니다.

그런데 플러딩 과정에서 B는 목적지 MAC 주소가 아님에도 불구하고 데이터를 받게 됩니다.

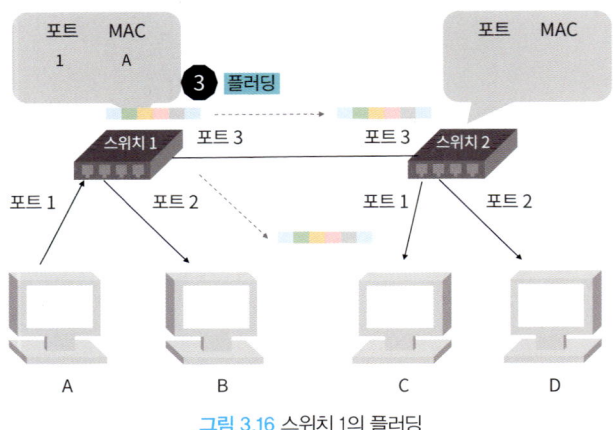

그림 3.16 스위치 1의 플러딩

❹ B는 목적지 MAC 주소가 자신이 아닌 것을 인지하고, 해당 데이터를 버리거나 파기합니다. 이렇게 플러딩을 통해 스위치는 목적지에 데이터를 전달하는 과정을 거치고, 최종적으로 A로부터 전송된 데이터가 C에 도달하게 됩니다. ❺ 플러딩을 통해 스위치 2가 포트 3으로 데이터를 전송받으면 스위치 2는 이 정보를 MAC 주소 테이블에 저장합니다. 데이터의 출발지 MAC 주소인 A와 함께 포트 3을 통해 전송받았다는 정보가 저장됩니다.

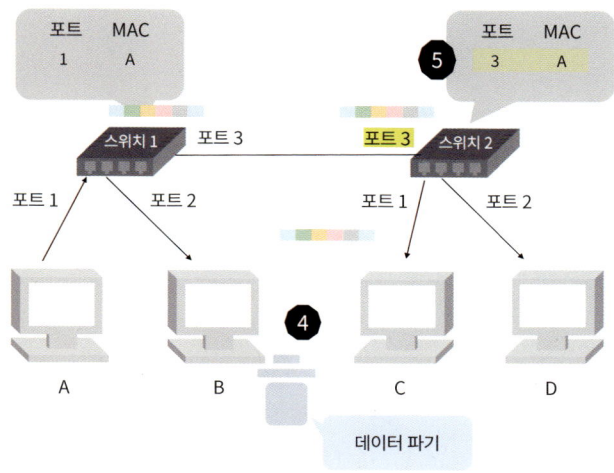

그림 3.17 PC B의 데이터 파기 및 스위치 2의 MAC 주소 표기

❻ 이후 스위치 2는 전송받은 포트 3을 제외한 나머지 연결된 포트로 데이터를 전송합니다. 즉, 포트 1과 포트 2로 데이터가 전송됩니다. ❼ 목적지 MAC 주소와 일치하지 않는 D는 데이터를 버리거나 파기하며, ❽ C에게 데이터가 정상적으로 도달하게 됩니다.

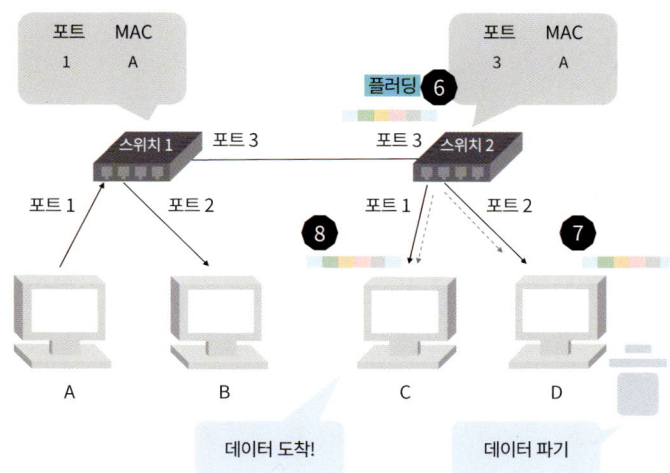

그림 3.18 스위치 2의 플러딩 및 PC C에게 데이터 도착

❾ 데이터를 전송받은 C는 A에게 응답 데이터를 전송합니다. 이때 출발지 MAC 주소는 C이고 목적지 MAC 주소는 A입니다. ❿ 이 데이터는 스위치 2에 도착하고, 스위치 2는 포트 1에서 받은 출발지 MAC 주소 C를 MAC 주소 테이블에 저장합니다. ⓫ C가 보낸 데이터의 목적지는 A이며, 스위치 2의 MAC 주소 테이블에는 출발지 A의 데이터가 포트 3에서 온 기록이 있습니다. 이 기록을 통해 스위치 2는 C가 보낸 데이터를 포트 3으로 되돌려야 한다는 것을 알게 됩니다.

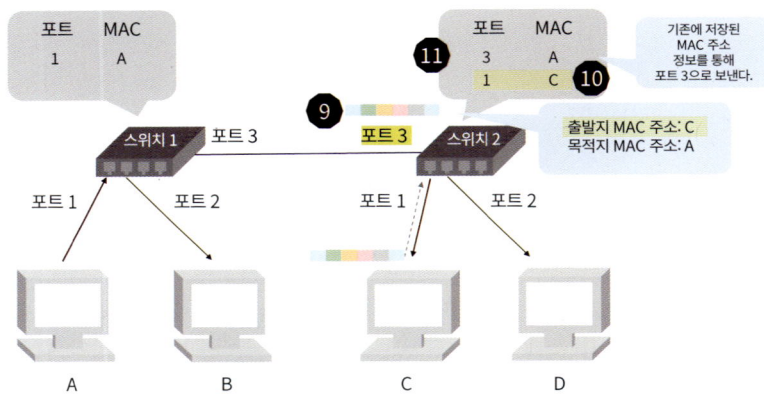

그림 3.19 PC C의 데이터 전송 및 스위치 2의 MAC 주소 테이블 확인

⓬ 이 정보를 통해 스위치는 필터링(filtering)과 포워딩(forwarding) 과정을 실행합니다. **필터링**은 MAC 주소 테이블과 비교해서 목적지 MAC 주소가 일치하지 않는 경우 데이터를 전송하지 않는 과정입니다. 반대로 목적지 MAC 주소가 일치하면 해당 포트로 데이터를 전송하는 과정을 **포워딩**이라고 합니다. 그 결과, 스위치 2는 포워딩을 통해 포트 1에서 받은 데이터를 포트 3으로 전송하며, 플러딩과 달리 MAC 주소 테이블을 참조해서 필터링을 통해 D에게 데이터를 전송하지 않습니다.

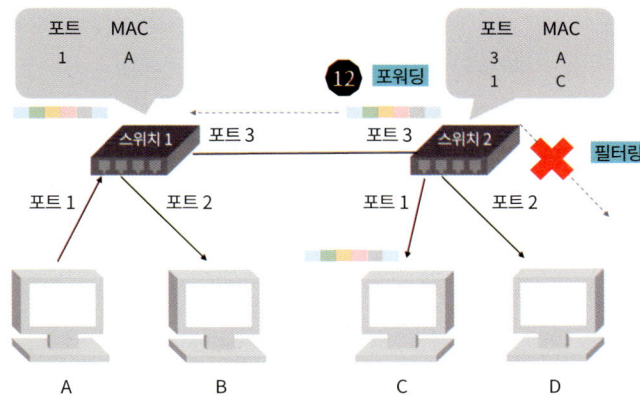

그림 3.20 스위치 2의 포워딩 및 필터링

❸ 데이터가 스위치 1에 도달하면 해당 정보가 스위치 1의 MAC 주소 테이블에 저장됩니다.
❹ 이때 테이블에는 C의 목적지 MAC 주소 A가 출발지 MAC 주소로 저장된 기록이 있습니다. 이 기록을 통해 스위치 1은 C가 보낸 데이터를 포트 1로 되돌려야 한다는 사실을 알 수 있습니다. ❺ 따라서 스위치 1은 필터링을 통해 포트 2로 데이터를 전송하지 않으며, 포워딩을 통해 포트 3에서 받은 데이터를 포트 1로 전송해서 데이터는 A에 정상적으로 도착합니다.

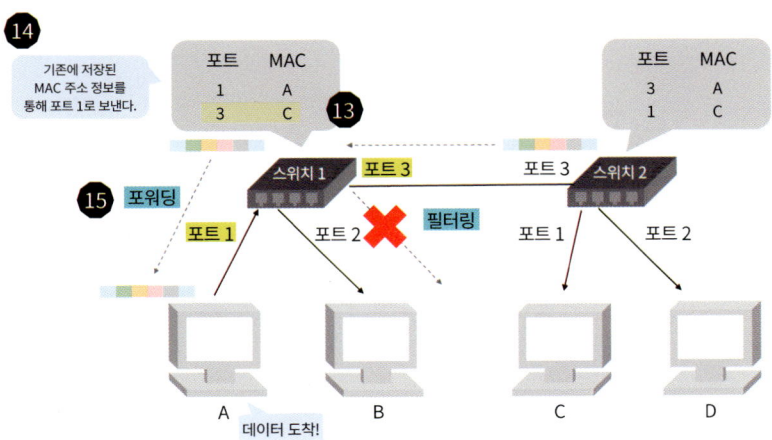

그림 3.21 스위치 1의 포워딩 및 필터링

3.5.3 핵심 정리

- 스위치(스위칭 허브)는 네트워크 기기들을 연결해 효율적인 데이터 통신을 가능하게 하는 장치입니다.
- 스위칭은 스위치를 통해 데이터를 특정 목적지로 전송하는 과정에서 전송 경로를 선택하고 제어하는 기능입니다.
- 플러딩은 스위치가 목적지 MAC 주소를 모르는 상태에서 전송받은 포트를 제외한 나머지 모든 포트로 데이터를 전송하는 것을 말합니다.
- 필터링은 MAC 주소 테이블과 비교해서 목적지 MAC 주소가 일치하지 않는 경우 데이터를 전송하지 않는 것을 말합니다.
- 포워딩은 MAC 주소 테이블과 비교해서 목적지 MAC 주소가 일치하면 해당 포트로 데이터를 전송하는 것을 말합니다.

【연습 문제】

1. 스위치가 데이터를 목적지로 전송할 때 사용하는 패킷 전달 방식은 무엇인가요? 세 가지로 답하세요.

연습문제 해답

1. 플러딩, 필터링, 포워딩

3.6 네트워크 충돌을 해결해주는 경찰: CSMA/CD

CSMA/CD(Carrier Sense Multiple Access with Collision Detection)는 이더넷 네트워크에서 데이터 충돌을 감지하고 해결하기 위한 기술입니다. 예를 들어, 회사 내의 네트워크인 LAN에서 여러 장치가 동시에 데이터를 전송하려 할 때 데이터가 서로 충돌할 수 있습니다. 이를 방지하기 위해 사용되는 기술이 바로 CSMA/CD입니다.

앞서 이더넷의 등장 초기에는 동축 케이블의 버스형 구조에서 데이터를 전송했으며, 이를 관리하기 위해 CSMA/CD가 개발됐다고 언급한 바 있습니다. 그런데 CSMA/CD는 왜 배워야 할까요? CSMA/CD의 과정을 이해하면 데이터 전송 지연을 최소화하는 방법을 배울 수 있기 때문입니다. 이번 절에서는 이 과정을 도식화하고 간단하게 동작 과정을 그림으로 살펴봄으로써 충돌 감지부터 해결까지의 과정을 이해해보겠습니다.

3.6.1 CSMA/CD의 충돌 감지와 해결 과정

이더넷 네트워크에서 사용되는 충돌 감지 기술인 CSMA/CD는 데이터 전송을 관리하도록 설계된 네트워크 프로토콜입니다. 그림 3.22와 같이 버스형 네트워크 토폴로지로 연결된 PC들이 있다고 가정해보겠습니다. 이때 버스형 구조에서 여러 기기가 동시에 데이터를 전송하면 자연스레 충돌이 발생합니다. 이처럼 여러 기기가 동시에 데이터를 전송할 수 없는 상황을 고려해 나온 접근 제어 방식이 **CSMA/CD**입니다.

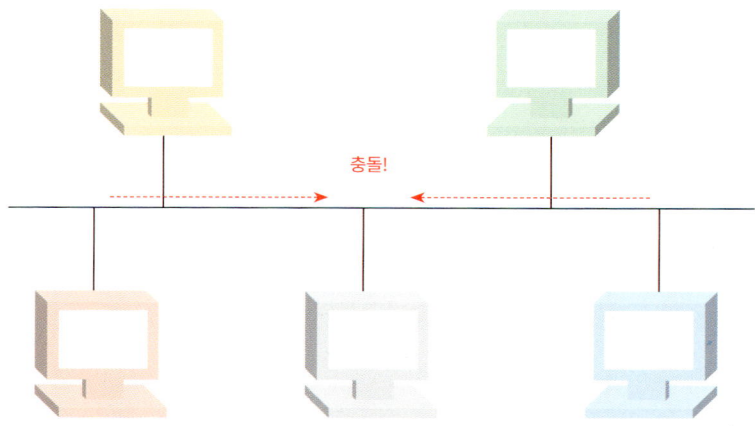

그림 3.22 버스형 네트워크에서 발생할 수 있는 데이터 충돌 위험

CSMA/CD의 첫 번째 단계는 **신호 감지(Carrier Sense; CS)**로, 케이블이 현재 사용 중인지 감지하는 단계입니다. 만약 케이블에 데이터 전송이 없음을 감지해 사용 중이 아니라고 확인되면 한 컴퓨터에서 데이터를 전송합니다. 이때 데이터를 전송하는 동안 충돌이 감지되지 않으면 데이터가 성공적으로 전송된 것입니다.

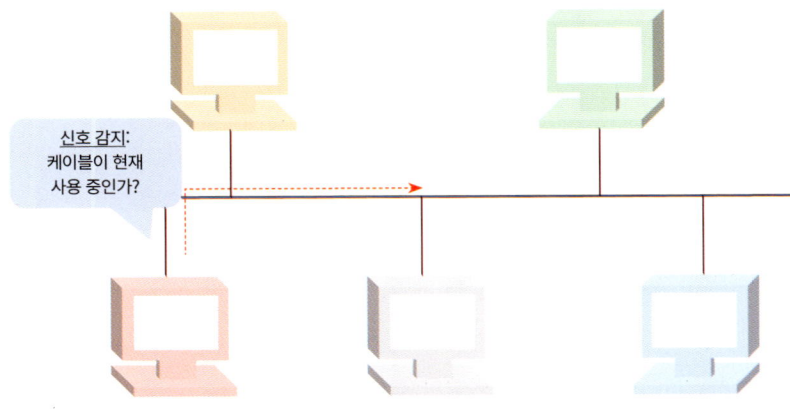

그림 3.23 CSMA/CD의 신호 감지 단계

그러나 두 컴퓨터가 신호 감지 단계를 통해 케이블이 사용 중이지 않음을 확인하고 동시에 데이터를 전송하려는 상황이 발생할 수 있습니다. 이를 **다중 접속(Multiple Access; MA)** 단계라고 부릅니다. 다중 접속 단계는 여러 장치가 동시에 데이터를 전송하려고 시도하는 상황을 의미합니다. 이 때문에 여러 장치가 동시에 데이터를 전송하면 데이터 전송이 겹쳐 충돌이 발생할 수 있습니다.

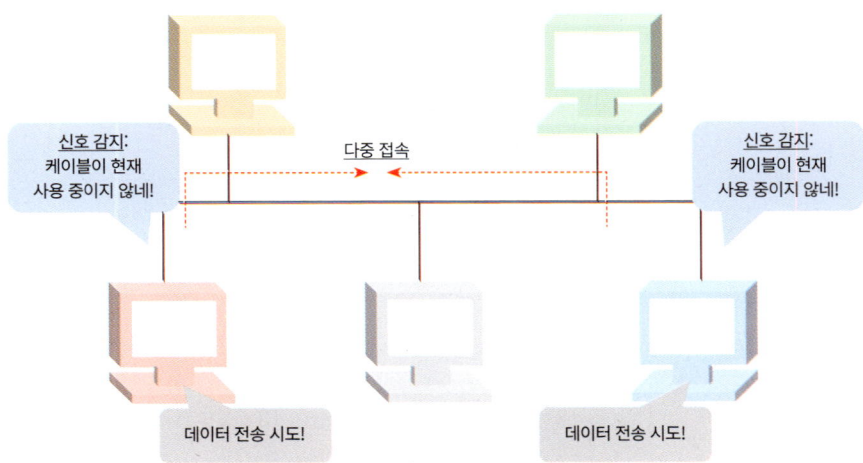

그림 3.24 CSMA/CD의 다중 접속 단계

이처럼 두 대 이상의 컴퓨터가 데이터를 전송하는 도중 충돌이 발생하면 충돌을 감지하게 됩니다. 이를 **충돌 감지(Collision Detection; CD)** 단계라고 합니다. 충돌 감지 단계에서 충돌을 감지한 컴퓨터는 즉시 데이터 전송을 중지하고, 각 컴퓨터는 랜덤한 대기 시간을 설정해 기다린 후 데이터를 전송합니다. 여기서 각 컴퓨터의 랜덤 시간은 다시 충돌하는 것을 방지하기 위해 서로 다른 대기 시간으로 설정됩니다. 이 대기 시간은 매우 미미한 차이로 다르게 설정되어 일반 사용자는 체감하기 어렵습니다.

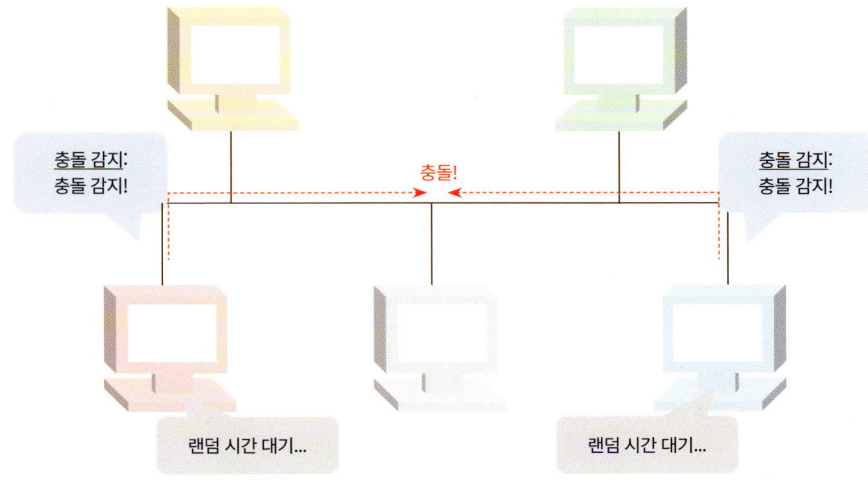

그림 3.25 CSMA/CD의 충돌 감지 단계

CSMA/CD의 동작 과정을 다시 알고리즘으로 표현하면 그림 3.26과 같습니다. 먼저 신호 감지 단계에서 통신 회선이 사용 중인지 확인합니다. 통신 회선이 사용 중이면 다시 데이터 전송을 시도합니다. 통신 회선이 사용 중이 아니면 데이터를 전송합니다. 데이터 전송 중 충돌이 발생하지 않으면 성공적으로 전송된 것입니다. 다중 접속 단계를 통해 여러 기기가 동시에 데이터 전송을 시도해 충돌이 발생하면 랜덤 시간 대기를 통해 일정 시간 기다린 후 데이터를 전송합니다.

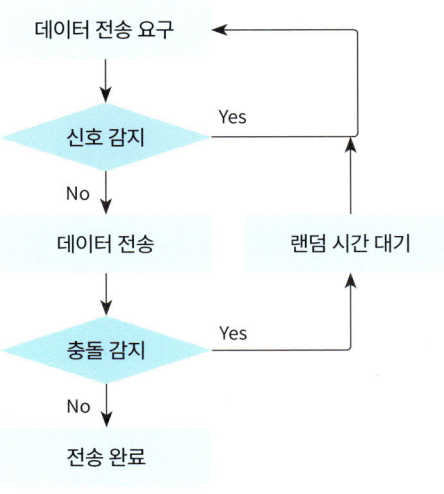

그림 3.26 CSMA/CD 알고리즘

3.6.2 핵심 정리

- CSMA/CD는 유선 이더넷 랜에서 사용하는 충돌 감지 프로토콜입니다.
- CSMA/CD의 신호 감지 단계는 케이블에 신호가 있는지 확인하고, 데이터 전송이 가능한지 판단하는 단계입니다.
- CSMA/CD의 다중 접속 단계는 여러 장치가 동시에 데이터 전송을 시도하는 단계입니다.
- CSMA/CD의 충돌 감지 단계는 장치들이 데이터 전송 중 충돌을 감지하고, 충돌을 해결하기 위한 조치를 취하는 단계입니다.

【연습 문제】

1. CSMA/CD의 목적은 무엇인가요?
2. CSMA/CD는 어떤 유형의 네트워크 토폴로지에서 사용됐나요?

연습문제 해답

1. 이더넷 네트워크에서 데이터 충돌을 감지하고 관리해서 충돌을 해결하는 것입니다.
2. 버스형 토폴로지

04
네트워크 계층

네트워크 계층은 컴퓨터에서 보내는 정보가 다른 컴퓨터에 도달하는 경로를 결정하는 데 중요한 역할을 합니다. 이는 우리가 길을 찾는 것처럼, 정보가 인터넷을 통해 가장 효율적인 경로로 이동해 목적지에 도착하도록 합니다.

데이터 링크 계층은 하나의 네트워크 내에서 여러 장치가 어떻게 연결되고 구성되는지를 중점적으로 다룬 반면, 네트워크 계층은 인터넷에서 데이터가 더 큰 네트워크를 기준으로 어떻게 이동하는지 관리합니다. 즉, 네트워크 계층은 한 네트워크에서 다른 네트워크로 넘어가는 동작에 초점을 맞추기에 **'네트워크 간'** 통신을 가능하게 합니다.

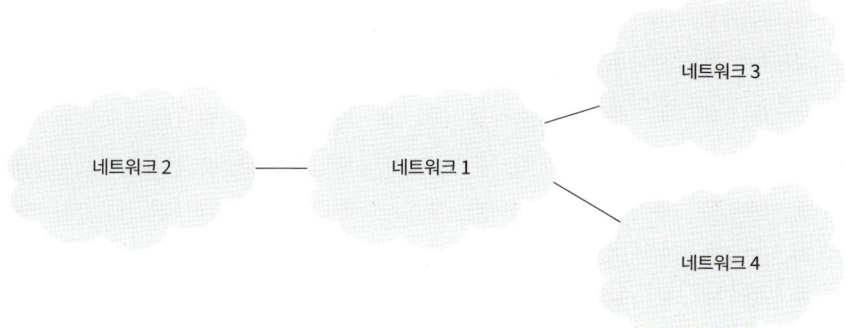

그림 4.1 네트워크 간의 통신을 가능하게 하는 네트워크

사설 네트워크에서 공용 네트워크를 통해 인터넷에 접속하려면 **IP(Internet Protocol)**가 필요합니다. 이 과정에서 가정 내 기기가 인터넷에 접속하려면 기기가 나타내는 논리적인 주소와 사설 IP 주소를 공인 IP 주소로 변환하는 기술이 필요합니다.

또한 인터넷에 접속한 기기로부터 데이터를 전송하려면 한 네트워크에서 다른 네트워크로 데이터가 이동하는 과정이 필요한데, 이를 수행하는 장비가 **라우터(router)**입니다. 라우터는 우리가 길을 찾듯이 데이터가 가는 길을 개선하는 **라우팅(routing)** 작업을 합니다.

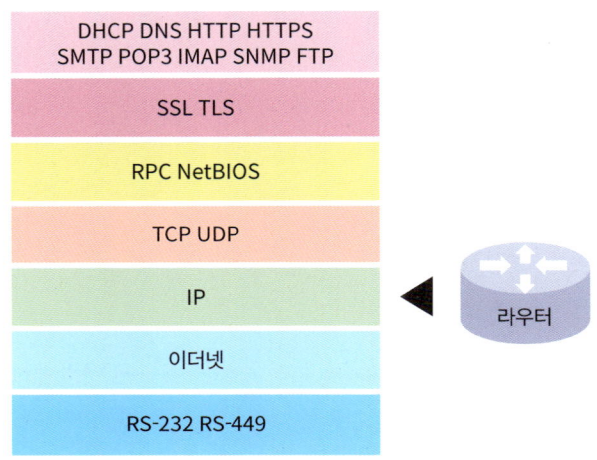

그림 4.2 네트워크 계층의 핵심, IP와 라우터

4.1 네트워크 계층 개요

네트워크 계층은 네트워크 간 통신을 담당하고, 데이터 패킷을 효율적으로 전송합니다. 이 계층에서 사용되는 핵심 개념에는 IP, IP 패킷, IP 헤더, 네트워크 주소와 서브넷 마스크, 라우터와 라우팅, 라우팅 프로토콜 등이 있습니다.

IP(Internet Protocol)는 네트워크 계층의 가장 중요한 프로토콜로, 데이터를 패킷으로 나누고 각 패킷을 출발지에서 목적지까지 전송하는 역할을 합니다. 데이터 단위인 패킷에서 중요한 정보를 담고 있는 **IP 헤더**는 각 패킷의 앞부분에 위치하며, 출발지와 목적지 주소, 패킷의 길이, 순서, 수명 등의 정보를 포함합니다.

네트워크를 이해하려면 먼저 '네트워크 주소' 개념을 알아야 합니다. 네트워크 주소는 특정 네트워크 장치나 네트워크를 식별하기 위해 사용되는 숫자나 알파벳 문자열입니다. 인터넷에서는 **IP 주소(IP Address)**가 이 네트워크 주소의 역할을 합니다.

그러나 IP 주소만으로는 여러 네트워크 간 정보를 효율적으로 전달하기 어렵습니다. 각 네트워크는 독립된 공간이므로 정보 교환을 위해서는 특정 장치가 필요합니다. 이때 필요한 장치가 **라우터**입니다. 라우터는 다양한 네트워크를 연결하고, 패킷이 최적의 경로로 목적지에 도달하도록 전송하는 역할을 합니다.

그렇다면 라우터는 어떻게 '최적의 경로'를 결정할까요? 이는 **라우팅**이라는 과정을 통해 이뤄집니다. 라우팅은 패킷이 출발지에서 목적지까지 어떤 경로로 전송될지를 결정하는 과정입니다. 이 과정을 가능하게 하는 **라우팅 프로토콜**은 라우팅 정보를 교환하는 데 사용됩니다. 대표적인 라우팅 프로토콜로는 RIP(Routing Information Protocol), BGP(Border Gateway Protocol), OSPF(Open Shortest Path First) 등이 있습니다.

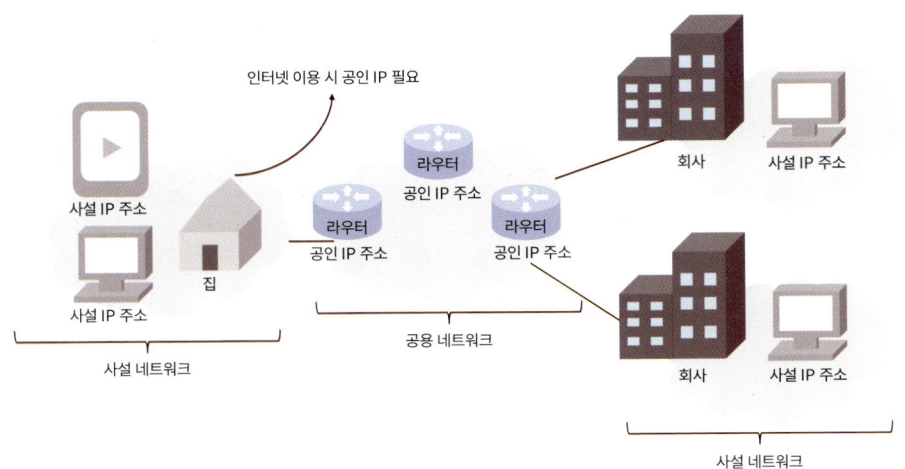

그림 4.3 인터넷을 연결할 때 필요한 사설 IP와 공인 IP

IP, IP 헤더, 네트워크 주소, 라우터, 라우팅, 라우팅 프로토콜 등 네트워크 계층에 대한 이해는 단일 네트워크를 구성하는 방식을 넘어 네트워크 간 통신을 이해하는 데 도움이 됩니다. 데이터를 최적으로 전달하는 과정을 이해하면 라우터의 동작 원리도 파악할 수 있습니다. 이를 통해 인터넷의 동작 방식과 우리가 매일 사용하는 다양한 인터넷 기반 서비스가 어떤 경로로 통신하는지 기술적인 배경을 알아보겠습니다.

4.2 네트워크 계층의 데이터 포장: IP 패킷, IP 헤더

이번 절에서는 네트워크 계층의 핵심 요소인 패킷과 그 구성 요소인 **IP 헤더**를 중점적으로 살펴봅니다. 여기서 주요 키워드는 **패킷**입니다. 데이터 링크 계층에서 데이터 단위를 '프레임'이라고 부르는 반면, 네트워크 계층에서는 '패킷'이라고 합니다.

이더넷 프레임을 예로 들면, 이더넷 헤더와 트레일러를 제거한 후 남은 데이터 부분을 역캡슐화하면 이것이 바로 네트워크 계층의 데이터 단위인 '패킷'입니다. 이처럼 패킷은 상위 계층의 데이터를 포함하고, 이를 네트워크를 통해 효율적으로 전송하는 역할을 합니다.

반대로, TCP 세그먼트에 IP 헤더를 추가해 캡슐화하면 '패킷'이 된다는 점도 중요합니다. 이렇게 보면 패킷은 TCP 세그먼트를 네트워크 계층으로 전달하는 중간 매개체라고 볼 수 있습니다.

따라서 이번 절에서는 패킷의 역할과 그 구성 요소인 IP 헤더의 중요성을 깊이 있게 이해하는 것이 목적입니다.

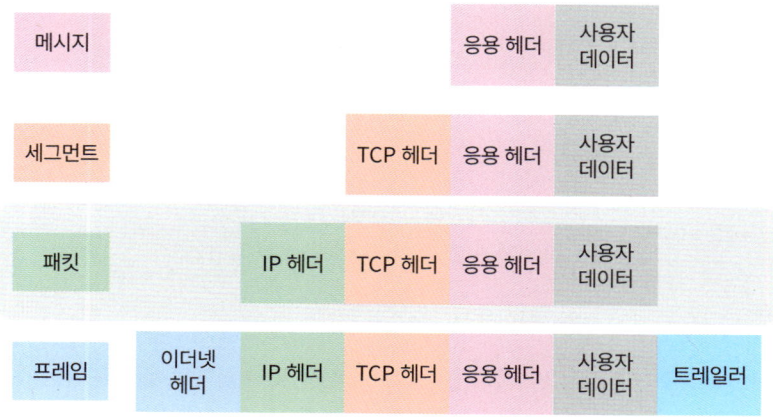

그림 4.4 네트워크 계층의 데이터 단위

4.2.1 더 자세히 보는 IP 패킷과 IP 헤더

패킷의 핵심 구성 요소는 바로 IP 헤더입니다. 이 IP 헤더에는 패킷의 전송과 관련된 중요한 정보가 포함돼 있습니다. 그림에서 볼 수 있듯이 각 정보는 오른쪽 상단부터 순서대로 버전, 헤더 길이, 서비스 유형, 전체 패킷 길이, 패킷의 ID(식별번호), 플래그, 프래그먼트 오프셋, 생존 시간(Time-To-Live; TTL), 프로토콜 타입, 헤더 체크섬, 출발지 IP 주소, 목적지 IP 주소, 옵션 및 데이터로 구성됩니다.

IP 헤더의 크기는 일반적으로 20바이트에서 60바이트 사이입니다. 실제 데이터 크기는 0바이트에서 최대 65,515바이트까지로, 전송하려는 정보에 따라 달라집니다. 따라서 IP 패킷 전체 크기는 최소 20바이트에서 최대 65,575바이트까지입니다. 주의할 점은 사용하는 IP 버전, 즉 IPv4인지 IPv6인지에 따라 허용되는 패킷의 최대 크기가 달라진다는 것입니다.

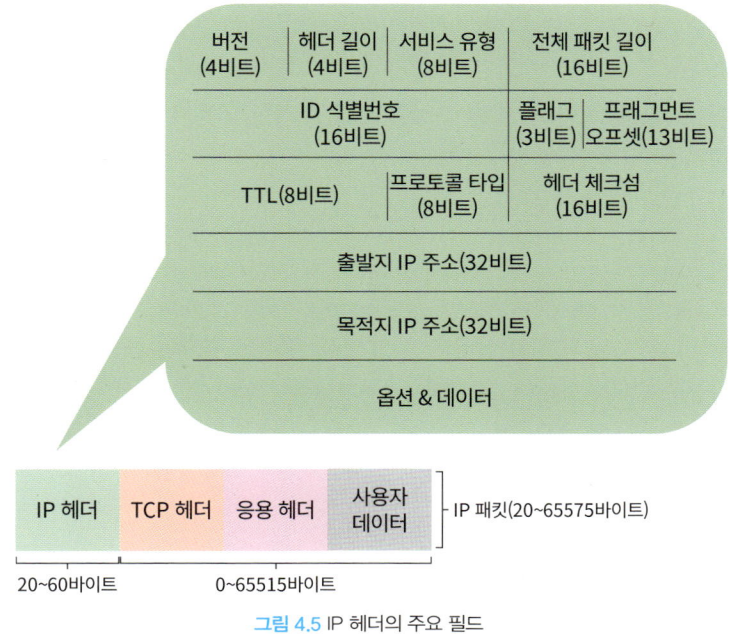

그림 4.5 IP 헤더의 주요 필드

IP 헤더에는 다음과 같은 영역이 있습니다.

- 버전: 사용 중인 IP 버전을 명시합니다.
- 헤더 길이: 헤더의 전체 길이를 나타냅니다.
- 서비스 유형: 패킷 전송 우선순위를 결정하는 데 사용됩니다.
- 전체 길이: IP 패킷의 전체 길이를 바이트 단위로 표시합니다.
- ID(식별번호): 패킷을 구분하기 위한 값으로 사용되고, 이전에는 패킷이 전송될 때마다 값이 1씩 증가하는 것이 일반적이었지만 오늘날에는 랜덤한 값이나 의미 있는 값이 들어갑니다.
- 플래그: 패킷의 단편화(분할) 여부를 결정합니다.
- 프래그먼트 오프셋: 단편화된 패킷의 위치를 나타냅니다. ID, 플래그, 프래그먼트 오프셋 필드는 모두 패킷 단편화와 관련이 있습니다.
- TTL(Time-To-Live): 패킷이 목적지에 도달하기 전에 통과할 수 있는 라우터 수를 명시합니다. 패킷은 TTL 값이 0이 되기 전에 반드시 목적지에 도달해야 합니다.
- 프로토콜 타입: 패킷을 분해해서 데이터를 상위 계층의 필요한 곳에 맞게 전달하는 과정에서 사용되고, 상위 계층의 데이터 유형에 따라 값이 결정됩니다.
- 헤더 체크섬: 헤더 내의 오류를 검출하는 역할을 합니다.

이처럼 IP 헤더의 각 영역은 패킷의 전송 방향을 결정하거나 오류를 검출하는 데 중요한 정보를 담고 있습니다. 특히 **출발지 IP 주소**와 **목적지 IP 주소**는 패킷이 올바르게 목적지에 도달하는 데 결정적인 역할을 합니다. 라우터는 이 정보를 기반으로 패킷의 라우팅 경로를 결정합니다.

4.2.2 핵심 정리

- IP 패킷이란 IP 헤더가 캡슐화됐을 때 부르는 프로토콜 데이터 단위입니다.
- IP 헤더 영역에 포함되는 주요 정보는 출발지 IP 주소, 목적지 IP 주소입니다.

【연습 문제】

1. 네트워크 계층에서 사용되는 데이터 단위의 이름은 무엇인가요?
2. IP 헤더의 'TTL' 영역의 기능은 무엇인가요?
3. 다양한 네트워크를 연결하고 패킷이 목적지까지 최적의 경로로 전송되게 하는 네트워크 장치의 이름은 무엇인가요?
4. IP 헤더에는 어떤 주소 정보가 담겨 있나요?

연습문제 해답

1. 패킷
2. 패킷이 목적지에 도달하기 전에 통과할 수 있는 라우터의 최대 수를 명시합니다.
3. 라우터
4. 출발지 IP 주소, 목적지 IP 주소

4.3 인터넷의 규칙: IP(Internet Protocol)

IP(Internet Protocol)는 네트워크 계층에서 가장 핵심적인 프로토콜입니다. 이 프로토콜의 두 가지 주요 특성은 '신뢰하기 어렵다'와 '연결성이 부족하다'는 점입니다. 신뢰하기 어렵다는 것은 IP가 패킷이 안전하게 도착하는 것을 보장하지 않는다는 의미입니다. IP는 패킷을 최선의 방법으로 전송하려 하지만 패킷이 반드시 목적지에 도달하리라는 보장은 없습니다. 이런 역할은 주로 전송 계층에서 맡습니다. 그렇다면 IP의 이러한 특성들은 어떤 의미가 있을까요? 먼저 '연결성이 부족하다'는 것은 데이터를 전송하기 위한 특별한 연결 설정 과정이 없다는 뜻입니다. 이는 전송 계층의 TCP 프로토콜과는 반대되는 특성입니다. 따라서 IP는 신뢰할 수 있는 전송을 보장하지 않기 때문에 IP로 전송된 데이터는 서로 다른 경로를 통해 도착할 수 있고, 심지어는 순서가 바뀌어 도착할 수도 있습니다.

IP는 각 네트워크에 연결된 기기에 고유한 식별 주소를 제공하는 중요한 역할을 합니다. 이 주소는 **IP 주소(IP Address)**라 불리고, 이를 통해 각 기기는 서로 데이터를 주고받을 수 있습니다. 또한 IP 주소는 라우터가 데이터 패킷을 적절한 경로로 전달하는 데 필수적인 정보가 됩니다.

4.3.1 핵심 정리

- IP는 비신뢰성과 비연결성이라는 특징을 지닙니다.
- IP 주소는 기기에 고유한 식별 주소를 지정하는 역할을 합니다.

【연습 문제】

1. IP의 어떤 특성 때문에 패킷이 순서대로 도착하지 않을 수 있나요?

연습문제 해답

1. 비신뢰성, 비연결성

4.4 인터넷의 주소 체계: 네트워크 주소

네트워크 주소는 네트워크에서 특정 장치나 네트워크 연결점을 구분하는 데 사용되는 숫자 또는 알파벳 문자의 조합입니다. **IP 주소**는 가장 널리 사용되는 네트워크 주소 형태로, 데이터 통신의 핵심 요소입니다. IP 주소는 인터넷과 같은 대형 네트워크에서 각 컴퓨터나 장치를 고유하게 구분하는 데 사용됩니다.

IP 주소는 일반적으로 **네트워크 ID**와 **호스트 ID**라는 두 부분으로 나뉩니다. 네트워크 ID는 특정 네트워크를, 호스트 ID는 해당 네트워크 내 특정 장치를 구분합니다. 이 구조를 이해하면 특정 장치가 어떤 네트워크에 속하는지 파악할 수 있고, 이에 따라 적절한 통신 경로를 설정할 수 있습니다. 또한 IP 주소는 **A, B, C, D, E 클래스**로 나뉘고, 이 클래스 구조는 IP 주소를 효율적으로 분배하기 위한 방식입니다. 각 클래스는 다른 범위의 네트워크 크기와 주소 수를 지원하며, 이는 다양한 규모의 네트워크에 유연하게 대응할 수 있게 합니다. 따라서 IP 주소, 네트워크 ID와 호스트 ID, 그리고 IP 주소 클래스를 이해하면 네트워크의 주소 체계를 더 잘 이해할 수 있습니다.

4.4.1 세계 각지로 뻗어나가자, IP 주소

IP 주소는 기본적으로 **논리적 주소**라고 불립니다. 이는 물리적 위치보다는 네트워크에서 각 기기를 고유하게 식별하는 데 초점을 맞춘 것입니다. IPv4를 예로 들면, IP 주소는 일반적으로 10진수 표기법으로 표현되고, 일반적으로 가장 자주 접하는 형태입니다.

하지만 IP 주소는 2진수로도 표현될 수 있습니다. 2진수로 표현한 IP 주소는 총 32비트로 구성되고, 각각 8비트씩 4개의 구성 요소인 **옥텟**으로 나뉩니다. 각 옥텟은 IP 주소의 다양한 요소를 표현하며, 이를 통해 각 기기가 효과적으로 구분됩니다.

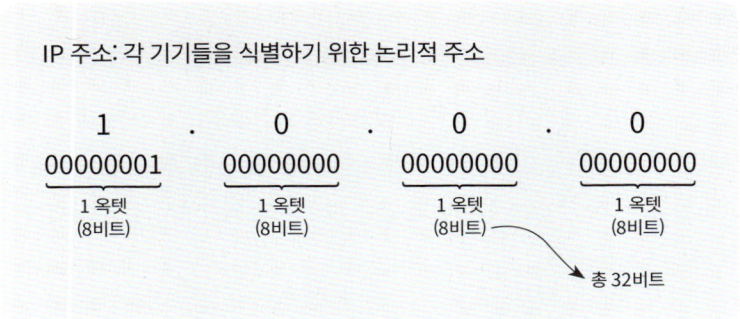

그림 4.6 옥텟으로 표현한 2진수 IP 주소

주로 사용되는 IP 주소의 두 가지 버전에는 **IPv4**와 **IPv6**이 있습니다. IPv4는 8비트씩 4개의 그룹으로 이뤄진 32비트 주소 체계를 사용합니다. 이 구조는 이론적으로 약 43억 개의 고유한 주소를 생성할 수 있고, 주소 범위는 0.0.0.0부터 255.255.255.255까지입니다. 일반적으로 10진수로 표기되며, 예를 들어 192.168.10.1과 같은 형태입니다.

그러나 인터넷의 급속한 확장으로 인해 IPv4 주소 공간이 점차 부족해지자 이를 해결하기 위해 IPv6 주소 체계가 도입됐습니다. IPv6는 128비트의 주소 길이를 가지며, 16진수로 표현됩니다. 이는 IPv4보다 훨씬 많은, 사실상 무제한에 가까운 고유 주소를 생성할 수 있습니다. 또한 IPv6는 서비스 품질과 보안 기능 등 다양한 개선 사항을 포함하고 있습니다. 이 같은 특징으로 인해 IPv6는 현대 인터넷 통신의 다양한 요구사항에 더욱 적합한 주소 체계입니다.

표 4.1 IPv4와 IPv6

	IPv4	IPv6
주소 길이	32비트	128비트
표기 방법	10진수 예) 192.168.10.1	16진수 예) 2001:0db8:0000:0000:0000:ff00:0042:8329
주소 개수	약 43억 개 범위: 0.0.0.0~255.255.255.255	무한대에 가까움
서비스 품질	제한적 품질	확장된 품질
보안 기능	IPSec 별도 설치	기본 제공

4.4.2 네트워크 ID와 호스트 ID로 구분해요

IP 주소는 **네트워크 ID**와 **호스트 ID**라는 두 부분으로 나뉩니다. 네트워크 ID는 특정 네트워크를, 호스트 ID는 해당 네트워크 내 개별 기기를 구분하는 부분입니다.

네트워크 주소는 해당 네트워크의 대표 주소로, 예를 들어 192.168.10.0과 192.168.20.0이 여기에 해당합니다. 이 주소들은 각각의 네트워크를 대표하며, 이 네트워크에 속하는 모든 기기는 고유의 호스트 ID를 갖습니다.

즉, 192.168.10.0 네트워크에 속한 기기는 192.168.10.X(X는 각기 다른 호스트 ID) 형태의 주소를 가집니다. 같은 방식으로 192.168.20.0 네트워크에 속한 기기들도 192.168.20.X 형태의 고유한 주소를 갖습니다. 이처럼 네트워크 ID와 호스트 ID의 조합으로 IP 주소가 구성되고, 이를 통해 네트워크상의 모든 기기는 고유한 주소를 갖습니다.

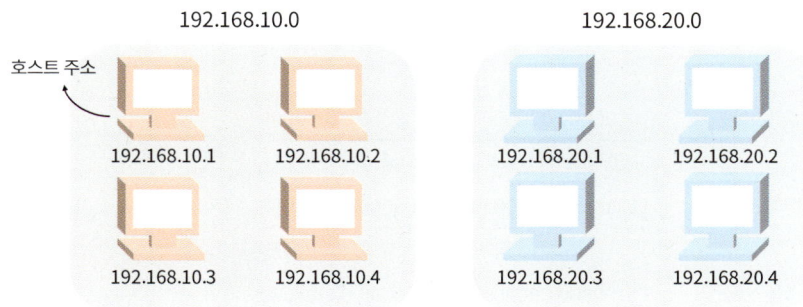

그림 4.7 네트워크 ID와 호스트 ID

4.4.3 클래스풀 주소 지정: A, B, C, D, E 클래스의 IP 주소

IP 주소는 컴퓨터 네트워크에서 장치를 찾는 고유한 식별자로 사용됩니다. 예를 들어, 192.168.10.1과 같이 10진수로 표현된 IP 주소는 2진수로 변환할 수 있습니다. 변환된 IP 주소에서 첫 24비트는 네트워크 ID를, 나머지 8비트는 호스트 ID를 나타냅니다.

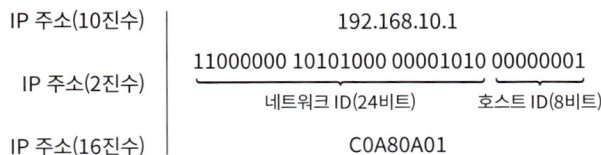

그림 4.8 진수 표기별 IP 주소

IP 주소는 주로 IPv4 체계를 따르고, A, B, C, D, E의 다섯 가지 클래스로 나뉩니다. 이처럼 5개의 클래스로 IP 주소를 나누는 것을 클래스풀 주소 지정(Classful Addressing)이라고 합니다.

A, B, C 클래스는 주소를 지정할 수 있는 반면, D 클래스는 멀티캐스트용 주소, E 클래스는 미래 사용을 위해 예약된 주소로서, 현재는 사용되지 않습니다.

클래스	비트 패턴	범위
A 클래스	<u>0</u>0000001 00000000 00000000 00000000 네트워크 ID(8비트)　호스트 ID(24비트)	<u>1</u>.0.0.0~ 126.255.255.255
B 클래스	<u>10</u>000000 00000000 00000000 00000000 네트워크 ID(16비트)　호스트 ID(16비트)	<u>128</u>.0.0.0~ 191.255.255.255
C 클래스	<u>110</u>00000 00000000 00000000 00000000 네트워크 ID(24비트)　호스트 ID(8비트)	<u>192</u>.0.0.0~ 223.255.255.255
D 클래스	<u>1110</u>0000 00000000 00000000 00000000 멀티캐스트	<u>224</u>.0.0.0~ 239.255.255.255
E 클래스	<u>1111</u>0000 00000000 00000000 00000000 미래 사용을 위해 예약된 주소	<u>240</u>.0.0.0~ 255.255.255.255

그림 4.9 IP 주소의 A, B, C, D, E 클래스 체계

A 클래스 IP 주소는 첫 8비트를 네트워크 ID로 사용하고, 나머지 24비트는 호스트 ID에 할당합니다. 이 클래스의 주소 범위는 1.0.0.0에서 126.255.255.255까지고, 단일 네트워크에 수많은 호스트를 할당할 수 있지만, 주소를 많이 사용하지 않으면 불필요한 주소 낭비가 발생할 수 있습니다.

B 클래스 IP 주소는 첫 16비트를 네트워크 ID로, 남은 16비트를 호스트 ID로 사용합니다. 이 클래스의 주소 범위는 128.0.0.0에서 191.255.255.255까지고, 하나의 네트워크에 최대 65,536개의 호스트를 지원할 수 있습니다.

C 클래스 IP 주소는 첫 24비트를 네트워크 ID로 사용하고, 마지막 8비트는 호스트 ID에 할당합니다. 이 클래스의 주소 범위는 192.0.0.0에서 223.255.255.255까지고, 각 네트워크에 최대 254개의 호스트를 지원하기 때문에 소규모 네트워크에 적합합니다.

D 클래스 IP 주소는 멀티캐스트에 사용되고, 첫 4비트는 '1110'으로 시작합니다. 이 클래스의 주소 범위는 224.0.0.0에서 239.255.255.255까지입니다.

마지막으로 **E 클래스** IP 주소는 첫 4비트가 '1111'로 시작하고, 현재 사용되지 않고 있지만 미래에 사용하기 위해 예약돼 있습니다. 이 클래스의 주소 범위는 240.0.0.0에서 255.255.255.255까지입니다. 이때 255.255.255.255는 E 클래스의 주소 범위에 속하지만 다른 용도와는 달리 브로드캐스트로 정의되고 활용됩니다.

이처럼 클래스풀 주소 지정 방식은 각 클래스를 네트워크 ID와 호스트 ID의 경계가 고정돼 있습니다. 즉, 클래스별로 고정된 주소 범위로 인해 필요 이상으로 주소를 할당하거나 주소가 부족해지는 문제가 발생합니다. 이 같은 클래스풀 주소 지정 방식은 초기 인터넷에서 간단하게 주소를 할당하기 위해 설계됐지만 점차 클래스를 없애는 방식으로 발전하게 됩니다.

4.4.4 핵심 정리

- 일반적으로 사용되는 IP 주소는 IPv4를 기준으로 A 클래스, B 클래스, C 클래스, D 클래스, E 클래스로 나뉩니다.
- IPv6 주소 체계는 기존 IPv4 주소 체계를 더 확장하고 개선한 주소 체계입니다.

【연습 문제】

1. IP 주소에서 네트워크 ID와 호스트 ID는 각각 무엇을 식별하나요?
2. IPv4 주소의 총 비트 길이는 몇 비트인가요?
3. 클래스풀 주소 지정 방식 기준으로 멀티캐스트를 위해 사용되는 IP 주소 클래스는 무엇인가요?
4. IPv6 주소의 총 비트 길이는 몇 비트인가요?
5. C 클래스 IP 주소의 네트워크 ID와 호스트 ID의 길이는 각각 몇 비트인가요?
6. IPv6가 도입된 이유는 무엇인가요?

연습문제 해답

1. 네트워크 ID는 특정 네트워크를, 호스트 ID는 해당 네트워크 내 개별 기기를 식별합니다.
2. 32비트
3. D 클래스
4. 128비트
5. 네트워크 ID: 24비트, 호스트 ID: 8비트
6. IPv4 주소 체계의 주소 부족 문제를 해결하기 위해서입니다.

4.5 효율적으로 네트워크를 분할하자: 서브넷팅, 서브넷 마스크

IP 주소는 32비트의 숫자로 이뤄져 있고, 이는 네트워크 ID와 호스트 ID의 두 부분으로 나뉩니다. 이렇게 나뉘어진 ID는 패킷이 어떤 네트워크로 이동하는지 결정하는 데 매우 중요한 역할을 합니다. 그렇다면 네트워크 ID와 호스트 ID는 어떻게 구분할 수 있을까요? 이를 구분하기 위한 것이 바로 **서브넷 마스크**입니다. 또한 서브넷 마스크를 이해하려면 IP 주소를 나누는 기술인 **서브넷팅**에 대한 이해가 필요합니다. 서브넷 마스크를 사용하면 네트워크 관리자는 네트워크의 크기와 주소를 효과적으로 관리할 수 있습니다. 이번 절에서는 서브넷 마스크와 서브넷팅에 대해 살펴보겠습니다.

4.5.1 네트워크를 나누자, 서브넷팅

IP 주소는 네트워크 ID와 호스트 ID로 구성됩니다. 그중 네트워크 ID를 파악하는 것이 중요한 이유는 라우터가 효과적으로 경로를 배정하는 데 필요한 정보이기 때문입니다. 네트워크 ID를 명확히 구분하기 위해 사용되는 것이 바로 서브넷 마스크입니다. 서브넷 마스크는 네트워크 ID에 해당하는 비트를 모두 '1'로 채운 값입니다.

A 클래스나 B 클래스의 경우, 하나의 네트워크 주소로 많은 호스트를 관리할 수 있다는 장점이 있지만 필요 이상으로 많은 IP 주소가 낭비되는 문제가 있습니다. 또한 너무 많은 컴퓨터가 동시에 데이터 패킷을 전송하면 네트워크가 매우 혼잡해집니다. 이 문제를 해결할 방법은 무엇일까요?

이러한 상황에서 사용하는 것이 바로 **서브넷팅(subnetting)**입니다. 서브넷팅은 대형 네트워크를 더 작은 네트워크로 나누는 기술을 의미합니다. 여러 개의 작은 네트워크로 나누면 IP 주소 공간을 효율적으로 사용할 수 있습니다. 이렇게 분할된 작은 네트워크를 **서브넷(subnet)**이라고 합니다. 각 서브넷은 고유한 네트워크 ID를 가지고, 이는 특정 범위의 IP 주소를 포함합니다. 여기서 유의할 점은 서브넷팅 과정을 거치면 네트워크 ID와 호스트 ID의 경계가 모호해질 수 있다는 점입니다.

이런 상황에서는 **서브넷 마스크(subnet mask)**라는 값이 도입되어 네트워크 ID와 호스트 ID에 해당하는 비트를 명확하게 구분할 수 있습니다. 서브넷 마스크는 네트워크 ID와 호스트 ID를 정확히 구분하도록 도와주는 중요한 도구입니다. 따라서 서브넷 마스크를 사용한다는 것은 IP 주소를 효율적으로 관리하기 위한 필수 체계입니다. 네트워크를 적절한 크기의 서브넷으로 분할함으로써 IP 주소 공간을 최적화하고 네트워크가 과부하되는 현상을 막을 수 있습니다.

그림 4.10 서브넷팅과 서브넷

4.5.2 네트워크를 구분하자, 서브넷 마스크

서브넷 마스크는 네트워크 ID 부분을 '1'로, 호스트 ID 부분을 '0'으로 표현하는 방식으로 구성됩니다. 네트워크 클래스에 따라 서브넷 마스크는 다르게 표현됩니다.

예를 들어, A 클래스의 서브넷 마스크는 첫 8비트가 네트워크 ID이므로 모두 '1'로 표기하고, 나머지 24비트는 '0'으로 표기합니다. 이를 10진수로 변환하면 '11111111'은 255, 나머지는 모두 0이므로 A 클래스의 서브넷 마스크는 255.0.0.0으로 표현됩니다. 이 같은 형식으로 B 클래스의 서브넷 마스크는 255.255.0.0, C 클래스의 서브넷 마스크는 255.255.255.0이 됩니다.

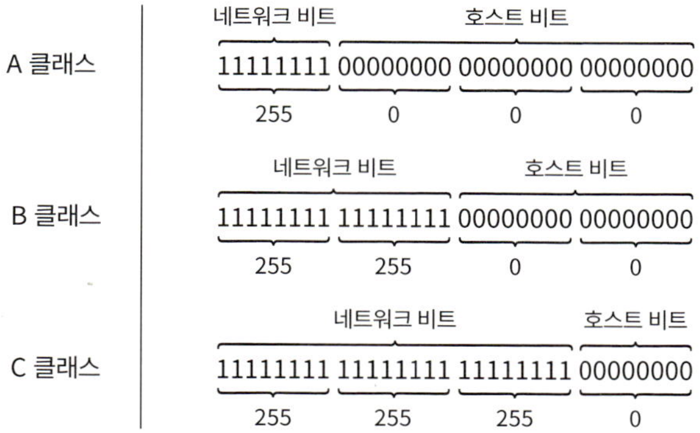

그림 4.11 A, B, C 클래스의 서브넷 마스크

이외에도 서브넷 마스크는 **프프리픽스(prefix) 표기법**을 활용해 나타낼 수 있습니다. 프리픽스 표기법은 그림 4.12와 같이 네트워크 ID의 비트 수를 슬래시(/) 뒤에 표기하는 방식입니다. 예를 들어 255.255.255.0의 서브넷 마스크는 프리픽스 표기법으로 1의 개수를 세어 /24로 나타낼 수 있고, 255.255.255.240은 1의 개수만큼 세어 /28로 나타낼 수 있습니다.

이처럼 네트워크 ID에 해당하는 부분을 '1'로, 호스트 ID에 해당하는 부분을 '0'으로 표기하는 형식을 서브넷 마스크라고 하고, 서브넷 마스크는 네트워크 ID와 호스트 ID를 명확하게 구분하는 중요한 역할을 합니다. 이는 프리픽스 표기법을 통해 간단하게 나타낼 수 있습니다.

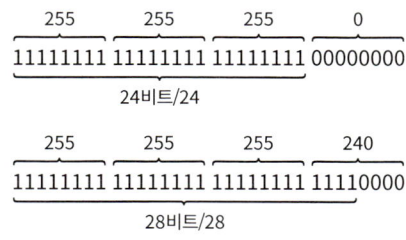

그림 4.12 프리픽스 표기법

너무 많은 IP 주소가 낭비되는 문제를 해결하기 위한 기술인 서브넷팅 기술은 큰 네트워크를 작은 네트워크인 서브넷으로 나누는 기술입니다. 서브넷팅은 네트워크 ID와 호스트 ID로 구성된 기존의 IP 주소 공간에 서브넷 ID를 추가로 부여해서 IP 주소를 효과적으로 분할해 사용할 수 있게 합니다.

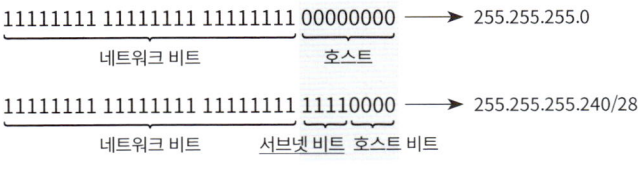

그림 4.13 서브넷팅 후의 서브넷 ID

서브넷 마스크를 설명하는 예로 C 클래스 IP 주소인 192.168.10.1을 들 수 있습니다. 이 주소를 2진수로 변환하면 네트워크 ID는 앞부분의 24비트, 호스트 ID는 뒷부분의 8비트에 해당됩니다.

따라서 서브넷 마스크는 C 클래스의 네트워크 ID 부분을 '1'로, 호스트 ID 부분을 '0'으로 표현합니다. 이렇게 표현된 서브넷 마스크를 다시 10진수로 변환하면 255.255.255.0이라는 값이 나옵니다.

4.5.3 클래스리스 주소 지정: CIDR과 VLSM

앞서 4.4.3절에서 각 클래스별로 서브넷 마스크를 지정한 이유는 고정된 서브넷 마스크가 있는 것이 클래스풀 주소 지정의 서브넷팅 방식이기 때문이었습니다. 이 경우 IP 주소가 낭비된다는 문제점이 있었고, 이러한 클래스풀 주소 지정 방식의 문제점을 개선하기 위해 **클래스리스 주소 지정**(Classless Addressing) 방식이 도입됐습니다. 클래스리스 주소 지정 방식은 **CIDR**(Classless Inter-Domain Routing)과 **VLSM**(Variable Length Subnet Mask)을 이용합니다. 먼저 CIDR은 IP 주소를 고정된 클래스가 아닌, 가변 길이 서브넷 마스크를 사용해 네트워크를 설계하는 방식이고, VLSM은 필요에 따라 IP 주소 블록을 나눠서 낭비를 줄이는 방식입니다.

예를 들어, 192.168.10.1은 클래스풀 주소 지정에 따르면 C 클래스에 속하고, 기본 서브넷 마스크는 255.255.255.0입니다. 그렇지만 CIDR 표기법을 사용하면 192.168.10.1/24로 표현할 수 있고, 필요에 따라 192.168.10.1/28로 네트워크 ID와 호스트 ID의 비트를 유연하게 조정할 수 있습니다.

	IP 주소	서브넷 마스크
클래스풀 주소 지정	192.168.10.1	255.255.255.0
CIDR	192.168.10.1	/20, /24, /28

유연하게 조정

그림 4.14 서브넷 마스크를 유연하게 조정하는 CIDR

이처럼 CIDR 표기법을 통해 클래스 A, B, C 등의 고정된 구분 없이 네트워크를 정의하고 네트워크 크기를 유연하게 조정합니다. 즉, 네트워크 경계 조정을 가능하게 하는 큰 틀을 제공합니다.

다음으로 **VLSM(Variable Length Subnet Mask)**은 필요한 서브넷 크기에 따라 다양한 길이의 서브넷 마스크를 사용하는 방식입니다. 용어의 의미 그대로 네트워크를 필요한 크기만큼 세분화해서 각 서브넷에 적절한 크기의 IP 주소를 할당합니다. 즉, VLSM은 CIDR의 원칙을 적용해서 네트워크를 필요에 따라 세부적으로 나눕니다.

예를 들어, 192.168.1.0/24의 네트워크가 있고 부서 A, B, C가 각각 50대, 20대, 10대의 장치가 필요하다고 가정해보겠습니다.

그림 4.15 VLSM 방식을 통한 부서 IP 주소 할당

이때 VLSM을 적용하면 부서 A에 필요한 IP 주소는 50개이므로 최소 =64개의 IP 주소 자리가 필요합니다. 이때 64개의 IP 주소 중 사용 가능한 호스트는 네트워크 주소와 브로드캐스트 주소를 제외한 62개입니다. 따라서 호스트 비트는 6비트가 필요합니다.

부서 B의 경우 필요한 IP 주소가 20개이므로 최소 =32개의 IP 주소 자리가 필요합니다. 이때 32개의 IP 주소 중 사용 가능한 호스트는 네트워크 주소와 브로드캐스트 주소를 제외한 30개입니다. 따라서 호스트 비트는 5비트가 필요합니다.

부서 C의 경우 필요한 IP 주소가 10개이므로 최소=16개의 IP 주소 자리가 필요합니다. 이때 16개의 IP 주소 중 사용 가능한 호스트는 네트워크 주소와 브로드캐스트 주소를 제외한 14입니다. 따라서 호스트 비트는 4비트가 필요합니다.

최종적으로 할당된 부서 A, B, C의 사용 가능한 IP 주소 범위 대역은 다음 표 4.2와 같습니다.

표 4.2 VLSM을 적용한 부서별 IP 주소 범위와 서브넷

부서	서브넷	사용 가능한 IP
부서 A	192.168.1.0/26	192.168.1.1~192.168.1.62
부서 B	192.168.1.64/27	192.168.1.65~192.168.1.94
부서 C	192.168.1.96/28	192.168.1.97~192.168.1.110

4.5.4 핵심 정리

- 네트워크를 분할하는 것을 서브넷팅, 분할된 네트워크를 서브넷이라고 합니다.
- 네트워크 비트와 호스트 비트를 구분하기 위해 서브넷 마스크를 이용하며, 네트워크 비트는 '1'로, 호스트 비트는 '0'으로 표기합니다.
- 클래스풀 주소 지정 방식 기준으로 A 클래스, B 클래스, C 클래스의 서브넷 마스크는 각각 255.0.0.0, 255.255.0.0, 255.255.255.0입니다.

【연습 문제】

1. 서브넷팅은 왜 필요한가요?
2. 클래스풀 주소 지정 방식에서 A 클래스 IP 주소의 서브넷 마스크는 기본적으로 어떻게 설정되나요?
3. 서브넷 마스크에서 '1'이 표시되는 부분은 IP 주소의 어느 부분을 나타내나요?
4. 클래스풀 주소 지정 방식에서 C 클래스 IP 주소의 서브넷 마스크는 기본적으로 어떻게 설정되나요?
5. 프리픽스 표기법에서 /24는 몇 비트의 네트워크 ID를 나타내나요?

연습문제 해답

1. 네트워크를 더 작은 네트워크로 나눠서 IP 주소 공간을 최적화하기 위해서입니다.
2. 255.0.0.0
3. 네트워크 ID
4. 255.255.255.0
5. 24비트

4.6 더 넓은 네트워크를 위한 나침반: 라우터

일반 가정이나 회사와 같은 소규모 네트워크의 기기가 인터넷에 접속하고 싶다고 가정해보겠습니다. 노트북이나 컴퓨터로 인터넷에 접속하려면 라우터라는 장치가 필요합니다. 라우터를 거치는 이유는 가정 내의 네트워크에서 인터넷 네트워크로 접속하려면 ISP를 통해 공인 IP를 부여받은 라우터를 거쳐야 하기 때문입니다. 라우터는 네트워크 계층의 핵심적인 장비로, 가정이나 회사 등의 소규모 네트워크에서 인터넷으로의 접속을 가능하게 합니다.

이처럼 라우터는 한 네트워크에서 '다른' 네트워크로 데이터를 보내는 역할을 합니다. 그림 4.16을 보면 왼쪽 스위치에 연결된 기기들은 같은 네트워크 범위에 있으며, 오른쪽 스위치를 기준에 연결된 기기들 역시 같은 네트워크 범위에 있습니다.

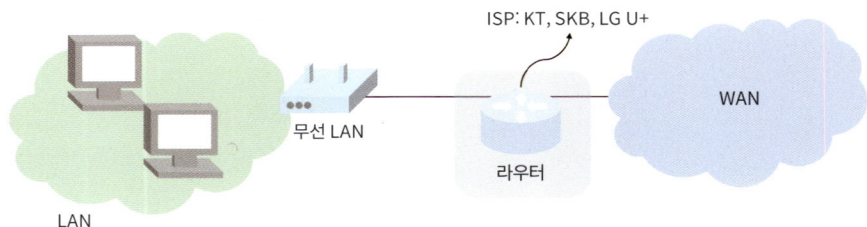

그림 4.16 인터넷 통신에서의 라우터

한 스위치에 연결된 기기들은 동일한 네트워크 내에서 서로 정보를 주고받을 수 있고, 다른 스위치에 연결된 기기들 역시 같은 네트워크를 형성해 통신합니다. 하지만 이 둘은 서로 다른 네트워크입니다. 그렇다면 서로 다른 네트워크 간에는 어떻게 데이터를 주고 받을까요?

네트워크 통신에서는 한 네트워크 내의 전송뿐만 아니라 다른 네트워크로의 통신도 필요합니다. 서로 다른 네트워크 간에 데이터를 주고받기 위해서는 라우터가 필요합니다. 데이터가 이동할 경로를 설정하는 것이 매우 중요하듯, 라우터는 데이터를 어느 방향으로 전송할지 결정하는 역할을 합니다.

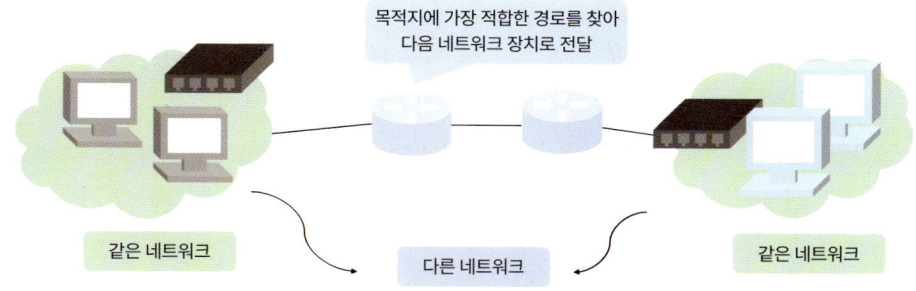

그림 4.17 네트워크 간 통신에서의 라우터

4.6.1 라우터란?

세 개의 독립적인 네트워크, 즉 네트워크 1, 네트워크 2, 네트워크 3이 있다고 가정해보겠습니다. 각각의 네트워크 대역은 다음과 같습니다. 네트워크 1은 192.168.10.0/24, 네트워크 2는 192.168.20.0/24, 네트워크 3도 유사한 네트워크 대역을 가지고 있습니다. 이 세 네트워크를 연결하는 중심에는 라우터가 있습니다. 라우터는 패킷이 어떤 경로를 통해 이동할지, 그리고 목적지 IP 주소까지 어떻게 도달할지 결정하는 핵심 장치입니다. 특히 라우터는 여러 네트워크 연결점을 통해 여러 개의 네트워크와 연결될 수 있고, 이로 인해 네트워크 간의 통신을 가능하게 합니다. 각 네트워크 대역이 서로 다른 네트워크를 구성하더라도 라우터 덕분에 데이터 패킷은 쉽게 목적지로 전달될 수 있습니다.

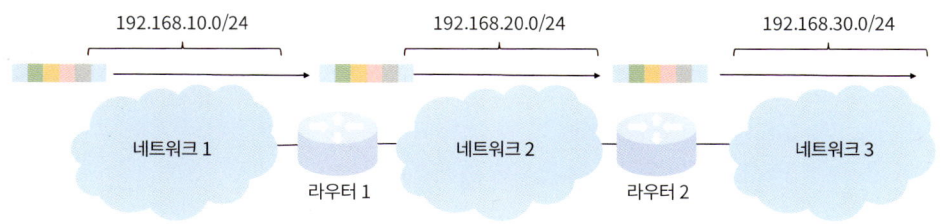

그림 4.18 라우터로 연결된 네트워크를 지나는 데이터

더 구체적인 예를 들어보겠습니다. 먼저, 192.168.10.0/24 네트워크 대역을 생각해보겠습니다. 이 대역에 속한 특정 컴퓨터의 호스트 ID는 192.168.10.1이라 할 수 있습니다. 또 다른 네트워크 대역인 192.168.30.0/24에 속한 컴퓨터의 호스트 ID는 192.168.30.1이라고 가정하겠습니다. 이 두 네트워크는 중앙에 위치한 라우터에 의해 연결됩니다.

라우터 1은 네트워크 1과 네트워크 2에 모두 연결돼 있습니다. 즉, 라우터 1은 192.168. 10.0/24 네트워크 대역과 192.168.20.0/24 대역을 연결합니다. 이 라우터는 각 네트워크에 맞는 연결점과 IP 주소를 가지고 있습니다. 예를 들어, 네트워크 1에서 보는 라우터 1의 IP 주소는 192.168.10.254이며, 네트워크 2에서 보는 라우터 1의 IP 주소는 192.168.20.1입니다.

라우터 2는 네트워크 2와 네트워크 3을 연결하며, 라우터 1과 마찬가지로 각 네트워크에 맞는 연결점과 IP 주소를 가지고 있습니다. 네트워크 2에서 보는 라우터 2의 IP 주소는 192.168.20.254이고, 네트워크 3에서 보는 라우터 2의 IP 주소는 192.168.30.1입니다.

따라서 데이터 패킷이 한 네트워크에서 다른 네트워크로 이동할 때 특정 네트워크 대역을 통과하게 됩니다. 이러한 과정에서 라우터가 중심 역할을 하고, 라우터의 IP 주소 설정과 인터페이스 구성에 따라 결정됩니다. 이처럼 라우터는 다양한 네트워크 대역과 연결된 디바이스들이 서로 통신할 수 있도록 합니다.

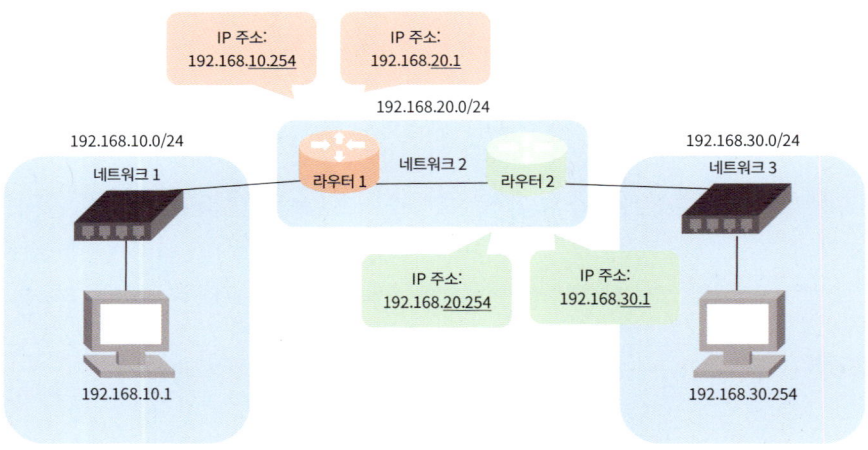

그림 4.19 두 개의 네트워크를 잇는 라우터들의 IP 주소

지금까지 한 네트워크에서 다른 네트워크로 데이터를 전송하는 과정에서 데이터가 특정 목적지로 향하는 흐름을 이해하기 위해 네트워크 대역에 대해 설명했습니다. 라우터는 이 데이터의 흐름을 제어하며, 데이터를 최적의 경로로 목적지까지 전송하기 위해 **라우팅**이라는 과정을 거칩니다. 라우팅 과정에서 **라우팅 테이블**이 필수적으로 사용되며, 이 테이블에는 다양한 경로에 대한 정보가 기록되고 관리됩니다. 라우팅 테이블을 통해 라우터는 데이터를 목적지까지 체계적으로 전달할 수 있게 됩니다.

다음 그림과 같이 라우터 1과 라우터 2의 라우팅 테이블에는 네트워크 1, 네트워크 2, 네트워크 3의 세 네트워크 대역에 대한 정보가 저장돼 있습니다. 라우터 1과 라우터 2는 각각 라우팅 테이블에 저장된 네트워크 대역 정보를 주기적으로 업데이트하면서 데이터가 목적지까지 도달하기 위한 최적의 경로를 찾게 됩니다.

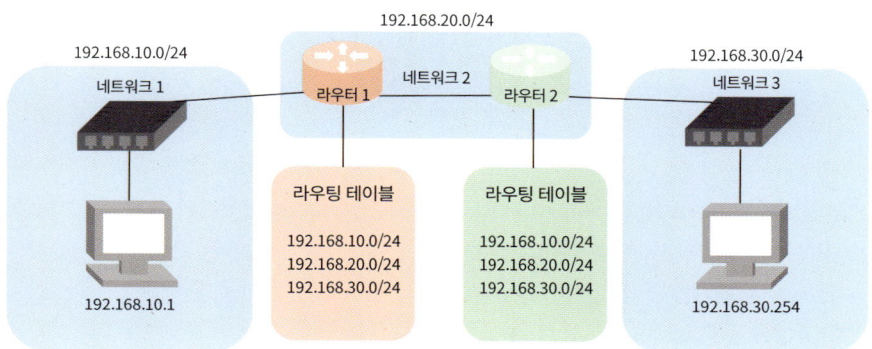

그림 4.20 라우팅 테이블

4.6.2 최적의 경로를 찾자, 라우팅

라우팅 과정에서는 **라우팅 프로토콜**이 중요한 역할을 담당합니다. 라우팅 프로토콜은 라우팅 정보를 상호 교환하고, 데이터를 전송하는 데 최적의 경로를 생성하고 유지하는 규칙을 정의합니다.

라우팅 방식은 크게 두 가지로 나뉩니다. 첫째, 정적 라우팅은 네트워크 관리자가 수동으로 라우팅 테이블을 구성하고 필요한 경우 직접 업데이트를 하는 방식입니다. 이 방식은 라우팅 경로가 고정적이고, 상대적으로 단순한 네트워크 환경에서 효율적입니다.

하지만 복잡하고 동적인 네트워크 환경에서는 이러한 수동 설정이 비효율적일 수 있습니다. 이 경우 적합한 라우팅 방식이 둘째로 동적 라우팅 방식입니다. 동적 라우팅은 네트워크 상태 변화에 따라 라우팅 테이블을 자동으로 업데이트하고, 라우팅 정보를 주기적으로 교환해 최신 상태를 유지합니다. 이 방식은 복잡하고 가변적인 네트워크에서 더 효율적입니다.

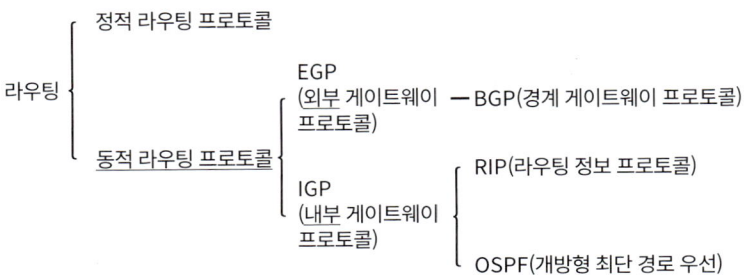

그림 4.21 정적 라우팅과 동적 라우팅

동적 라우팅 프로토콜은 네트워크 변화에 적응해서 라우팅 테이블을 자동으로 업데이트하며, **자율 시스템**(Autonomous System; AS) 개념을 중심으로 구성됩니다. 자율 시스템은 하나의 조직이나 기관이 독립적으로 관리하는 네트워크 구역을 가리키며, 각 자율 시스템은 특정 라우팅 정책을 채택합니다. 이에 따라 동적 라우팅 프로토콜은 자율 시스템을 기준으로 내부 라우팅 프로토콜과 외부 라우팅 프로토콜로 분류됩니다.

내부 게이트웨이 프로토콜(Interior Gateway Protocol; IGP)은 자율 시스템 내부의 라우터들이 정보를 교환하는 방식을 관리하며, **라우팅 정보 프로토콜**(Routing Information Protocol; RIP), **개방형 최단 경로 우선**(Open Shortest Path First; OSPF) 등이 포함됩니다.

반면, 자율 시스템 간에 정보를 교환하는 프로토콜을 **외부 게이트웨이 프로토콜**(Exterior Gateway Protocol; EGP)이라고 합니다. 외부 라우팅 프로토콜 중 가장 대표적인 것이 **경계 게이트웨이 프로토콜**(Border Gateway Protocol; BGP)입니다.

요약하면, 동적 라우팅 프로토콜은 네트워크 환경 변화에 따라 자동으로 라우팅 정보를 업데이트하고, 자율 시스템을 중심으로 내부 라우팅 프로토콜과 외부 라우팅 프로토콜로 나뉩니다.

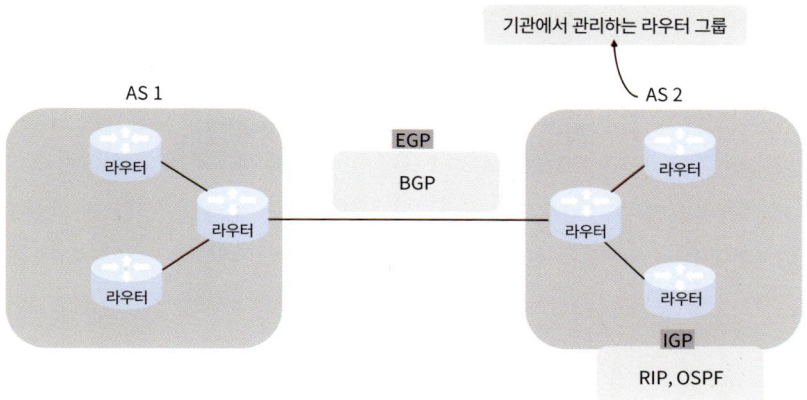

그림 4.22 자율 시스템에서 채택되는 EGP와 IGP

4.6.3 핵심 정리

- 라우터는 한 네트워크에서 다른 네트워크로 데이터를 전송하는 네트워크 장치입니다.
- 라우팅을 통해 현재 네트워크에서 다른 네트워크로 최적의 경로를 찾아 데이터를 전송합니다.
- 동적 라우팅 프로토콜은 외부 게이트웨이 프로토콜(EGP)과 내부 게이트웨이 프로토콜(IGP)로 분류됩니다.
- 대표적인 EGP의 예로는 BGP가 있고, IGP의 예로는 RIP와 OSPF가 있습니다.

【연습 문제】

1. 정적 라우팅과 동적 라우팅의 차이점은 무엇인가요?
2. 동적 라우팅 프로토콜의 예시 세 가지는 무엇인가요?

연습문제 해답

1. 정적 라우팅은 수동으로 설정되며, 동적 라우팅은 네트워크 상태에 따라 자동으로 업데이트됩니다.
2. BGP, RIP, OSPF

4.7 라우팅 정보를 주기적으로 교환하자: RIP

네트워크 내 다양한 라우터들은 데이터가 목적지까지 도달하는 최적의 경로를 파악해야 합니다. 만약 중소규모의 기업 네트워크에서 라우터들 사이에 라우팅 정보 교환 없이 각 라우터가 독립적으로 작동한다면 특정 라우터가 다운되거나 네트워크 경로가 변경될 때 다른 라우터들은 이를 인지하지 못해 기존에 저장된 오래된 정보를 바탕으로 패킷을 전송하게 됩니다. 이 경우 패킷 손실, 지연, 불필요한 네트워크 트래픽 증가와 같은 문제가 발생할 수 있습니다.

이러한 문제를 해결하기 위해 등장한 프로토콜이 **라우팅 정보 프로토콜(Routing Information Protocol; RIP)**입니다. RIP는 라우터들 간에 라우팅 정보를 주기적으로 교환하는 프로토콜로, 목적지까지의 거리를 홉 수로 표현합니다. 이를 통해 라우터들 간의 연결 상태와 최적 경로를 지속적으로 업데이트해서 효율적인 네트워크 연결을 유지하는 역할을 합니다.

4.7.1 RIP란?

이번 절에서는 네트워크의 주요 라우팅 프로토콜 중 하나인 **라우팅 정보 프로토콜(Routing Information Protocol; RIP)**에 대해 설명합니다. RIP는 자율 시스템 내부에서 라우팅을 담당하는 **내부 게이트웨이 프로토콜(Interior Gateway Protocol; IGP)** 중 하나입니다.

라우팅 정보 프로토콜은 이름 그대로 라우팅 정보를 교환하는 프로토콜입니다. 이 프로토콜의 주요 특징은 목적지까지 도달하기 위해 거쳐야 하는 중간 네트워크 장치, 즉 **홉 수(hop count)**를 기준으로 라우팅 정보를 관리하는 것입니다. 각 라우터는 자신의 라우팅 테이블에 저장된 홉 수 정보를 인접한 라우터와 주기적으로 교환합니다. 이를 통해 네트워크의 모든 라우터는 최신 경로 정보를 유지하게 됩니다.

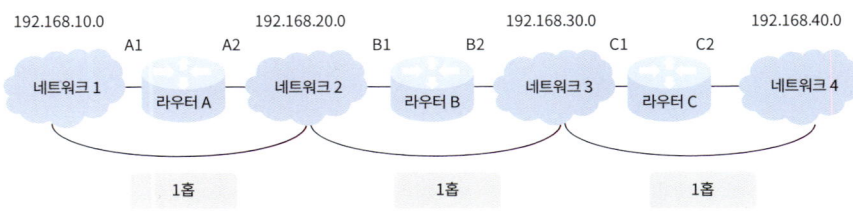

그림 4.23 홉을 기반으로 정보를 주고받는 RIP

RIP의 작동 원리는 리처드 E. 벨먼(R. E. Bellman)에 의해 제안된 **거리 벡터 알고리즘**을 기반으로 합니다. 이 알고리즘이 발전하면서 벨먼-포드(Bellman-Ford) 알고리즘이라는 이름으로 널리 알려졌으며, 각 경로의 거리를 홉 수로 표현하고, 이 정보를 벡터 형태로 인접 라우터에 전달하는 방식입니다. 따라서 RIP는 **Bellman-Ford 프로토콜**로도 불립니다.

앞서 라우팅 정보 프로토콜이 주기적으로 라우팅 정보를 주고받는다고 했는데, 그 주기는 어떻게 될까요? 보편적으로 RIP에서 라우팅 정보는 30초마다 갱신되어 인접한 라우터로 전송됩니다. 만약 라우터가 120초 동안 특정 경로에 대한 정보를 수신하지 못하면 해당 경로는 끊어진 것으로 판단됩니다. 이때 끊어진 경로에 대한 홉 수는 무한대로 설정되고, RIP에서는 홉 수 16을 무한대로 정의합니다. 이는 네트워크에서 정보가 무한히 돌아다니지 않게 막아 안정성을 높입니다. 또한 RIP에서는 데이터를 교환하기 위해 UDP 프로토콜의 520번 포트를 활용해 라우터 간 정보를 전송합니다.

4.7.2 예시로 보는 RIP의 동작 과정

RIP 프로토콜의 동작 방식을 쉽게 이해하기 위해 간단한 예시를 들어보겠습니다. 192.168.10.0부터 192.168.40.0까지의 네트워크 대역을 네트워크 1~4라고 가정하겠습니다. 그리고 이 네트워크들 사이에는 라우터 A, 라우터 B, 라우터 C가 배치돼 있다고 가정하겠습니다.

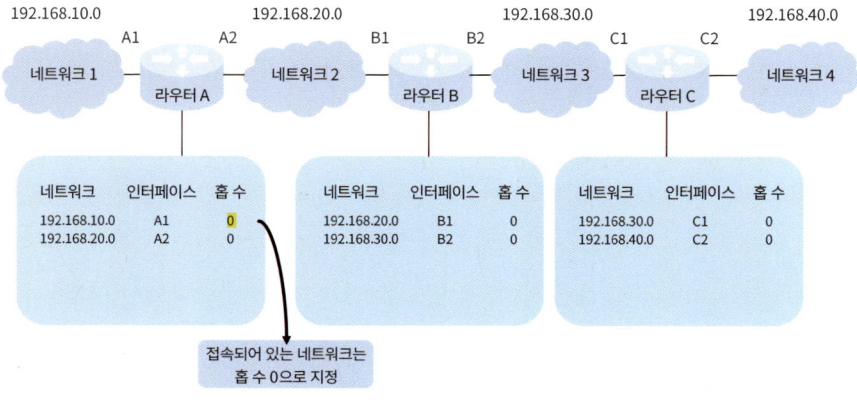

그림 4.24 RIP 동작 예시

이 상황에서 라우터 A의 라우팅 테이블을 살펴보면 라우터 A는 네트워크 1과 네트워크 2에 직접 연결돼 있습니다. 라우팅 테이블은 초기에 인접한 네트워크에 정보를 등록하는데, 여기서는 라우터 A와 직접 연결된 네트워크 대역인 192.168.10.0과 192.168.20.0이 등록됩니다.

이때 라우터 A의 라우팅 테이블에서 정보를 등록하면 홉 수가 '0'으로 나타나는데, 이는 라우터 A가 해당 네트워크에 직접 연결돼 있음을 의미합니다. 다시 말해, 라우터 A에서 해당 네트워크로 데이터를 전송할 때 중간에 거쳐야 할 라우터가 없다는 것입니다. 이러한 방식으로 RIP는 네트워크의 구조를 파악하고 최적의 라우팅 경로를 결정하는 역할을 합니다. 라우터 B와 라우터 C의 라우팅 테이블도 같은 방식으로 인접한 네트워크 대역을 등록합니다.

30초 후, 그림 4.25처럼 라우터 A의 라우팅 테이블이 업데이트됐습니다. 새로 업데이트된 테이블을 살펴보면 라우터 A가 이전에 알지 못했던 정보들이 추가된 것을 확인할 수 있습니다. 이 정보들은 라우터 A와 인접한 라우터 B의 라우팅 테이블에서 얻은 것입니다.

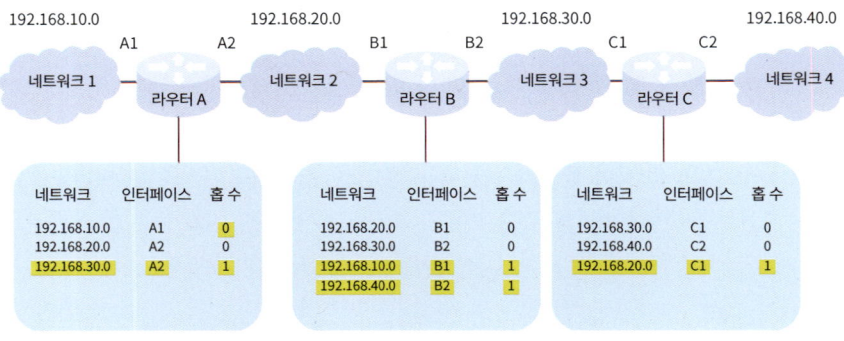

그림 4.25 30초 후의 라우팅 테이블

라우터 A의 초기 라우팅 테이블에는 네트워크 1(10.0)과 네트워크 2(20.0)의 정보만 포함돼 있었지만 라우터 B의 라우팅 테이블에는 네트워크 3(30.0)에 대한 정보도 포함돼 있었습니다. 그래서 라우터 B로부터 네트워크 3의 정보를 얻으면서 라우터 A의 라우팅 테이블에는 네트워크 3까지 도달하는 데 필요한 홉 수가 하나 추가됐습니다. 즉, 라우터 A에서 네트워크 3까지 데이터를 전송하려면 라우터 B를 거쳐 한 번의 홉이 필요하게 된 것입니다. 이처럼 RIP는 네트워크의 변화를 지속적으로 반영하면서 라우팅 테이블을 갱신합니다.

다음으로, 라우터 B와 라우터 C의 라우팅 테이블 변화를 살펴보겠습니다.

우선, 라우터 B의 라우팅 테이블을 살펴보겠습니다. 라우터 B는 네트워크 2와 3에 직접 연결돼 있으며, 같은 네트워크에 있는 라우터 A와 C로부터 라우팅 정보를 받습니다. 이 과정에서 라우터 B는 이미 알고 있는 네트워크 2와 3을 제외하고, 네트워크 1과 4에 대한 정보를 취득합니다. 라우터 B가 네트워크 1로 가려면 네트워크 2를 거쳐 라우터 A로 가야 하므로 홉 수는 1이 됩니다. 마찬가지로, 네트워크 4로 가려면 네트워크 3을 거쳐 라우터 C로 가야 하므로 홉 수도 1이 됩니다.

다음으로 라우터 C의 라우팅 테이블을 살펴보겠습니다. 라우터 C는 네트워크 3과 4에 직접 연결돼 있으며, 같은 네트워크 3에 있는 라우터 B로부터 라우팅 정보를 받습니다. 이 과정에서 라우터 C는 이미 알고 있는 네트워크 3과 4를 제외하고, 네트워크 2에 대한 정보를 얻습니다. 라우터 C가 네트워크 2로 가려면 네트워크 3을 통해 라우터 B를 거쳐야 하므로 홉 수는 1이 됩니다.

이처럼 각 라우터가 인접한 라우터들로부터 라우팅 정보를 주기적으로 받아 자신의 라우팅 테이블을 업데이트하는 것이 RIP의 동작 방식입니다.

이제 60초 후의 라우팅 테이블 변화를 살펴볼까요?

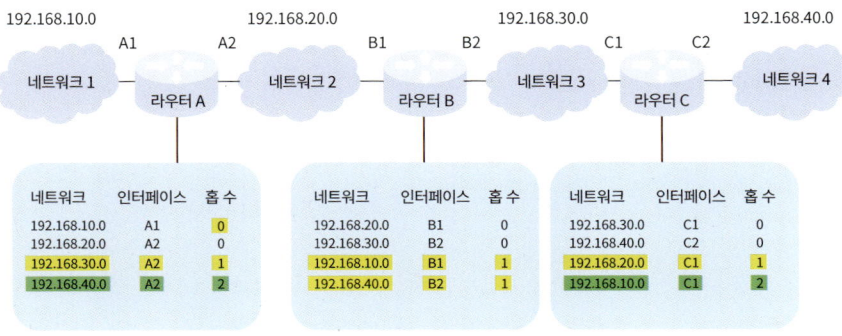

그림 4.26 60초 후의 라우팅 테이블

먼저, 라우터 A의 라우팅 테이블을 살펴보면 라우터 B로부터 네트워크 4에 대한 정보를 받았습니다. 라우터 A가 네트워크 4까지 도달하려면 라우터 B와 라우터 C에 도달해야 하므로 홉 수가 2가 되는 것을 확인할 수 있습니다. 이 정보는 라우터 B가 이전에 라우터 C로부터 받은 정보를 바탕으로 제공됩니다.

다음으로, 라우터 C의 라우팅 테이블을 보면 이번에는 라우터 B로부터 네트워크 1에 대한 정보를 얻었습니다. 라우터 C가 네트워크 1까지 도달하려면 라우터 B를 거쳐 라우터 A에 도달해야 하므로 홉 수는 2가 됩니다.

이처럼 RIP 프로토콜의 동작 과정을 통해 라우터들은 서로 다른 네트워크까지의 최단 경로와 홉 수 정보를 지속적으로 업데이트합니다.

4.7.3 핵심 정리

- RIP는 홉 수에 대한 정보를 저장하고 인접 라우터와 주기적으로 정보를 공유하는 방법입니다.
- RIP는 거리 벡터 라우팅 프로토콜, 벨먼-포드 프로토콜이라고도 불립니다.
- RIP는 홉 수가 16 이상일 때 무한대로 정의합니다.

【연습 문제】

1. RIP는 몇 초마다 라우팅 정보를 교환하나요?
2. RIP에서 한 라우터가 특정 경로에 대한 정보를 수신하지 못할 경우 몇 초 후에 해당 경로를 끊어진 것으로 판단하나요?
3. RIP에서 홉 수의 무한대 값은 몇으로 정의돼 있나요?
4. RIP가 사용하는 UDP 포트 번호는 무엇인가요?

연습문제 해답
1. 30초
2. 120초 후
3. 16
4. 520번

4.8 자율시스템 간 최적의 경로를 찾자: BGP

국제 우편 서비스를 생각해 봅시다. 서로 다른 두 국가 간에 우편을 주고받으려면 서로의 우편 시스템을 이해해야 합니다. 만약 두 국가가 서로의 우편 시스템을 모른다면 편지나 소포를 올바르게 목적지까지 전달하는 목적을 달성하지 못하게 됩니다.

이와 비슷하게 한 국가의 인터넷 서비스 제공자인 ISP A가 다른 국가의 ISP B와 데이터를 교환해야 한다고 가정해보겠습니다. 두 ISP는 서로 다른 자율 시스템에 속해 있고, 각각의 자율 시스템은 서로 다른 라우팅 방식과 네트워크 구성을 갖고 있습니다. 만약 자율 시스템 간 라우팅 정보를 중개하는 프로토콜이 없다면 ISP A는 ISP B의 네트워크 구조나 라우팅 정책을 알 수 없습니다. 이러한 문제를 해결하기 위해 사용하는 프로토콜이 **경계 게이트웨이 프로토콜**(Border Gateway Protocol; BGP)입니다.

4.8.1 앗 뜨거! 뜨거운 감자 라우팅

경계 게이트웨이 프로토콜인 BGP(Border Gateway Protocol)는 자율 시스템 간에 라우팅을 하는 외부 게이트웨이 프로토콜 중 하나입니다. BGP의 목적은 데이터가 목적지까지 도달하기 위해 어떤 자율 시스템을 거쳐야 하는지 정보를 제공하는 것입니다. 자율 시스템 내에서 사용하는 내부 라우팅 프로토콜과 달리, 목적지까지의 거리에 의존하지 않고 '경로'를 이용해 라우팅을 수행하기 때문에 **경로 벡터 라우팅**이라고도 불립니다. 이 프로토콜은 각 경로에 할당된 자율 시스템 번호를 기반으로 라우팅 결정을 내립니다. 이는 단순히 목적지까지의 거리가 아닌, 경로 전체를 고려해서 라우팅을 결정한다는 의미입니다.

또한 BGP는 **뜨거운 감자 라우팅**(hot-potato-routing)이라고도 불리는데, 그 이유는 뜨거운 감자를 가능한 한 빨리 넘기듯, 데이터 패킷을 가능한 한 빠르게 자신의 네트워크에서 다른 네트워크로 전달해 처리 부담을 최소화하는 방식에서 유래했습니다.

4.8.2 어디에나 존재하는 BGP, eBGP와 iBGP

경계 게이트웨이 프로토콜은 **외부 BGP**(Exterior BGP; eBGP)와 **내부 BGP**(Interior BGP; iBGP)의 두 가지 형태로 나뉩니다. 그렇다면 각각의 역할은 무엇일까요? 그리고 이 구분이 왜 중요할까요?

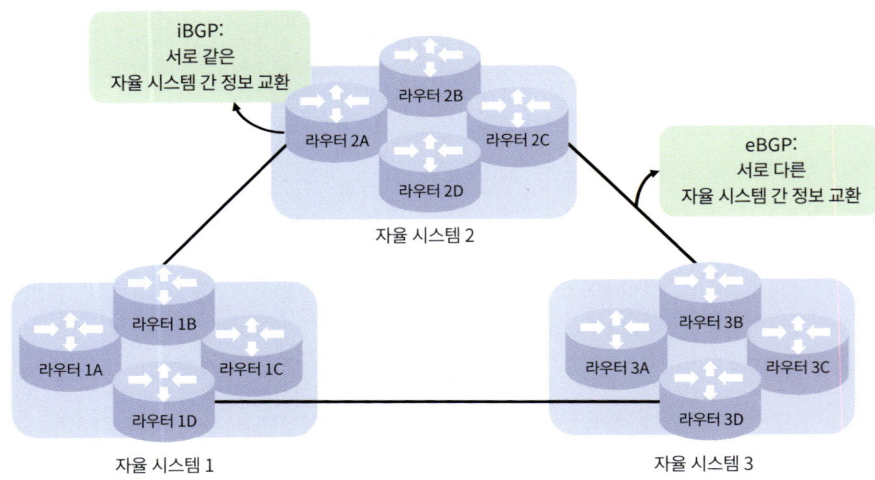

그림 4.27 eBGP와 iBGP

eBGP는 서로 다른 자율 시스템 간의 경로 정보를 교환하는 데 사용됩니다. 즉, 서로 다른 네트워크 운영자 간에 데이터가 어떻게 이동할지 결정하고, 이는 다른 도시나 국가 간의 주요 도로처럼 작동합니다. 이처럼 외부 경계 게이트웨이 프로토콜인 eBGP는 자율 시스템끼리 정보를 공유하는 역할을 합니다.

그렇다면 외부 경계 게이트웨이 프로토콜이 존재한다면 내부 경계 게이트웨이 프로토콜도 존재할까요? **iBGP**는 하나의 자율 시스템 내부에서 경로 정보를 교환하는 데 사용됩니다. iBGP는 앞에서 언급한 eBGP로부터 얻은 정보를 자율 시스템 내의 다른 라우터들과 공유하기 위한 것입니다. 만약 네트워크 내에서 이러한 정보 공유가 원활하지 않다면 특정 경로에 대한 정보가 누락되어 네트워크 내 일부 지역으로 데이터가 제대로 전달되지 않을 수 있습니다.

4.8.3 BGP의 경로 선택 기준은 무엇일까?

BGP에서는 최적 경로를 찾기 위해 여러 경로를 순차적으로 분석하고, 각각의 경로를 비교합니다. 이 과정에서 BGP는 설정된 다양한 속성들을 평가해 가장 효율적인 경로를 선택합니다.

BGP는 인터넷상의 다양한 경로를 분석해서 데이터를 가장 효과적으로 전송할 수 있는 최적의 경로를 찾는 프로토콜입니다. 그렇다면 BGP는 경로를 선택할 때 어떤 속성을 먼저 고려할까요? 바로 **AS-PATH**와 **NEXT-HOP**입니다. BGP의 경로 판단에 사용되는 우선순위 속성들은 여러 가지가 있는데, 그중 대표적인 것이 AS-PATH와 NEXT-HOP입니다. AS-PATH는 데이터가 네트워크를 거치는 횟수를, NEXT-HOP은 다음 홉의 위치를 가리킵니다.

그렇다면 BGP의 경로 판단에 사용되는 다른 속성들도 있을까요? 로컬 선호도나 MED(Multi-Exit Discriminator) 값, 커뮤니티 속성 등등이 BGP의 기본 속성입니다. 예를 들어, 로컬 선호도는 네트워크 운영자가 자신의 네트워크 내에서 특정 경로를 얼마나 선호하는지를 나타내고, MED는 동일한 자율 시스템 내에서 여러 출구 중 어디로 나가는 것이 좋을지를 결정합니다. 이러한 우선순위는 순차적으로 적용되어 경로 판단에 이용됩니다.

4.8.4 BGP의 메시지 종류는 무엇일까?

BGP에도 메시지의 종류가 있습니다. BGP 메시지는 자율 시스템 간 경로의 정보를 교환하는 데 사용되는 메시지입니다. 표 4.3의 메시지는 BGP가 동작하면서 주고받는 메시지의 종류입니다. 각 메시지는 특정한 목적을 갖고 있는데, 장치 간 연결을 설정하고 경로 정보를 교환하는 데 사용됩니다. BGP의 메시지에는 Open, Update, Keepalive, Notification이라는 4가지 주요 유형이 있습니다.

표 4.3 BGP 메시지 종류

BGP 메시지 형식	설명
Open	BGP 세션을 시작하고 연결을 설정하는 데 사용되는 메시지
Update	라우팅 정보를 전달하고, 최적의 경로를 공유하기 위해 사용되는 메시지
Keepalive	BGP 연결이 활성 상태임을 나타내고, 정기적으로 송신되어 연결 유지를 위해 사용되는 메시지
Notification	오류가 발생했거나 세션을 종료할 때 사용되는 메시지

4.8.5 핵심 정리

- BGP는 경로를 기반으로 라우팅하는 경로 벡터 라우팅 프로토콜입니다.
- BGP는 외부 BGP(Exterior BGP, 줄여서 eBGP)와 내부 BGP(Interior BGP, 줄여서 iBGP)로 나뉩니다.
- BGP의 대표적인 경로 선택 기준은 AS-PATH와 NEXT-HOP 등이 있습니다.

【연습 문제】

1. BGP는 어떤 유형의 라우팅 프로토콜로 분류되나요?
2. 다른 자율 시스템 간의 라우팅 정보를 교환하는 BGP를 무엇이라고 부르나요?
3. BGP 세션을 시작할 때 사용되는 메시지는 무엇인가요?

연습문제 해답

1. 경로 벡터 라우팅 프로토콜
2. 외부 BGP(Exterior BGP, eBGP)
3. Open

4.9 최적의 길을 실시간으로 업데이트하자: OSPF

예를 들어, 한 기업에서 다수의 라우터가 서로 다른 지점을 연결하고 있다고 가정해보겠습니다. 이때 사용 중인 라우팅 프로토콜이 동적인 경로 설정을 지원하지 않으면 네트워크를 변경할 때마다 수동으로 라우팅 테이블을 업데이트해야 하는 번거로움이 생깁니다.

또한 특정한 라우터에 트래픽이 집중되면 네트워크가 막힐 수 있다는 점도 문제입니다. 이는 특정 경로에 과부하가 발생하기 때문인데, 기존 라우팅 프로토콜이 최적의 경로를 선택하지 못했기 때문입니다.

이 문제를 어떻게 해결할 수 있을까요?

이런 상황에서 필요한 것이 바로 **개방형 최단 경로 우선(Open Shortest Path First; OSPF) 프로토콜**입니다. OSPF는 서로의 연결 상태를 자동으로 공유하고, 네트워크 변화를 실시간으로 반영할 수 있게 해줍니다. 또한 최단 경로를 찾는 데 적절한 다익스트라(Dijkstra) 알고리즘을 사용해 각 라우터에서 네트워크 전체에 대한 최단 경로 트리를 만듭니다. 이를 통해 라우터는 인접 라우터와의 연결 상태 정보를 기반으로 최단 경로를 계산하고, 네트워크의 변화에 따라 경로를 동적으로 업데이트할 수 있습니다.

OSPF의 장점은 관리자의 개입 없이도 최적의 라우팅 경로를 동적으로 결정할 수 있다는 점입니다. 각 라우터는 인접 라우터와 연결 상태를 주고받고, 이를 바탕으로 최단 경로를 계산합니다. 이를 통해 네트워크 관리자가 개입하지 않아도 네트워크의 각 경로에 대해 최적의 경로를 동적으로 선택할 수 있습니다.

4.9.1 OSPF란?

OSPF(Open Shortest Path First)는 자율 시스템 내에서 활동하는 내부 라우팅 프로토콜 중 하나로, 링크 상태 정보와 특정 알고리즘을 활용해 최적의 라우팅 경로를 결정하는 프로토콜입니다. 이 프로토콜은 내부 라우팅 프로토콜 중에서도 가장 널리 사용되는 프로토콜 중 하나로, 앞서 4.7절 '라우팅 정보를 주기적으로 교환하자, RIP'에서 언급한 라우팅 정보 프로토콜인 RIP의 한계를 해결하기 위해 설계됐습니다. OSPF는 RIP와 달리 라우팅 알고리즘을 적용하기 위한 계층 구조를 취하고, 그 구조는 다음 그림과 같습니다.

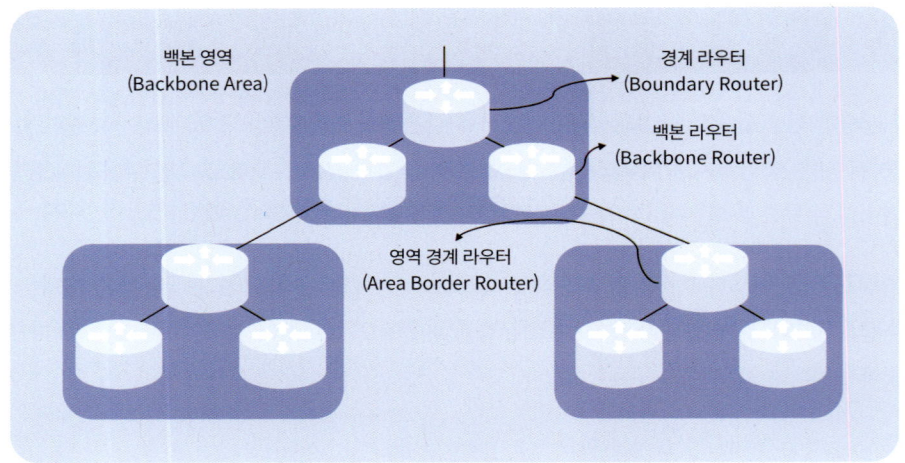

그림 4.28 AS 내의 영역과 다양한 역할을 하는 라우터들

OSPF는 라우팅 알고리즘을 적용하기 위해 네트워크를 영역 단위로 계층 구조를 나눠 관리하며, 각 영역에서 라우팅 정보를 교환하는 계층적 구조를 형성합니다. 즉, 자율 시스템 내에 여러 영역을 나눈 다음, 각 영역에서 라우터들끼리 라우팅 정보를 교환하는 계층 구조를 띱니다. 여러 영역 중 **백본 영역**은 다른 자율 시스템과 연결하는 중심 역할을 하며, 이 백본 영역은 다른 모든 영역과 연결돼 있습니다.

자율 시스템 안의 라우터를 살펴보면 **경계 라우터, 백본 라우터, 영역 경계 라우터**가 있습니다. 그중 **경계 라우터**는 자율 시스템의 최전방에 위치해 다른 자율 시스템과 라우팅 정보를 교환하는 뼈대를 구성하는 역할을 합니다. **백본 라우터**는 백본 영역에 존재하며, 다른 영역 경계 라우터와 연결됩니다. **영역 경계 라우터**는 영역의 경계에 위치하며, 라우팅 정보를 요약해 연결된 백본 라우터로 전달하는 역할을 합니다.

OSPF에서도 다른 프로토콜 전송 단위처럼 캡슐화된 데이터 형태로 전송됩니다. OSPF에서 전송되는 메시지는 주로 IP 헤더, OSPF 공통 헤더, 그리고 특정 타입의 OSPF 헤더의 세 부분으로 나뉩니다. 이 세 가지 헤더는 각각 다른 정보를 담고 있습니다.

먼저 **IP 헤더**는 목적지 IP 주소, 출발지 IP 주소, 프로토콜 타입 등의 정보를 포함해서 패킷을 올바르게 전달하는 데 필요한 정보를 제공합니다.

다음으로 **OSPF 공통 헤더**는 OSPF 프로토콜의 동작을 위한 정보를 제공합니다. 이 정보에는 OSPF 버전, 메시지 타입, 메시지 길이 등이 포함됩니다.

마지막으로, **특정 타입의 OSPF 헤더**는 OSPF 메시지의 세부 타입에 따라 달라집니다. 예를 들어, 링크 상태 요청 메시지와 링크 상태 업데이트 메시지는 서로 다른 정보를 가지고 있으므로 각 메시지에 따라 헤더의 구성 데이터의 값도 달라집니다.

이렇게 구성된 메시지는 최종적으로 IP 헤더로 캡슐화되어 네트워크를 통해 전송됩니다.

그림 4.29 패킷으로 캡슐화되는 OSPF 헤더

그렇다면 OSPF는 어떻게 동작하며, 어떤 메시지를 담고 있을까요? 패킷 형태로 캡슐화되는 OSPF를 통해 전달되는 메시지의 종류는 각각 다를 수 있습니다. OSPF 프로토콜에서 교환되는 주요 메시지 유형에는 **헬로(Hello)**, **데이터베이스 설명(Database Description; DD)**, **링크 상태 요청(Link State Request; LSR)**, **링크 상태 업데이트(Link State Update; LSU)**, **링크 상태 확인(Link State Acknowledgement; LSA)**이 있습니다. 이 메시지들은 공통 헤더를 포함하고, 각각 서로 다른 역할을 합니다.

표 4.4 OSPF 메시지 종류

OSPF 메시지 종류	설명
헬로(Hello)	이웃 라우터와의 정보 수립
데이터베이스 설명(Database Description; DD)	각 링크의 요약 정보 제공
링크 상태 요청(Link State Request; LSR)	링크 상태 정보 요청
링크 상태 업데이트(Link State Update; LSU)	변경된 경로 정보를 전송
링크 상태 확인(Link State Acknowledgement; LSA)	링크 상태 업데이트에 대한 응답

OSPF는 네트워크 내에서 라우터들 사이의 최적 경로를 찾기 위해 사용되는 라우팅 프로토콜 중 하나입니다. OSPF의 작동 과정을 그림으로 나타내면 다음과 같습니다.

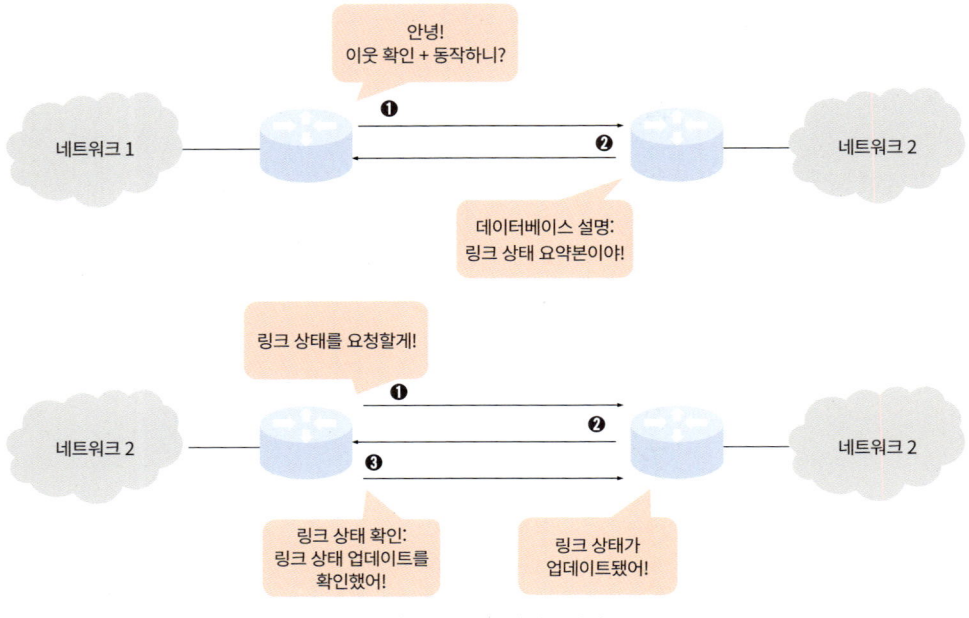

그림 4.30 OSPF의 작동 과정

❶ **헬로(Hello)**: 네트워크 1과 네트워크 2의 라우터는 서로에게 헬로 메시지를 전송해 인접 관계를 설정합니다. 이 과정에서 라우터들은 서로의 존재를 인지하고 OSPF 프로토콜을 통해 통신할 준비가 됐음을 알립니다.

❷ **데이터베이스 설명(Database Description; DD)**: 헬로 메시지를 통해 서로 통신할 준비가 완료된 라우터들은 자신들의 라우팅 테이블 정보를 서로 전송합니다. 이 정보는 데이터베이스 설명 메시지에 포함돼 있으며, 이를 통해 라우터들은 서로의 데이터베이스 상태를 파악할 수 있습니다.

❸ **링크 상태 요청(Link State Request; LSR)**: 라우터가 전체 네트워크 토폴로지 정보를 아직 가지고 있지 않을 경우 누락된 정보를 요청하는 링크 상태 요청 패킷을 전송합니다.

❹ **링크 상태 업데이트(Link State Update; LSU)**: 요청받은 라우터는 링크 상태 업데이트 패킷을 전송해 자신의 라우팅 정보를 제공합니다. 이 패킷에는 해당 라우터의 링크 상태 정보가 포함돼 있어 다른 라우터들이 네트워크의 전체 구조를 이해할 수 있게 해줍니다.

❺ **링크 상태 확인(Link State Acknowledgment; LSA)**: 링크 상태 업데이트를 수신한 라우터는 확인 패킷을 전송해 정보가 성공적으로 수신됐음을 알립니다.

이러한 과정을 통해 OSPF는 네트워크 내의 모든 라우터가 공유된 정보를 바탕으로 최단 경로를 계산하고, 이렇게 계산된 최단 경로를 라우팅 테이블에 반영합니다.

4.9.2 빼놓을 수 없는 다익스트라 알고리즘

OSPF는 다익스트라(Dijkstra) 알고리즘을 사용합니다. 이 알고리즘은 네덜란드의 컴퓨터 과학자이자 소프트웨어 엔지니어인 다익스트라 박사가 1959년에 출판한 새로운 알고리즘에 대한 기사로부터 출발합니다. 이 알고리즘은 그래프에서 한 지점으로부터 다른 모든 지점까지의 최단 경로를 찾는 데 사용됩니다.

그림 4.31은 다익스트라 알고리즘을 사용해 시작점인 노드 A에서 다른 지점들까지의 최단 경로를 찾는 과정을 나타냅니다. 그림처럼 각 단계마다 각 지점까지 가는 데 필요한 거리를 적어 두고, 아직 확인하지 않은 지점들 중에서 거리가 가장 짧은 지점을 다음으로 살펴보는 방식으로 진행됩니다.

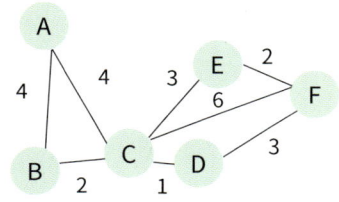

그림 4.31 다익스트라 알고리즘의 초기 노드 상태

❶ 초기화 상태에서는 모든 노드의 누적 가중치를 무한대로 설정한 후, 시작점 A의 누적 가중치를 0으로 설정합니다. A는 이미 방문한 상태로 표시됩니다.

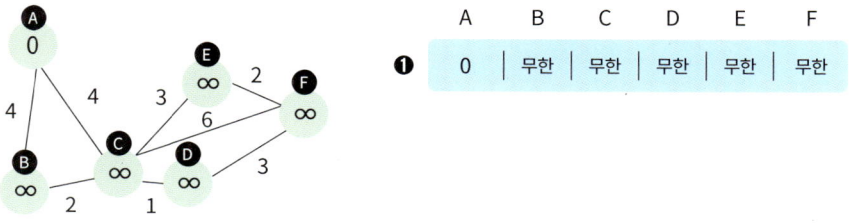

그림 4.32 다익스트라 알고리즘의 작동 과정 1

❷ A에서 직접 연결된 노드 B와 C를 살펴봅니다. A에서 B까지의 거리는 4, A에서 C까지의 거리도 4입니다. 이제 B와 C의 거리를 각각 4로 업데이트하고, 다음으로 방문할 지점으로 가장 낮은 거리를 가진 B를 선택하겠습니다.

B를 방문한 후, B에서 이동할 수 있는 다른 지점을 검토합니다. 그러나 B는 C를 제외하고 다른 노드와 직접 연결돼 있지 않습니다. C는 이미 표기된 A로부터의 최단 거리가 4인 상태이므로 A에서 B를 거치는 거리인 4+2=6의 거리를 업데이트할 필요가 없습니다. 다음으로, 아직 방문하지 않은 노드들 중 가장 낮은 거리를 가진 C를 방문하겠습니다.

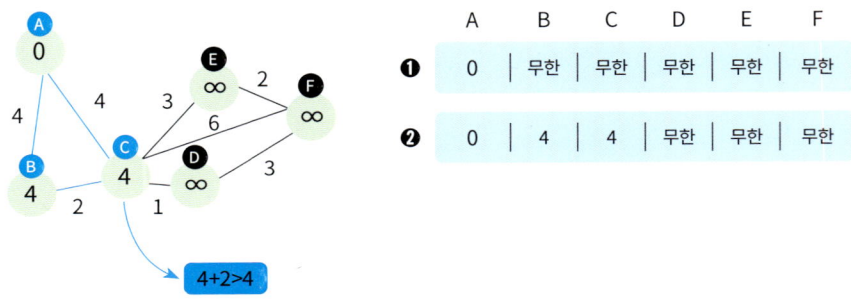

그림 4.33 다익스트라 알고리즘의 작동 과정 2

❸ C를 방문한 후, C에서 D로 가는 거리는 1, C에서 E로 가는 거리는 3입니다. 또한 C에서 F로 가는 거리는 6입니다. 따라서 C를 기준으로, D까지의 거리를 4+1=5로, E까지의 거리를 4+3=7로, F까지의 거리를 4+6=10으로 업데이트합니다. 따라서 각 거리를 비교해봤을 때 C를 기준으로 최단 거리인 D가 다음 방문 대상이 됩니다.

그림 4.34 다익스트라 알고리즘의 작동 과정 3

❹ D에서 F로 가는 경로의 거리는 3이므로, D를 기준으로 F의 거리를 5+3=8로 업데이트합니다.

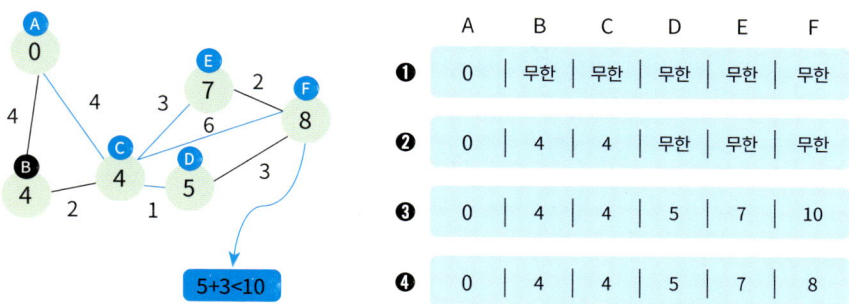

그림 4.35 다익스트라 알고리즘의 작동 과정 4

이 과정을 통해 각 지점까지의 최단 경로의 거리를 계산할 수 있으며, A에서 F까지의 최단 경로는 A → C → D → F로, F까지의 최단 거리는 8이 됩니다. 이 결과는 F에 도달하기 위해 A의 최단 경로와 그 경로의 총 거리를 나타냅니다. 결과는 다음 그림 4.36과 같이 정리할 수 있습니다.

그림 4.36 다익스트라 알고리즘의 작동 과정 5

4.9.3 핵심 정리

- OSPF는 가장 많이 사용하는 내부 게이트웨이 프로토콜로, 링크 상태에 대한 정보 메시지를 주고받으며 링크 상태 데이터베이스를 갱신합니다.
- OSPF는 다익스트라 알고리즘을 통해 최적 경로를 계산합니다. 이 다익스트라 알고리즘은 특정 노드에서 다른 모든 노드로 가는 최단 경로를 알려줍니다.

【연습 문제】

1. OSPF의 주요 라우팅 알고리즘 이름은 무엇인가요?
2. OSPF에서 변경된 네트워크의 경로 정보를 알리는 메시지는 무엇인가요?

연습문제 해답
1. 다익스트라(Dijkstra) 알고리즘
2. 링크 상태 업데이트(Link State Update; LSU)

4.10 네트워크 주소를 변신하자: 네트워크 주소 변환(NAT)

인터넷 환경에서는 공인 IP 주소를 사용하고, 이는 다른 인터넷 장치와의 통신에 필수입니다. 반대로 사설 IP 주소는 가정이나 사무실 같은 제한된 네트워크 환경에서 사용됩니다. 예를 들어, 가정 내 노트북과 회사 내 컴퓨터가 같은 IP 주소를 사용한다고 가정해보겠습니다. 이 두 장치는 각각 별개의 사설 네트워크 환경에서 동작하고, 각 네트워크 범위 내에서는 같은 IP 주소를 사용하더라도 문제없이 통신이 가능합니다.

그러나 사설 네트워크에 있는 기기가 인터넷을 이용하려면 어떻게 해야 할까요? 이때는 직접적인 인터넷 접속이 불가능하기 때문에 사설 IP 주소를 공인 IP 주소로 변환하는 과정이 필요합니다. 이때 사용되는 기술이 바로 **네트워크 주소 변환(Network Address Translation; NAT)**입니다. 공인 IP와 사설 IP의 구분은 NAT를 이해하는 데 필수적인 기본 개념입니다.

그림 4.37 사설 IP 주소와 공인 IP 주소

4.10.1 사설 IP에서 공인 IP로, NAT로 변신!

NAT 프로토콜은 사설 네트워크의 IP 주소를 공인 네트워크에서 사용 가능한 IP 주소로 변환합니다. 이를 통해 사설 네트워크의 기기들이 공용 IP 주소를 사용해 인터넷상의 다른 기기와 통신할 수 있게 됩니다. 즉, 사설 IP 주소를 가진 기기도 내부 네트워크를 벗어나 외부 네트워크와 안전하게 통신할 수 있습니다. 이러한 과정을 통해 NAT는 사설 네트워크의 기기가 인터넷에 접속할 수 있도록 도와줍니다. 앞서 4.2절 'IP 패킷, IP 헤더'에서 IP 헤더에는 출발지 IP 주소와 목적지 IP 주소가 있다고 언급했습니다. NAT 프로토콜이 다루는 핵심은 바로 '출발지 IP 주소'와 '목적지 IP 주소'입니다.

만약 NAT 프로토콜 없이 웹 서버에 접속하는 상황을 가정해보겠습니다. 사설 IP 주소를 가진 PC가 웹 서버에 접근하려고 요청을 보냅니다. 웹 서버는 공인 IP 주소를 가지고 있으므로 요청하는 패킷의 목적지 IP 주소는 공인 IP 주소로 설정됩니다. 하지만 요청을 보내는 장치의 출발지 IP 주소는 사설 IP 주소입니다.

이 방식으로 사설 IP 주소에서 웹 서버로 요청을 보내는 데는 문제가 없지만 웹 서버의 응답이 사설 IP 주소로 돌아오는 과정에서 문제가 발생합니다. 왜냐하면 공인 네트워크에서 사설 IP 주소로 직접 통신할 수 없기 때문입니다. 사설 IP 주소는 외부 네트워크와 직접 통신하는 데 제한이 있기 때문에 이 문제를 해결하기 위한 방법이 바로 NAT 프로토콜입니다.

그림 4.38 NAT를 사용하지 않고 웹 서버에 접속할 때

이제 NAT를 이용해 사설 네트워크에서 인터넷을 사용하는 상황을 가정해보겠습니다. 사설 네트워크의 장치가 인터넷을 통해 요청을 보낼 때, 라우터의 NAT 프로토콜은 출발지 IP 주소를 공인 IP 주소로 변환합니다. 이 변환 과정에서 NAT는 변환된 주소 정보를 자체적인 NAT 테이블에 저장합니다. 이렇게 변환된 출발지 IP 주소를 가진 요청 데이터는 문제없이 웹 서버로 전송됩니다.

응답은 웹 서버에서 시작되어 라우터를 거쳐 돌아옵니다. 이때 응답 데이터의 IP 헤더 내 목적지 IP 주소는 NAT가 변환한 공인 IP 주소입니다. 응답이 라우터에 도착하면 NAT는 이전에 저장한 NAT 테이블 정보를 참조해서 목적지 IP 주소를 원래의 사설 IP 주소로 다시 변환합니다. 이처럼 NAT는 사설 네트워크의 장치가 인터넷과 통신할 수 있도록 중간에서 주소 변환 역할을 합니다. 이 과정이 바로 NAT 프로토콜의 핵심 원리입니다.

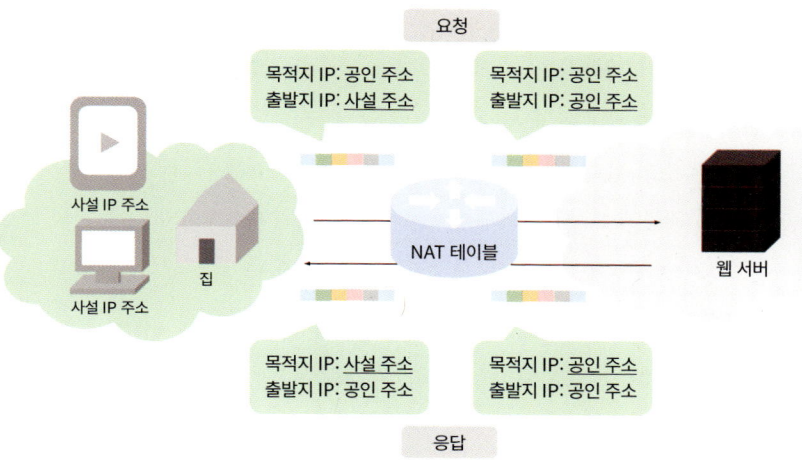

그림 4.39 NAT를 이용해 웹 서버에 접속할 때

4.10.2 핵심 정리

- NAT는 사설 네트워크에서 인터넷(공용 네트워크)으로 통신하게 해주는 프로토콜입니다.
- 요청 시 NAT는 IP 헤더의 출발지 사설 IP 주소를 출발지 공인 IP 주소로 변환하는 역할을 합니다.
- 응답 시 NAT는 IP 헤더의 목적지 공인 IP 주소를 목적지 사설 IP 주소로 다시 변환하는 역할을 합니다.

【연습 문제】

1. 사설 IP 주소를 공인 IP 주소로 변환하는 기술은 무엇인가요?
2. NAT 프로토콜은 IP 헤더의 어떤 부분을 주로 수정하나요?
3. NAT 없이 사설 IP 주소를 사용하는 기기가 인터넷에 접속하는 것이 왜 불가능한가요?

연습문제 해답

1. NAT
2. 출발지 IP 주소, 목적지 IP 주소
3. 사설 IP 주소는 인터넷 상에서 고유하게 식별할 수 없기 때문입니다.

4.11 주소 해석의 고수 프로토콜: 주소 결정 프로토콜(ARP)

네트워크 상에서 두 컴퓨터가 서로 데이터를 교환하려 할 때 한 컴퓨터가 상대방의 IP 주소는 알고 있지만 물리적 주소인 MAC 주소는 알지 못할 경우 IP 주소만으로는 데이터를 정확히 전송할 수 없습니다. 이 때문에 MAC 주소가 필요하지만 이를 알아내지 못하면 통신이 불가능합니다. 그렇다면 어떤 프로토콜로 이 문제를 해결할 수 있을까요?

이런 상황에서 **주소 결정 프로토콜**(Address Resolution Protocol; ARP)이 사용됩니다. ARP는 수신측 컴퓨터의 IP 주소를 사용해 MAC 주소를 찾아낼 수 있도록 돕습니다. ARP 덕분에 송신측 컴퓨터는 수신측 컴퓨터의 MAC 주소를 알아내어 데이터를 정확히 전달할 수 있게 됩니다. 따라서 ARP는 IP 주소를 알고 있는 상황에서 이를 이용해 MAC 주소를 찾아내는 데 꼭 필요한 프로토콜입니다.

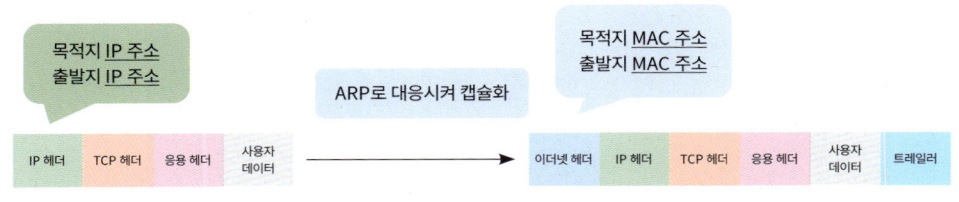

그림 4.40 ARP로 대응시켜 캡슐화

데이터가 전송되는 동안 헤더의 일부 정보가 변경되기도 할까요? 데이터 전송 과정에서는 다양한 상호작용이 일어나며, 도착지와 출발지의 MAC 주소가 변경되기도 합니다. MAC 주소는 각 장치에 고유하게 할당되는 물리적 주소이기 때문에 데이터가 다양한 장치를 거쳐 전송되는 동안 각 단계에서 해당 장치의 MAC 주소로 갱신됩니다. 이 과정에서 이더넷 헤더와 FCS도 함께 갱신됩니다.

반면 IP 헤더의 처리 방식은 다릅니다. 데이터 전송 과정에서 도착지와 출발지의 IP 주소는 일반적으로 고정된 상태를 유지합니다. 다만, NAT 과정이 필요한 경우를 제외하고는 IP 주소는 고정된 상태로 유지됩니다. 하지만 데이터가 네트워크를 통과할 때 TTL 값과 헤더 체크섬 값은 변할 수 있습니다.

이처럼 IP 주소를 기반으로 해당 장치의 MAC 주소를 알아내는 과정에서 ARP는 중요한 역할을 합니다. ARP는 IP 주소를 입력받아 그에 해당하는 MAC 주소를 찾아냅니다. 이러한 과정을 통해 데이터는 최종적으로 목적지에 도달하게 됩니다.

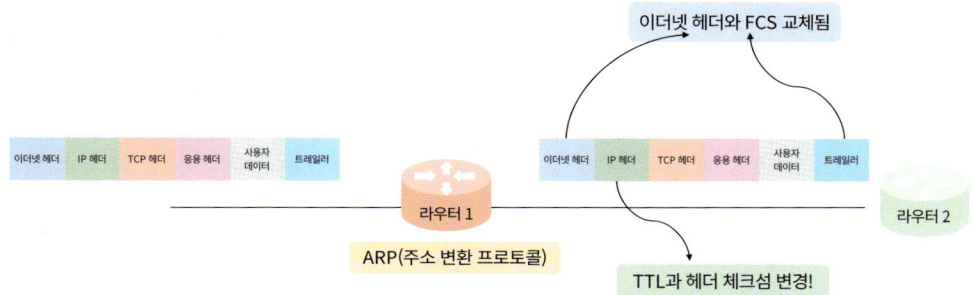

그림 4.41 라우터를 지나는 데이터의 ARP 과정

4.11.1 ARP의 주소 해석 과정은 어떻게 될까?

ARP 프로토콜의 주소 해석 과정은 다음과 같습니다.

먼저 ARP는 브로드캐스트 방식으로 요청을 전송해서 특정 IP 주소에 대응하는 MAC 주소를 찾습니다. 이때 사용하는 브로드캐스트 주소는 48비트가 모두 '1'인 상태로, FF:FF:FF:FF:FF:FF가 됩니다.

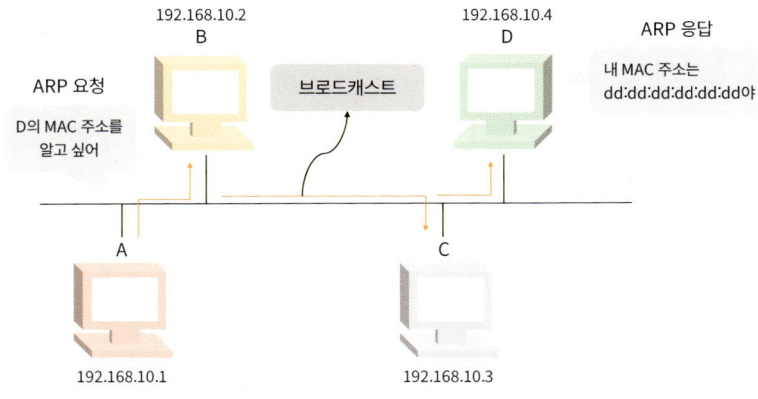

그림 4.42 ARP의 브로드캐스트 요청

다음으로 요청을 받은 호스트들 중에서 해당 IP 주소를 가진 호스트만이 ARP 요청에 응답하게 됩니다. 이 응답은 MAC 주소 정보를 포함하고, 유니캐스트 방식으로 특정 대상에게만 전송됩니다.

마지막으로 ARP 요청을 보낸 장치는 응답을 받아 해당 IP 주소와 MAC 주소의 대응 정보를 ARP 캐시에 저장합니다. 이렇게 저장된 정보는 이후 통신에서 재사용됩니다. 이로써 ARP는 IP 주소를 통해 MAC 주소를 효과적으로 찾아내는 역할을 합니다.

ARP 캐시는 IP 주소와 MAC 주소의 대응 정보를 저장하는 장소로, 주소 해석의 결과를 유지합니다. 이 정보는 일반적으로 20분 동안 유지되고, 이 시간 동안 다시 MAC 주소 요청이 발생해도 캐시에 보관된 정보를 재사용합니다. 이렇게 ARP 캐시를 활용하면 잦은 주소 해석 요청으로 인한 부하를 줄일 수 있습니다.

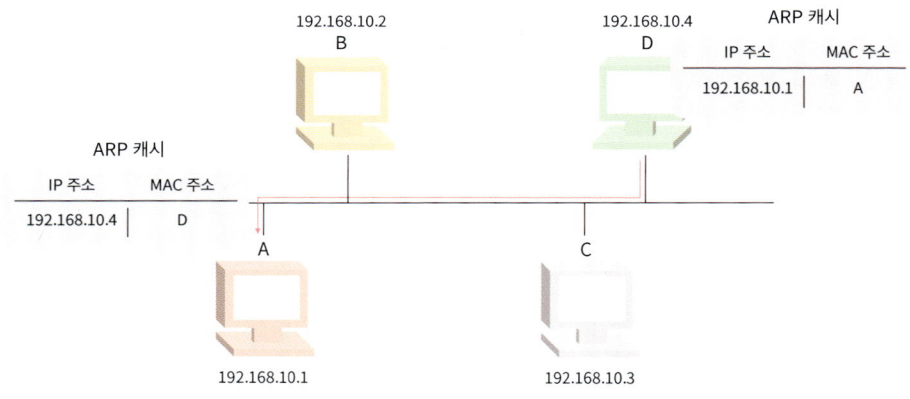

그림 4.43 ARP의 유니캐스트 응답과 ARP 캐시 저장

이처럼 ARP는 주소 해석 과정을 진행하고, 브로드캐스트 방식으로 질문하고 유니캐스트 방식으로 답변을 받는 방식을 사용합니다. 이러한 질문은 네트워크 내 모든 장치에 전송되는데, 질문에 해당하는 정보를 가진 장치만이 1:1로 응답합니다. 그런 다음, 이 장치의 IP와 MAC 주소가 매칭되는 정보를 ARP 캐시에 보관합니다. 이를 통해 ARP는 IP 주소를 이용해 MAC 주소를 찾아내는 역할을 합니다.

4.11.2 핵심 정리

- ARP는 목적지 IP 주소를 통해 목적지 MAC 주소를 알아내는 주소 획득 프로토콜입니다.
- 브로드캐스트 방식으로 모두에게 요청한 후, 유니캐스트 방식으로 응답을 받습니다.
- ARP는 ARP 캐시에 획득한 주소 대응 정보를 저장하고, 다음 요청 시 캐시에 저장된 정보를 사용합니다.

【연습 문제】

1. ARP가 사용하는 브로드캐스트 주소는 무엇인가요?
2. ARP 요청은 어떤 방식으로 전송되고, 응답은 어떤 방식으로 전송되나요?
3. ARP 캐시에 저장되는 정보는 무엇인가요?
4. 네트워크에 ARP가 없다면 어떤 문제가 발생할까요?

연습문제 해답

1. FF:FF:FF:FF:FF:FF
2. 브로드캐스트 방식, 유니캐스트 방식
3. IP 주소와 해당하는 MAC 주소의 대응 정보
4. IP 주소를 통해 MAC 주소를 찾을 방법이 없기 때문에 네트워크 내의 장치들이 서로 데이터를 교환할 수 없습니다.

4.12 상태 보고하러 왔어요: 인터넷 제어 메시지 프로토콜(ICMP)

네트워크 통신에서 데이터를 주고받는 과정에서 여러 가지 이유로 오류가 발생할 수 있습니다. 예를 들어, 컴퓨터가 데이터를 전송하는 도중에 패킷이 유실되거나, 중간 라우터에서 문제가 생겨 패킷이 더 이상 전달되지 않는 상황이 있을 수 있습니다. 이때 송신자는 문제가 발생했음을 알 수 없고, 무엇이 문제였는지도 인지하지 못할 수 있습니다.

이런 상황에서 **인터넷 제어 메시지 프로토콜**(Internet Control Message Protocol; **ICMP**)이 필요합니다. ICMP는 IP를 사용하는 네트워크에서 오류를 보고하거나 운영 정보를 전달하는 데 중요한 역할을 하는 프로토콜입니다.

만약 패킷이 유실되거나 문제가 발생한 경우 ICMP는 이 문제를 감지하고 원래의 데이터를 전송하려던 송신자에게 문제를 알릴 수 있습니다. 또한 ICMP는 발생한 문제에 대한 정보도 제공합니다. 이를 통해 송신자는 문제를 해결하고, 다시 안전하게 데이터를 전송할 수 있습니다. 따라서 ICMP는 네트워크 통신 중 발생하는 문제를 감지하고, 오류 정보를 제공함으로써 문제 해결에 중요한 역할을 하는 프로토콜입니다.

4.12.1 ICMP 자세히 살펴보기

ICMP가 왜 개발됐는지 이해하려면 IP의 특징을 다시 언급할 필요가 있습니다.

IP는 데이터 전송의 신뢰성을 보장하지 않습니다. 즉, IP는 데이터를 보낸 후 해당 데이터가 목적지에 올바르게 도착했는지 검증하지 않습니다.

이러한 IP의 한계를 보완하기 위해 개발된 프로토콜이 ICMP입니다. 이 프로토콜은 IP 통신이 정상적으로 작동하는지 검증하는 역할을 합니다. ICMP의 핵심 기능은 **에러 보고 기능**과 **네트워크 진단 기능**입니다. 에러 보고 기능은 통신 과정에서 발생하는 오류를 송신자에게 통보하고, 네트워크 진단 기능은 현재의 네트워크 상태를 확인하고 분석합니다. 이를 통해 ICMP는 데이터가 목적지 IP까지 안전하게 전송됐는지 확인합니다.

ICMP는 네트워크 계층의 프로토콜이지만, 특이하게도 IP 헤더로 캡슐화되어 데이터를 전송하는 특성이 있습니다. ICMP 헤더에는 타입, 코드, 체크섬, 그리고 ICMP 데이터와 같은 다양한 영역이 포함됩니다. **타입**은 ICMP 메시지의 유형을 나타내고, **코드**는 해당 타입의 세부 내용을 명시합니다. 그리고 **체크섬**은 전송 중 발생할 수 있는 에러를 검사하는 기능을 합니다. **ICMP 데이터**는 메시지의 타입과 코드에 따라 그 내용이 변하게 되는데, 이러한 정보들이 캡슐화되어 원하는 에러 정보나 질의의 내용을 전달하게 됩니다. 이와 같은 방식으로 ICMP는 네트워크 상에서 데이터 전송의 신뢰성을 확보하고, 문제가 발생할 경우에 대응할 수 있는 기능을 제공합니다.

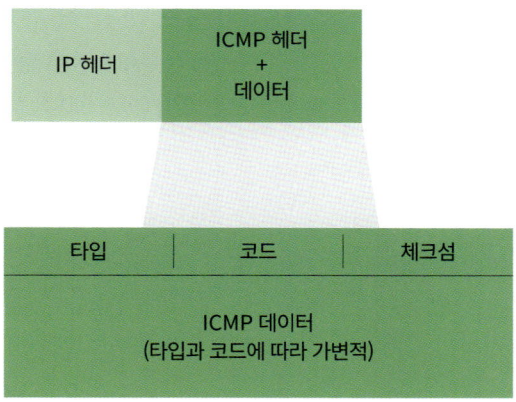

그림 4.44 ICMP 헤더의 영역

예를 들어, 그림 4.43과 같이 가상의 PC인 A에서 B로 데이터를 전송하는 과정에서 패킷이 중간에 유실되거나 폐기된 상황을 가정해 봅시다. 이 경우 중간에 위치한 라우터는 ICMP를 활용해 도달 불능 메시지를 생성합니다. 이 메시지는 IP 패킷이 왜 유실됐는지에 대한 원인을 포함하며, 이를 출발지인 A로 전달합니다. 이러한 과정을 통해 ICMP는 데이터 전송 중 발생한 에러 상황을 출발지로 통보함으로써 네트워크에서 문제가 발생했을 때 적절하게 대응할 수 있도록 돕는 중요한 역할을 합니다.

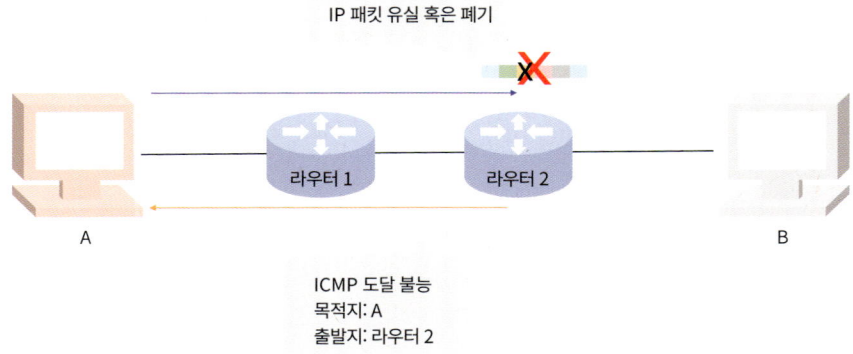

그림 4.45 데이터가 중간에 유실된 상황에서의 ICMP 활용 예

4.12.2 핑! 핑! 지나간 데이터의 상태를 알려줘

지금까지 ICMP의 동작 원리에 대해 알아봤는데, ICMP를 활용하는 구체적인 사례가 있을까요? ICMP를 활용하는 대표적인 커맨드라인 명령어로 **ping 명령어**가 있습니다. 이 명령어는 사용자가 터미널이나 명령 프롬프트에서 입력할 수 있고, 특정 IP 주소와의 통신 가능 여부를 확인하는 데 사용됩니다.

예를 들어, 사용자가 PC에서 '192.168.10.1'이라는 IP 주소로 ping 명령어를 실행한다고 가정해보겠습니다. 이 경우 PC는 해당 IP 주소로 **ICMP Echo 요청 메시지**를 전송합니다. 이 요청을 받은 대상은 이에 대한 응답으로 **ICMP Echo 응답 메시지**를 전송합니다.

ping 명령어의 실행 결과를 통해 사용자는 여러 가지 정보를 얻을 수 있습니다. 예를 들어, 원격 호스트 또는 라우터가 적절히 작동하는지, 왕복 시간이 얼마나 걸리는지, 중간에 몇 개의 메시지가 손실되는지 등을 확인할 수 있습니다.

이러한 방식으로 ping 명령어는 ICMP를 활용해 네트워크 상의 특정 장치와의 통신 가능 여부를 테스트합니다.

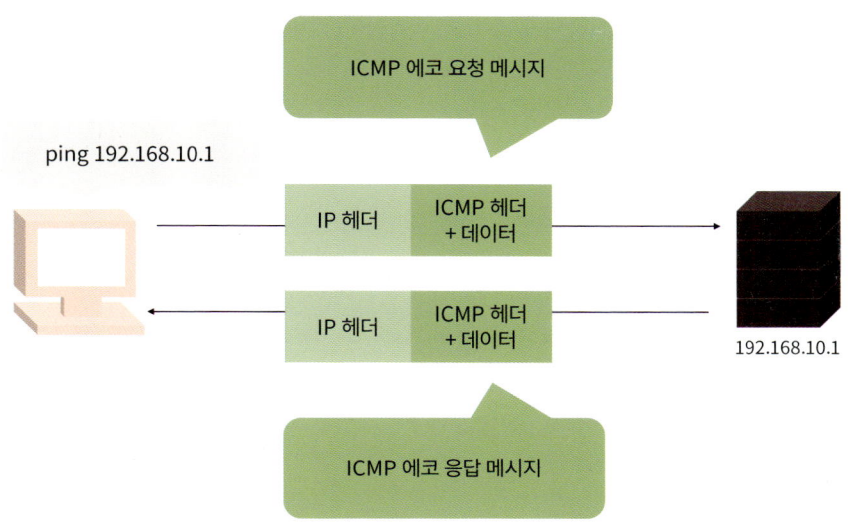

그림 4.46 ping 명령어를 통해 보는 ICMP 활용 예시

4.12.3 ICMP 헤더 타입을 자세히 보자

ICMP 프로토콜의 헤더에는 **타입**이라는 중요한 영역이 존재합니다. 이 타입 영역은 ICMP 데이터의 분류를 결정하는 핵심 요소로, 해당 타입과 관련된 코드에 따라 ICMP의 세부 데이터 내용이 정해집니다.

자주 사용되는 중요한 타입 중 타입 0은 **Echo Reply**로, 응답 메시지를 나타내고, 타입 8은 **Echo Request**를 나타냅니다. 이들은 사용자가 `ping` 명령어를 통해 네트워크 상태를 검사할 때 주고받는 기본 메시지입니다. 예를 들어, 사용자가 어떤 호스트에 `ping`을 보내면 해당 호스트는 Echo Request에 대한 응답으로 Echo Reply 메시지를 반환합니다.

또 다른 중요한 타입으로는 **Destination Unreachable**이 있습니다. 이 메시지 타입은 특정 목적지로의 데이터 전송이 성공적으로 이뤄지지 않았을 때 반환됩니다. 만약 목적지 호스트나 네트워크에 도달할 수 없는 경우 이 타입의 메시지를 수신하게 됩니다.

이처럼 특정 서버와의 연결이 되지 않는다거나 웹사이트의 접속이 느려 특정 구간에서 응답이 없을 때와 같은 문제 상황에서는 ICMP의 여러 타입을 통해 전송 상황을 더 자세히 파악할 수 있습니다. ICMP 헤더의 타입 영역을 통해 주요 메시지를 알아두면 단순한 연결 확인 도구가 아닌 어느 부분에서 네트워크 장애가 발생했는지 원인을 찾을 수 있기 때문에 타입은 꼭 알아 두는 것이 좋습니다.

표 4.5 ICMP의 주요 헤더 타입

Type	설명	용도
0	Echo Reply	질의
3	Destination Unreachable	에러
4	Source Quench	에러
5	Redirect	에러
8	Echo Request	질의
11	Time Exceeded	에러

4.12.4 핵심 정리

- ICMP는 목적지 IP로의 데이터 전송 여부를 확인할 수 있게 해주는 프로토콜입니다.
- ICMP는 에러를 보고하는 기능과 질의 기능을 제공합니다.
- `ping` 명령어는 ICMP Echo 요청과 응답을 주고받으며, 지정한 IP 주소와 통신할 수 있는지 확인하는 역할을 합니다.
- ICMP 헤더에는 타입, 코드, 체크섬 등의 정보가 포함됩니다.

【연습 문제】

1. ICMP의 주요 목적은 무엇인가요?
2. ICMP가 사용하는 메시지 유형 중 타입 8은 무엇을 나타내나요?
3. ICMP의 Destination Unreachable 메시지는 언제 사용되나요?

연습문제 해답

1. 오류 보고와 네트워크 진단
2. Echo Request
3. 특정 목적지로의 데이터 전송이 성공적으로 이뤄지지 않았을 때 반환되는 메시지입니다.

05

전송 계층

4장 '네트워크 계층'에서는 한 네트워크에서 다른 네트워크로 데이터를 이동하는 과정에 대해 배웠습니다. 그러나 데이터를 전송한다고 해서 항상 원활하게 이뤄지는 것은 아닙니다. 패킷이 제대로 전달되지 않거나 중간에 유실되거나 손상될 가능성이 있기 때문입니다. 이는 네트워크 환경이 본질적으로는 신뢰하기 어려운 특성을 띠고 있음을 의미하며, 다양한 문제로 인해 에러나 유실이 발생할 수 있습니다.

그래서 전송 계층에서는 '어떻게 해야 목적지까지 신뢰성 있게 데이터를 전송할 수 있을까?'에 초점을 맞춥니다. 이때 중요한 것은 단순히 데이터를 전송하는 것이 아니라 신뢰할 수 있는 데이터 전송입니다. 이를 위해 전송 계층에서 주로 사용되는 프로토콜인 **전송 제어 프로토콜(Transmission Control Protocol; TCP)**과 **사용자 데이터그램 프로토콜(User Datagram Protocol; UDP)**을 살펴보고, 특히 전송 계층의 핵심적인 프로토콜인 TCP 전송 과정에서 데이터 유실과 손상 문제를 어떤 방법으로 제어하는지 알아보겠습니다.

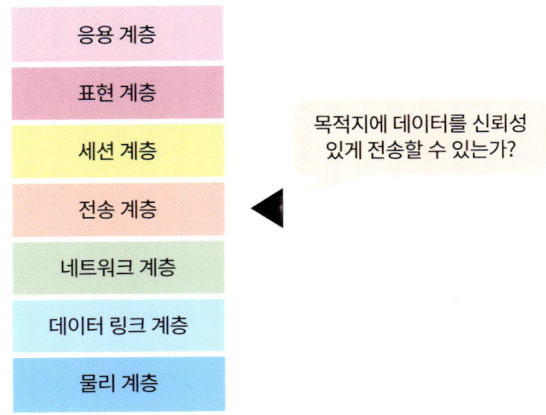

그림 5.1 전송 계층의 목적

5.1 전송 계층 개요

전송 계층에서 눈여겨봐야 할 점은 데이터를 신뢰성 있게 전송할 것인지, 아니면 효율적으로 전송할 것인지에 따라 통신 방식이 달라질 수 있다는 것입니다. 만약 신뢰성과 정확성에 초점을 맞춘 전송 방식을 추구한다면 어떤 연결 방식이 좋을까요? 바로 연결을 유지하며 여러 번 확인하는 절차를 거치는 방식이 좋습니다. 이에 해당하는 프로토콜이 TCP입니다. 반면 효율성에 중점을 둔 통신 방식은 UDP 프로토콜을 사용합니다. 예를 들어, 동영상 스트리밍 서비스는 UDP의 대표적인 사례로, 동영상 재생 중 가끔 화질이 깨지거나 재생이 버벅이는 것은 일부 패킷이 손실되거나 손상된 형태로 도착하기 때문입니다.

전송 계층의 중요한 프로토콜 중 하나인 TCP는 프로세스 간 데이터 전송을 담당하고, 연결을 수립하거나 종료하는 연결형 서비스를 제공합니다. 또한 TCP는 전이중 방식의 전송 서비스를 지원하는데, 이는 양방향으로 데이터를 동시에 전송할 수 있음을 의미합니다.

전송 계층에서는 TCP 헤더를 추가하거나 제거하는 캡슐화 및 역캡슐화 과정이 이뤄집니다. 데이터를 전송하는 프로세스를 이해하려면 TCP가 데이터를 세그먼트로 분할하고, 이러한 세그먼트에 정보를 추가하는 방식을 알아야 합니다.

그렇다면 TCP는 데이터 전송 중 발생할 수 있는 문제들을 어떻게 해결할까요? 데이터 전송 상황에서 발생할 수 있는 손실과 손상을 해결하기 위한 TCP의 주요 기능으로는 **재전송, 에러 제어, 흐름 제어, 혼잡 제어** 등이 있습니다. TCP는 이러한 다양한 메커니즘을 통해 데이터 전송 중 발생할 수 있는 오류를 해결하고 개선합니다.

그러나 모든 통신이 TCP처럼 복잡한 절차를 요구하지는 않습니다. 때로는 간결한 일방향 통신이 필요할 수도 있습니다. 예를 들어, 실시간 스트리밍이나 온라인 게임과 같은 상황에서는 빠른 데이터 전송이 중요하기 때문에 이런 상황에서는 **UDP**와 같은 비연결형 프로토콜이 사용될 수 있습니다.

5.2 전송 계층의 데이터 포장: TCP 세그먼트와 TCP 헤더

이번 절에서는 전송 계층의 주요 요소인 TCP 세그먼트와 TCP 헤더를 중점적으로 배웁니다. 이번 절의 주요 키워드는 바로 **TCP 세그먼트**입니다. 네트워크 계층에서 패킷을 데이터의 기본 단위라고 지칭했다면 전송 계층에서는 TCP 세그먼트를 프로토콜 데이터 단위로 지칭합니다.

IP 패킷을 예로 들면, IP 패킷에서 IP 헤더를 추출한 후 남은 데이터를 역캡슐화하면 그 결과로 TCP 세그먼트가 만들어집니다. TCP 세그먼트는 사용자 데이터를 담고 있으며, 이는 통신 경로를 따라 효율적으로 전송하는 역할을 합니다.

반대로 사용자 데이터에 TCP 헤더를 추가하는 캡슐화 과정은 어떻게 이뤄질까요? TCP 헤더를 추가해서 캡슐화하는 과정을 통해 TCP 세그먼트가 생성됩니다.

TCP 세그먼트와 TCP 헤더를 이해하는 것은 TCP의 다양한 재전송 메커니즘, 에러 제어, 연결 제어, 흐름 제어 등을 배우는 데 큰 도움이 됩니다. TCP 헤더의 각 영역에 포함된 데이터에 따라 전송 메커니즘이 달라지기도 하고, 최종적으로 도착하는 응용 프로그램이 달라질 수도 있기 때문입니다.

따라서 이번 절의 목표는 TCP 세그먼트와 그 구성 요소인 TCP 헤더의 역할 및 중요성을 깊이 있게 이해하는 것입니다. TCP 세그먼트와 TCP 헤더의 구조와 기능에 대한 상세한 내용은 다음 절에서 살펴보겠습니다.

5.2.1 더 자세히 보는 TCP 세그먼트와 TCP 헤더의 영역

전송 계층에서 다루는 프로토콜 데이터 단위는 **세그먼트**(segment)라고 합니다. 세그먼트는 응용 계층에서 생성된 데이터에 TCP 헤더를 추가해서 캡슐화하는 과정을 통해 생성되며, 이 같은 과정을 거친 데이터 단위를 TCP 세그먼트라고 부릅니다. 마찬가지로, 네트워크 계층에서 올라온 패킷에서 IP 헤더를 제거하는 역캡슐화 과정을 통해서도 TCP 세그먼트를 얻을 수 있습니다.

전송 계층의 핵심 프로토콜인 **전송 제어 프로토콜**(Transmission Control Protocol; TCP)은 데이터 전송의 신뢰성과 정확성을 보장하는 역할을 합니다. TCP는 통신 전반에 걸쳐 연결형 통신을 활용하는 방식을 이용합니다.

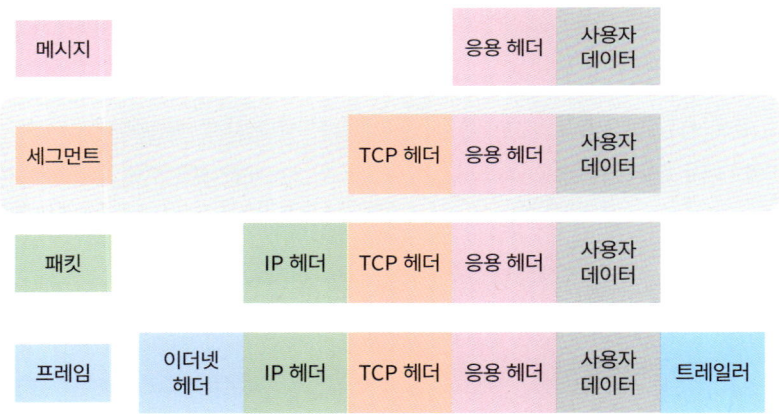

그림 5.2 전송 계층의 데이터 단위

TCP 헤더의 구조는 어떨까요? 이번에는 그림 5.3과 함께 TCP 세그먼트의 핵심인 **TCP 헤더**의 구조에 대해 살펴보겠습니다.

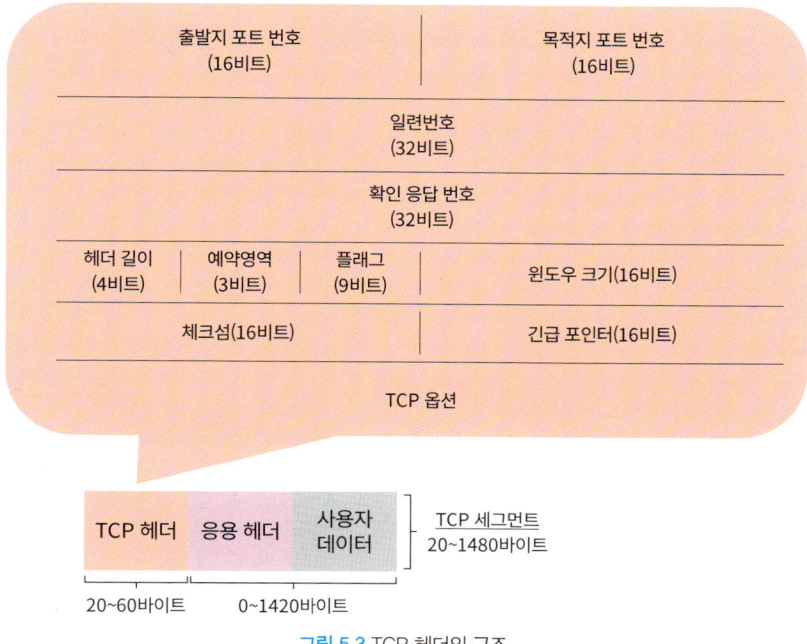

그림 5.3 TCP 헤더의 구조

TCP 헤더의 기본 길이는 20바이트로, 필요에 따라 옵션을 사용해 최대 60바이트까지 확장할 수 있습니다. TCP 헤더는 출발지 포트 번호, 목적지 포트 번호, 일련번호, 확인 응답 번호, 헤더 길이, 예약 영역, 플래그, 윈도우 크기, 체크섬, 긴급 포인터, 그리고 TCP 옵션 등으로 구성됩니다. 이러한 정보들은 데이터를 목적지까지 가능한 한 안전하게 전송하는 데 중요한 역할을 합니다.

먼저, 포트 번호부터 살펴보겠습니다. **포트 번호**는 출발지와 목적지의 응용 프로세스 번호를 지칭합니다. 이때 주의할 점은 IP 헤더는 '출발지/목적지 IP 주소'를 나타내지만, TCP 헤더는 '출발지/목적지 포트 번호'를 나타낸다는 것입니다. 헷갈리지 않도록 주의하세요!

다음으로, TCP에서의 **일련번호**(순서 번호)는 데이터의 순서를 정의하는 데 사용됩니다. 예를 들어, 100번의 일련번호를 가진 데이터를 전송한 후, 101번의 일련번호를 가진 데이터를 전송하게 됩니다. 이렇게 각 데이터 단위에 고유한 번호를 부여해서 데이터의 순서를 유지할 수 있게 됩니다.

확인 응답 번호는 데이터를 받은 측이 정상적으로 수신했음을 알리는 방법입니다. 이는 받은 데이터의 일련번호에 1을 더한 값으로, 이 값은 다음에 받을 데이터의 일련번호를 나타냅니다.

또한 TCP 헤더의 길이를 아는 것도 중요한데, **TCP 헤더의 길이**는 옵션 영역이 가변적이기 때문에 정확한 헤더 크기를 알리는 역할을 합니다. **예약 영역**은 예비 영역으로 설정돼 있으며, 나중에 필요에 따라 사용될 수 있습니다.

플래그는 TCP의 동작을 제어하는 9개의 비트로 구성돼 있으며, 각 비트는 5.3절에서 배우게 될 3방향 핸드셰이크나 4방향 핸드셰이크와 같은 특정 기능에서 활용됩니다. 일반적으로 표준 TCP 헤더 구조에서는 주요 플래그 6비트와 확장된 표준인 추가 플래그 3비트를 포함해 9비트로 구성돼 있습니다.

윈도우 크기는 수신 측이 받을 수 있는 데이터의 크기를 나타내고, TCP의 흐름 제어에서 사용되는 영역입니다.

체크섬은 에러 검출을 위한 기능입니다. TCP 헤더와 데이터에 대해 체크섬 계산을 하고, 그 결과를 체크섬 필드에 저장합니다.

마지막으로 **긴급 포인터**는 긴급한 데이터를 처리할 때 사용되는 필드로, 플래그 비트 중 URG라는 특정 비트가 설정될 때 함께 사용됩니다.

프로토콜의 동작은 각 데이터 헤더에서 사용되는 각 영역이 어떻게 활용되는지가 매우 중요합니다. TCP도 이와 마찬가지로, 포트 번호, 일련번호, 확인 응답 번호, 플래그, 윈도우 크기 등의 영역들이 TCP의 다양한 동작과 밀접하게 연관돼 있습니다. 다음 절에서는 그중 플래그 영역을 활용하는 TCP의 전송 동작에 대해 알아보겠습니다.

5.2.2 핵심 정리

- TCP 세그먼트는 캡슐화 시 TCP 헤더를 부착하고, 역캡슐화 시 TCP 헤더가 제거되는 프로토콜 데이터 단위입니다.
- TCP 헤더의 주요 영역은 출발지 포트 번호, 목적지 포트 번호, 일련번호, 확인 응답 번호, 플래그, 윈도우 크기가 있습니다.

【연습 문제】

1. TCP 헤더의 기본 길이는 몇 바이트고, 최대 몇 바이트까지 확장될 수 있나요?
2. 패킷에 TCP 헤더를 추가해서 캡슐화하는 과정을 통해 생성된 프로토콜 데이터 단위는 무엇인가요?

연습문제 해답

1. TCP 헤더의 기본 길이는 20바이트이고, 최대 60바이트까지 확장될 수 있습니다.
2. 세그먼트

5.3 연결도 조심스럽게: 3방향 핸드셰이크, 4방향 핸드셰이크

앞 절에서 TCP 헤더의 다양한 영역을 살펴봤습니다. 그중 플래그라는 6비트로 이뤄진 구성 요소에 대해 더 깊이 알아보겠습니다. 플래그는 TCP 연결 설정 및 종료와 같은 중요한 동작에서 핵심적인 역할을 합니다. 플래그는 6개의 비트로 구성돼 있고, 각각 **긴급**(Urgent, 줄여서 URG), **확인**(Acknowledgement, 줄여서 ACK), **푸시**(Push, 줄여서 PSH), **재설정**(Reset, 줄여서 RST), **동기화**(Synchronize, 줄여서 SYN), **종료**(Finish, 줄여서 FIN)를 나타냅니다. 모든 플래그의 초깃값은 0입니다. 이 플래그들은 TCP에서 연결 설정과 연결 종료 과정에서 중요한 역할을 하고, 각 플래그는 특정 상황에 따라 활성화되어 0에서 1로 변화합니다.

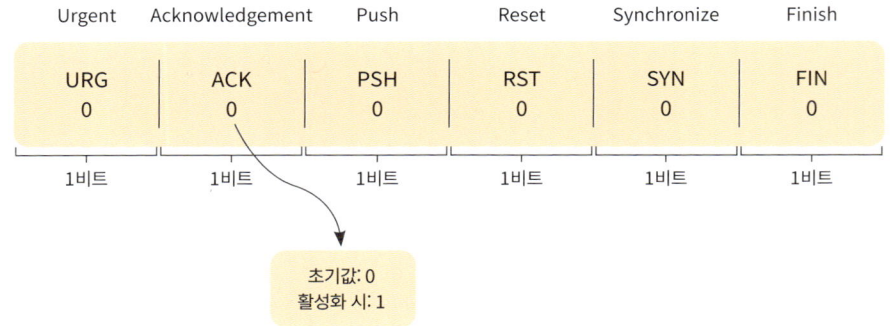

그림 5.4 TCP 헤더의 플래그 영역을 구성하는 6개의 비트

이 플래그가 연결 설정 과정에서 어떤 역할을 할까요? 5장에서 다룰 대표적인 연결 방식인 **3방향 핸드셰이크**는 TCP 연결을 설정하는 과정입니다. 이때 연결 요청(SYN)과 응답 확인(ACK) 플래그가 활성화됩니다. 반대로 **4방향 핸드셰이크**는 TCP 연결을 종료하는 과정으로, 연결 종료(FIN) 플래그와 응답 확인(ACK) 플래그가 활성화됩니다.

이 과정들은 단순히 프로토콜의 연결 및 해제 과정을 이해하는 데 중요한 것이 아닙니다. 실제로 이러한 과정은 어떤 데이터가 전송될지, 언제 그 데이터 전송을 시작하고 끝낼지 등의 결정을 내리므로 데이터의 전송과 종료를 비교적 안전하게 매듭지을 수 있습니다.

따라서 이번 절에서는 플래그의 각 요소가 어떻게 활성화는지, 이를 통해 어떻게 3방향 핸드셰이크와 4방향 핸드셰이크가 어떻게 이뤄지는지 살펴보고, TCP의 본질적인 작동 방식을 이해해보겠습니다.

5.3.1 첫인사는 3방향 핸드셰이크로!

A와 B라는 두 대의 컴퓨터가 TCP 통신을 한다고 가정해보겠습니다. 이때 TCP 통신을 설정하기 위해서는 초기 단계로 3방향 핸드셰이크라는 절차가 필요합니다. 예를 들어,

❶ A가 B와 통신을 시작하려면 A는 **연결 요청 비트(SYN)**가 활성화된 세그먼트를 B에게 보내 연결 확립을 요청합니다.

❷ B는 이 요청을 받은 후 **확인 비트(ACK)**와 **연결 요청 비트(SYN)**가 활성화된 세그먼트를 A에 회신합니다. 이는 A의 요청에 대한 응답이자, B 역시 A와의 연결을 요청하는 의미입니다.

❸ 이후 A는 마지막으로 **확인 비트(ACK)**가 활성화된 세그먼트를 B에게 전송해서 연결 확립에 대한 최종 응답을 보냅니다.

이렇게 세 번의 패킷 교환을 통해 안정적인 연결을 요청하고 응답하는 과정을 3방향 핸드셰이크라고 부릅니다. 이 과정을 통해 양측은 데이터 전송에 필요한 안정적인 연결을 확립할 수 있습니다.

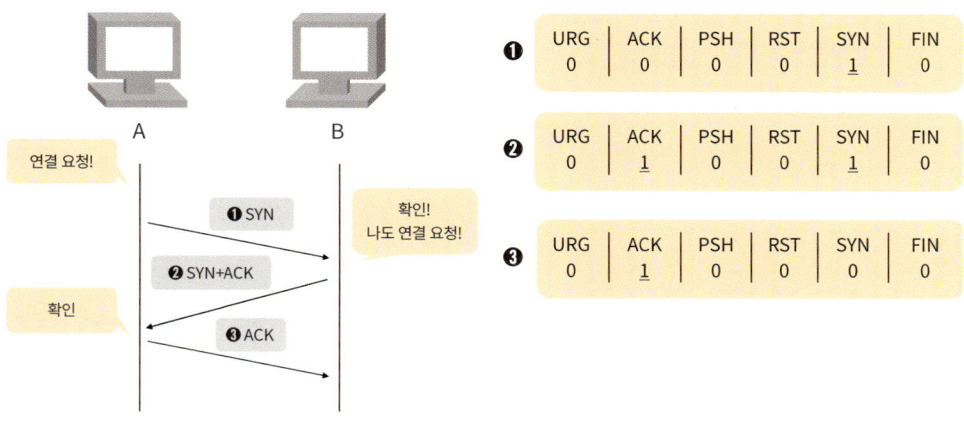

그림 5.5 3방향 핸드셰이크의 동작 과정

5.3.2 작별 인사는 4방향 핸드셰이크로!

TCP에서의 데이터 전송이 모두 완료되면 연결 종료를 위한 4방향 핸드셰이크 과정이 이어집니다. 이 과정은 데이터의 완전한 전송을 보장하고, 불필요한 자원 낭비를 방지하기 위해 중요합니다.

❶ 먼저, A가 B에게 **연결 종료 비트(FIN)**가 활성화된 세그먼트를 전송해서 연결 종료를 요청합니다. 이는 A가 더 이상 전송할 데이터가 없음을 B에게 알리는 신호입니다.

❷ 다음으로 B는 A의 연결 종료 요청에 대한 응답으로 **확인 비트(ACK)**가 활성화된 세그먼트를 A에게 보냅니다. 이는 A의 연결 종료 요청을 잘 받았음을 알리는 응답입니다.

❸ 이후, B도 A에게 **연결 종료 비트(FIN)**가 활성화된 세그먼트를 전송해서 연결 종료를 요청합니다. 이는 B도 더 이상 전송할 데이터가 없음을 A에게 알리는 신호입니다.

❹ 마지막으로, A는 B의 연결 종료 요청에 대한 응답으로 **확인 비트(ACK)**가 활성화된 세그먼트를 B에게 전송합니다. 이는 B의 연결 종료 요청을 잘 받았음을 알리는 마지막 응답입니다.

이렇게 총 네 번의 패킷 교환을 통해 세션 연결을 안전하게 종료하게 됩니다. 이를 4방향 핸드셰이크라 부르고, 이 과정을 통해 TCP는 연결 확립부터 종료까지 안정적인 데이터 전송을 보장합니다.

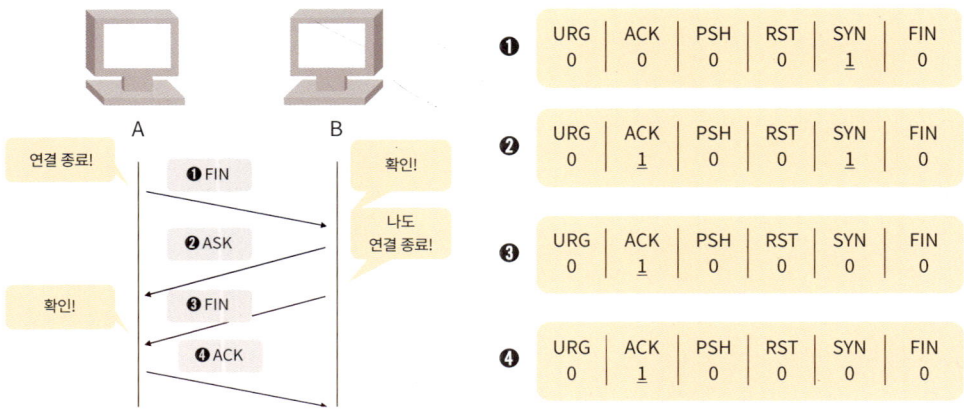

그림 5.6 4방향 핸드셰이크의 동작 과정

5.3.3 핵심 정리

- TCP는 연결을 확립하기 위해 TCP 헤더의 플래그를 사용합니다.
- 연결 확립 시 3방향 핸드셰이크 과정을 거치며, 이 과정에서 연결 요청(SYN)과 확인(ACK) 비트를 주고받습니다.
- 연결 종료 시에는 4방향 핸드셰이크 과정을 거치며, 연결 종료(FIN) 비트와 확인(ACK) 비트를 주고받습니다.

【연습 문제】

1. 3방향 핸드셰이크와 4방향 핸드셰이크가 진행되는 도중 플래그 영역의 각 비트가 어떤 식으로 활성화되나요?
2. 3방향 핸드셰이크의 동작 과정을 각 단계별로 플래그 영역에서 활성화되는 비트로 간단히 적어보세요.
3. 4방향 핸드셰이크의 동작 과정을 각 단계별로 플래그 영역에서 활성화되는 비트로 간단히 적어보세요.

연습문제 해답

1. 0에서 1로 바뀝니다.
2. ❶ SYN ❷ SYN+ACK ❸ ACK
3. ❶ FIN ❷ ACK ❸ FIN ❹ ACK

5.4 데이터 에러를 잡자: TCP 에러 제어

TCP는 데이터 전송 과정에서 발생할 수 있는 다양한 에러 상황에 대응하기 위한 강력한 제어 방식을 갖추고 있습니다. 에러 상황으로는 패킷 손실, 순서 뒤바뀜, 중복 전송 등의 문제가 있으며, 이러한 문제를 다루기 위해 TCP는 에러 제어 기능을 갖고 있습니다.

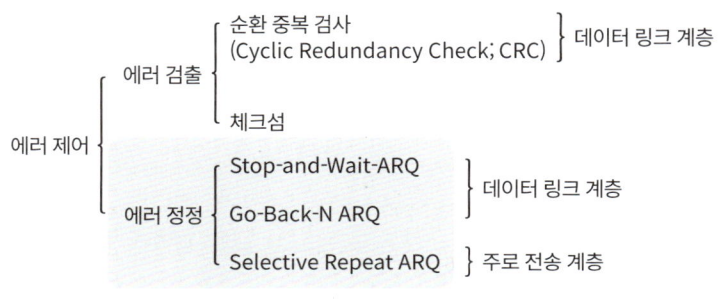

그림 5.7 TCP 에러 제어의 방법

TCP 에러 제어 과정은 크게 두 단계로 나뉩니다. 먼저 에러를 발견하는 과정이 필요합니다. 첫 번째 단계에서는 에러를 검출하는데, 이때 **체크섬**이 사용됩니다. 체크섬은 데이터의 무결성을 확인하는 방법으로, 송신 측에서 각 비트를 더해 계산된 값을 전송하고, 수신 측에서 이를 확인합니다.

두 번째 단계는 검출된 에러를 정정하는 과정입니다. 이때 사용되는 방법은 **자동 재전송 요청(Automatic Repeat Request; ARQ)** 방식으로, 데이터 링크 계층과 전송 계층에서도 모두 사용됩니다. ARQ는 잘못된 패킷을 자동으로 재전송하는 기능을 합니다. ARQ 방식에는 Stop-and-Wait ARQ, Go-Back-N ARQ, Selective Repeat ARQ 등 다양한 방식이 있습니다.

한 가지 유의할 점은 Stop-and-Wait ARQ와 Go-Back-N ARQ는 전송 계층의 TCP에서 직접적으로 사용되지 않고 주로 데이터 링크 계층에서 사용된다는 점입니다. Stop-and-Wait ARQ, Go-Back-N ARQ는 데이터 링크 계층에서 사용되는 방식이지만 Selective Repeat ARQ는 전송 계층의 TCP에서 구현될 때 쓰이는 방식입니다.

그렇지만 각각의 자동 재전송 방식은 시대적 요구에 따라 발전하며 설계됐으므로 이를 하나의 묶음으로 보고 이번 전송 계층에서 자세히 살펴보겠습니다.

5.4.1 Stop-and-Wait ARQ

Stop-and-Wait 재전송 방식은 이름에서 알 수 있듯이 '멈추고 기다리는' 방식입니다. 이 방식을 간단하게 설명하자면, 전송자는 하나의 패킷을 보내고, 이에 대한 확인 응답(ACK)을 받을 때까지 대기합니다. 예를 들어, 그림 5.8을 보면 PC A가 0번 패킷을 PC B로 보내면, PC B는 이를 수신한 후 0번 확인 응답을 A에게 보냅니다. A는 이 확인 응답을 확인한 후 다음(1번 패킷)을 전송하는 방식입니다.

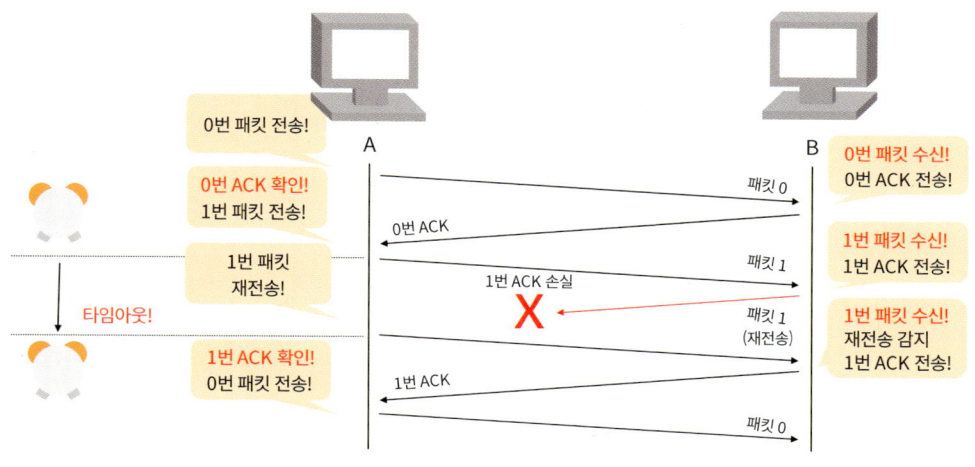

그림 5.8 Stop-and-Wait 재전송 방식

하지만 만약 A가 1번 확인 응답을 받지 못하면 타이머가 만료된 후 1번 패킷을 다시 보내게 됩니다. 이처럼 각 패킷에 대한 확인 응답을 받은 후에만 다음 패킷을 전송하기 때문에 이 방식을 '멈추고 기다리는' 방식이라 부릅니다.

그러나 이 방식의 단점은 패킷이 정상적으로 전송됐더라도 확인 응답이 올 때까지 대기해야 하므로 통신 효율이 떨어진다는 점입니다. 따라서 이 방식은 신뢰성은 높지만 속도는 느리다는 단점이 있습니다.

5.4.2 Go-Back-N ARQ

Go-Back-N 재전송 방식은 특정 패킷이 에러로 인해 수신되지 않았을 때 해당 패킷부터 재전송하는 방식입니다. 한마디로 문제가 발생한 곳으로 '되돌아가' 재전송하는 방식입니다.

예를 들어 그림 5.9와 같이 PC A가 0번, 1번, 2번 패킷을 PC B로 전송했다고 가정해보겠습니다. 그중 0번 패킷과 2번 패킷은 정상적으로 B가 수신해서 해당 패킷에 대한 확인 응답(ACK)을 A에게 보냈지만 1번 패킷은 오류로 인해 B에게 도착하지 않았다면 어떻게 될까요?

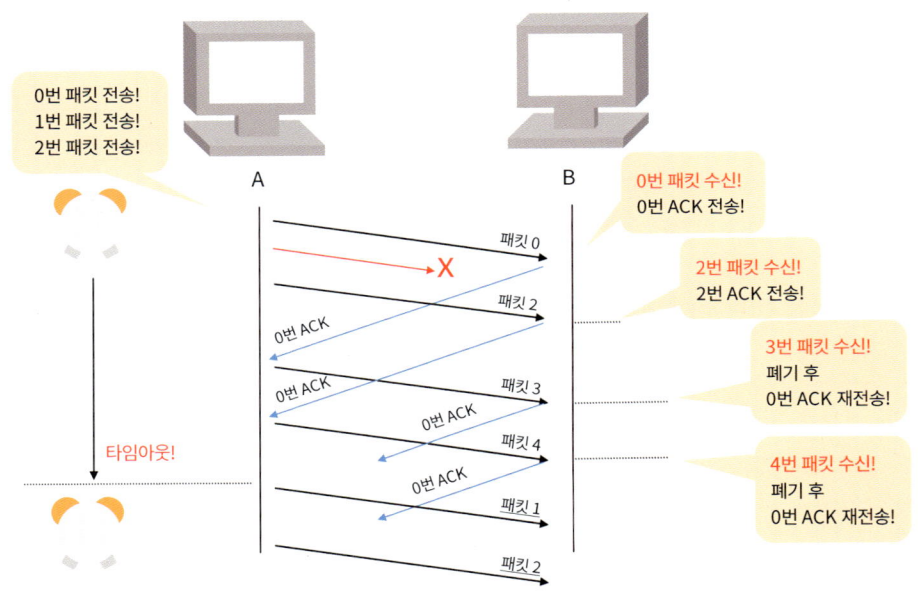

그림 5.9 Go-Back-N 재전송 방식

이러한 경우 PC A는 1번 패킷에 대한 확인 응답을 받지 못하므로 타이머가 만료되어 재전송하게 됩니다. 그러나 PC B는 1번 패킷이 아직 도착하지 않았기 때문에 계속해서 0번 확인 응답을 보냅니다. 그래서 PC A는 문제가 발생한 1번 패킷부터 다시 전송하되, 1번 패킷 뒤에 전송했던 패킷들도 함께 재전송합니다. 즉, 1번, 2번 패킷을 순서대로 다시 보내게 됩니다. 이렇게 문제가 발생한 부분으로 돌아가서 재전송하는 방식이 Go-Back-N 재전송 방식입니다.

Go-Back-N 재전송 방식은 효율성을 높일 수 있지만 네트워크 상태가 좋지 않을 경우 많은 재전송이 일어날 수 있다는 단점이 있습니다.

5.4.3 Selective Repeat ARQ

Selective Repeat 재전송 방식은 오류가 발생한 패킷만 선택적으로 재전송하는 방법입니다.

예를 들어 그림 5.10과 같이 PC A가 0번, 1번, 2번 패킷을 PC B로 전송했다고 해봅시다. 그중 0번과 2번 패킷은 B에게 정상적으로 도착해서 각각에 대한 확인 응답(ACK)이 A로 전송됐습니다. 그러나 1번 패킷은 오류로 인해 B에게 도착하지 않았습니다.

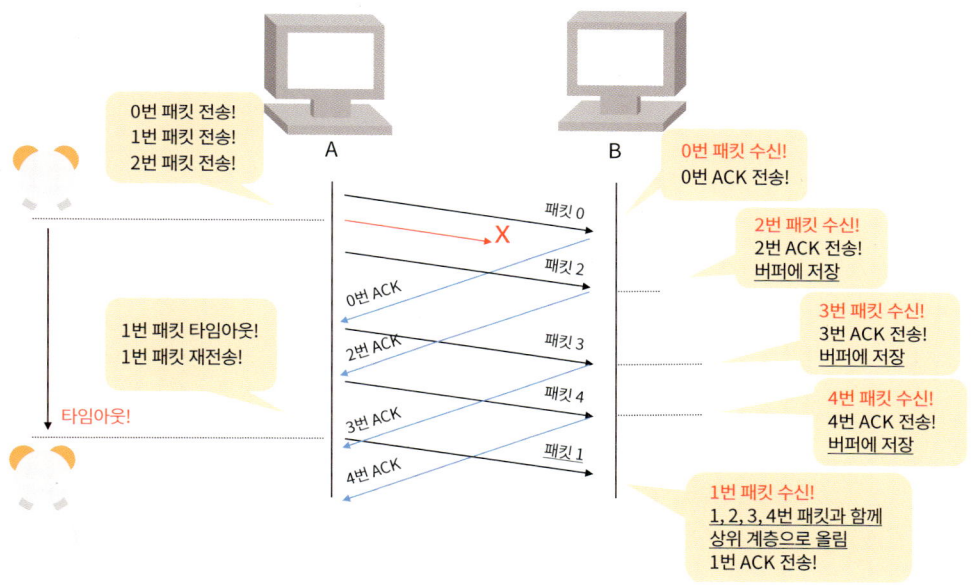

그림 5.10 Selective Repeat 재전송 방식

이 경우 PC B는 이미 도착한 2번 패킷을 버퍼에 저장하고, 도착한 패킷에 대한 확인 응답을 '선택적으로' 전송합니다. 이후 3번과 4번 패킷이 이어서 도착하면 B는 이들을 수신하고 해당하는 3번 확인 응답과 4번 확인 응답을 전송합니다. 동시에, 아직 도착하지 않은 1번 패킷에 대한 정보는 버퍼에 계속 저장해 둡니다.

1번 패킷에 대한 확인 응답을 기다리다가 타임아웃이 발생하면 A는 1번 패킷만 재전송합니다. 그러면 B는 재전송된 1번 패킷을 수신하고 1번 확인 응답을 전송하면서, 버퍼에 저장해둔 패킷 정보를 상위 계층으로 전달합니다.

즉, Selective Repeat 재전송 방식은 문제가 발생한 패킷만을 재전송하고, 도착한 패킷은 버퍼에 저장하는 방법으로 전체적인 효율을 높입니다.

이처럼 TCP는 에러 제어 방식을 통해 세그먼트의 손실, 오류, 순서 문제, 중복 등의 문제들을 처리합니다. 이를 위해 재전송 방식을 사용하며, 이러한 재전송 방식으로 Stop-and-Wait, Go-Back-N, Selective Repeat 재전송 방식이 있습니다.

5.4.4 핵심 정리

1. Stop-and-Wait 재전송 방식은 타임아웃이 발생하면 확인 응답을 받지 못한 패킷부터 기다렸다가 재전송하는 방식입니다.
2. Go-Back-N 재전송 방식은 타임아웃이 발생하면 확인 응답을 받지 못한 패킷부터 그 이후의 모든 패킷을 다시 재전송하는 방식입니다.
3. Selective Repeat 재전송 방식은 확인 응답을 받지 못한 패킷부터 선택적으로 재전송하는 방식입니다.

【연습 문제】

1. TCP 에러 제어에 사용되는 자동 재전송 요청(ARQ) 방식 중 선택적으로 패킷을 재전송하는 방식은 무엇인가요?
2. TCP 통신에서 패킷 손실에 대응하는 과정에서 흔히 발생하는 타임아웃은 무엇을 의미하나요?

연습문제 해답

1. Selective Repeat ARQ
2. 패킷을 재전송하도록 설정된 타이머가 만료된 상태를 의미합니다.

5.5 데이터의 균형을 잡자: TCP 흐름 제어

한 서버가 사용자의 컴퓨터에 큰 데이터 파일을 전송하려고 합니다. 이때 서버의 처리 능력이 사용자의 컴퓨터보다 훨씬 뛰어나다고 가정해보겠습니다. 그런데 서버의 전송 속도가 사용자의 컴퓨터가 처리할 수 있는 속도를 넘어서면 사용자의 컴퓨터는 감당할 수 없는 만큼의 데이터를 받아 임시 저장 공간이 가득 차고, 이로 인해 데이터 패킷이 손실될 수 있습니다. 이렇게 되면 서버는 동일한 데이터를 다시 보내야 하므로 효율이 떨어집니다.

이때 **TCP 흐름 제어**가 필요합니다. TCP 흐름 제어는 송신 측과 수신 측 사이에서 데이터의 흐름을 제어하는 역할을 합니다. 송신 측은 수신 측이 얼마나 많은 데이터를 처리할 수 있는지 파악해 이에 맞춰 데이터를 전송할 수 있습니다. 이렇게 하면 수신 측의 임시 저장 공간이 넘치는 것을 막고 데이터 손실을 최소화할 수 있습니다.

이처럼 네트워크 환경에서 송수신 측의 처리 능력 차이로 인한 데이터 손실이나 지연 문제를 해결하는 것이 TCP 흐름 제어입니다.

5.5.1 흐름 제어의 비밀: 슬라이딩 윈도우

TCP 통신에서는 송수신 측의 처리 능력 차이로 인해 데이터 전송 중 데이터가 유실될 수 있습니다. 이를 막기 위한 기술이 **흐름 제어**(flow control)이며, 대표적인 기법으로 **슬라이딩 윈도우**(sliding window)와 **윈도우 광고**(window advertisement) 기법이 있습니다.

슬라이딩 윈도우 기법은 송신 측에서 수신 확인 패킷을 받으면 전송 범위를 옮겨가면서 데이터를 연속적으로 전송하는 방식입니다. 반면 윈도우 광고 기법은 수신 측이 현재 수신 가능한 데이터의 양을 송신 측에 알려주는 방식으로 송신 속도를 조절합니다. 이 과정에서 주요 개념인 **송신 윈도우**(sending window)와 **수신 윈도우**(receiver window; rwnd)라는 개념을 이용하게 됩니다.

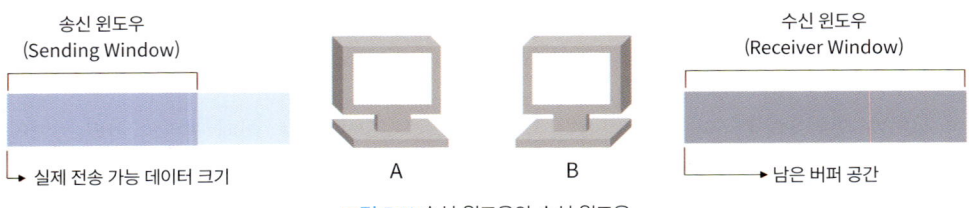

그림 5.11 송신 윈도우와 수신 윈도우

송신 윈도우는 송신 측이 실제로 보낼 수 있는 데이터의 양을 나타냅니다. 이 크기는 수신 윈도우와 네트워크 혼잡도를 반영한 송신 데이터 제한 값 중 더 작은 값에 따라 결정됩니다.

수신 윈도우는 수신 측이 한 번에 받을 수 있는 데이터 양을 나타냅니다. 이 크기는 수신 측의 임시 저장 공간인 버퍼(buffer)의 상태와 처리 능력에 따라 결정되고, 확인 응답 패킷을 통해 송신 측에 전달됩니다. 이를 통해 송신 측은 수신 측 처리 능력을 고려해 데이터를 전송합니다.

슬라이딩 윈도우 기법은 송신 측에서 수신 측으로 윈도우의 범위를 옮겨가면서 데이터를 전송하는 방식입니다. 윈도우 내 프레임은 아직 수신 확인이 되지 않은 상태로, 수신 측의 확인 응답을 기다리는 동안 송신 측에서 보관됩니다. 이를 통해 데이터가 유실됐을 때 재전송할 수 있습니다. 수신 측은 윈도우 광고 기법으로 현재 자신이 받을 수 있는 데이터 양을 알려주고, 송신 측은 이를 바탕으로 데이터 전송 속도를 조절합니다.

또한 수신 측은 받은 패킷을 순차적으로 정렬하기 위해 윈도우를 사용해 데이터를 일시적으로 저장합니다. 이를 통해 데이터 순서를 유지하면서 데이터를 수신할 수 있게 됩니다. 송신 측과 수신 측 모두 혼잡 윈도우와 수신 윈도우를 갖고 있지만 주로 송신 측의 동작을 설명할 때는 혼잡 윈도우를 통해 설명하고 수신 측의 동작을 설명할 때는 수신 윈도우를 언급합니다.

5.5.2 TCP 흐름 제어의 동작 과정

이번 절에서는 슬라이딩 윈도우 기법을 사용하는 TCP 흐름 제어의 동작 과정을 살펴보겠습니다. 이번에 소개할 예제에서는 수신자 B의 수신 윈도우 크기를 250으로 가정하겠습니다. B는 송신자 A에게 자신의 수신 윈도우 크기를 알려주고, A는 B의 수신 윈도우 크기가 250임을 알게 됩니다.

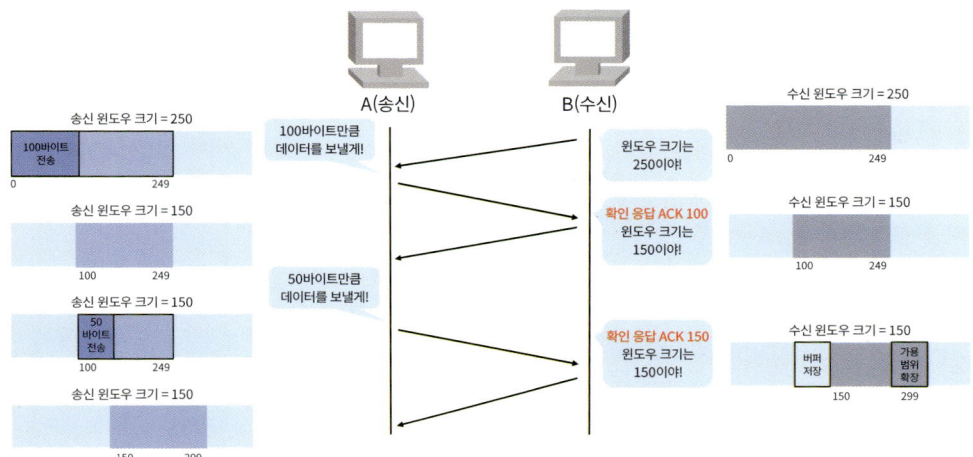

그림 5.12 TCP 흐름 제어의 동작 방식

이제 A는 B에게 데이터를 전송합니다. A의 송신 윈도우 크기도 250이고 이는 A의 네트워크 상태를 반영한 송신 데이터 제한 값과 B의 수신 윈도우 크기 중 더 작은 값에 의해 결정됩니다. 그중 100바이트의 데이터를 B에게 전송하려고 합니다.

B는 100바이트의 데이터를 정상적으로 수신하고, 이를 알리기 위해 ACK=100으로 확인 응답을 보냅니다. 또 자신의 수신 버퍼 상태를 바탕으로 남은 수신 윈도우 크기를 계산해 윈도우 크기가 150임을 A에게 알립니다. A는 이를 바탕으로 송신 가능한 데이터를 계산하게 됩니다.

A는 다시 B에게 데이터를 전송합니다. 현재 A의 송신 윈도우 크기는 150이고, 그중 50바이트의 데이터를 B에게 전송합니다. B는 50바이트의 데이터를 수신해 버퍼에 저장하고, 동시에 응용 프로그램이 50바이트의 데이터를 처리해 사용 가능한 상태가 됩니다. 이때 B의 수신 윈도우 크기는 다시 150으로 유지됩니다.

B는 다시 확인 응답 ACK=150을 전송하면서 자신의 윈도우 크기가 150임을 알립니다. A는 이 확인 응답과 B의 윈도우 크기 정보를 바탕으로 자신의 윈도우 크기를 조정합니다.

이처럼 TCP 흐름 제어는 상대방에게 윈도우 크기를 알리고, 이를 조정해 데이터의 유실을 방지하는 것이 핵심입니다.

5.5.3 핵심 정리

- TCP 흐름 제어는 송신 측과 수신 측의 데이터 처리 능력 차이로 인한 데이터 유실을 방지하는 기법입니다.
- TCP 흐름 제어는 슬라이딩 윈도우 기법과 윈도우 광고 기법으로 상대방에게 윈도우 크기를 전달합니다.

【연습 문제】

1. 슬라이딩 윈도우 기법에서 윈도우가 '슬라이딩'하는 이유는 무엇인가요?

연습문제 해답

1. 확인 응답을 받은 패킷은 윈도우에서 제거하고, 새로운 패킷을 추가해 데이터의 전송과 확인을 가능하게 하기 위해서입니다.

5.6 데이터 교통 정리를 하자: TCP 혼잡 제어

네트워크 통신에서는 데이터 증가나 갑작스러운 네트워크 부하로 라이브 스트리밍에서 서버가 과부하되는 등의 혼잡 상황이 발생할 수 있습니다. 이때 TCP는 무분별한 데이터 전송으로 인한 혼잡을 방지하고, 발생한 혼잡을 해결하기 위해 **혼잡 제어**를 수행합니다. 혼잡이 발생하면 패킷이 유실되거나 지연이 급증해 성능 저하를 일으킬 수 있으므로 이를 효과적으로 관리하는 것이 중요합니다.

TCP 혼잡 제어는 여러 알고리즘으로 동작합니다. 혼잡이 예상되는 초기 상태에서는 **느린 시작(slow start)**과 **가산 증가(additive increase)** 방식을 사용합니다. 느린 시작 단계는 전송 초기에 혼잡 윈도우 크기를 빠르게 증가시켜 대역폭을 빠르게 활용하는 것이 목표입니다. 이후 가산 증가 단계에서는 혼잡 윈도우 크기를 점진적으로 증가시켜 네트워크 혼잡을 예방하려 합니다.

그러나 혼잡이 발생하면 **배수식 감소(multiplicative decrease)** 방식이 적용됩니다. 이는 혼잡 상황이 감지되면 혼잡 윈도우 크기를 곱셈적으로 줄여 네트워크의 과부하를 완화하는 것을 목표로 합니다. 이 방식으로 혼잡 상황을 빠르게 해소한 후, 다시 점진적으로 데이터 전송을 늘리는 방식으로 네트워크를 안정화합니다.

이처럼 TCP 혼잡 제어는 데이터 전송을 안정적으로 하기 위해 혼잡을 미리 방지하고, 발생한 혼잡에 대응해 네트워크의 성능을 최적화하는 중요한 기능입니다.

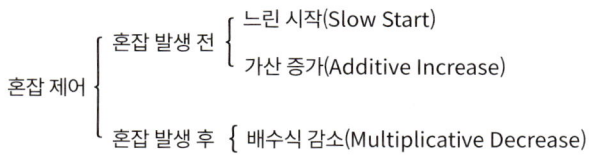

그림 5.13 혼잡 발생 전과 혼잡 발생 후의 혼잡 제어 방식

5.6.1 혼잡을 피하는 전략

그런데 TCP는 어떻게 혼잡 상황을 인지할까요? TCP가 혼잡 상황을 인지하는 시점은 데이터 송신 후 일정 시간 동안 응답이 없어 재전송이 필요할 때, 또는 중복된 확인 응답을 세 번 이상 받았을 때입니다. 이를 통해 TCP는 혼잡 상황을 감지하고 적절히 대응합니다.

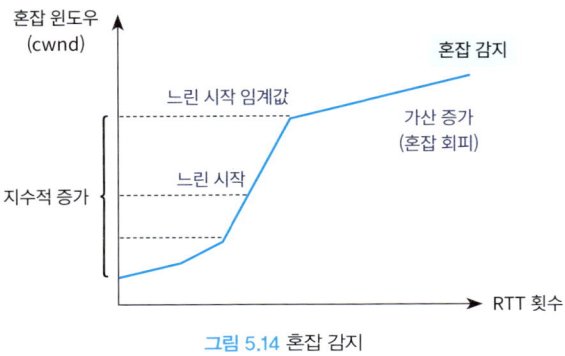

그림 5.14 혼잡 감지

TCP가 혼잡 상황을 감지했을 때 그 반응은 여러 단계로 이뤄집니다. 먼저 TCP는 느린 시작 단계에서 데이터 세그먼트를 하나씩 전송합니다. 이때 혼잡 윈도우 값은 1부터 시작해 지수적으로 증가하고, 데이터 세그먼트를 일정 임계값까지 전송합니다.

이 임계값을 **느린 시작 임계값(slow start threshold; ssthresh)**이라고 부르는데, 혼잡 윈도우가 이 임계값에 도달하면 TCP는 가산 증가 방식을 적용해 혼잡 윈도우를 하나씩 점진적으로 증가시키며 혼잡을 회피하려 합니다.

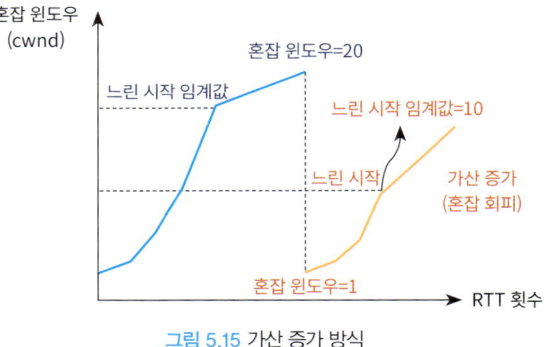

그림 5.15 가산 증가 방식

그러나 혼잡 상황이 계속 발생하면 TCP는 배수식 감소 방식을 사용해 이를 해결합니다. 이 경우 혼잡이 감지되면 혼잡 윈도우 크기를 1로 재설정하고, 느린 시작 임계값을 기존 값의 절반으로 줄여 데이터 전송량을 크게 감소시킵니다. 이렇게 줄인 후에는 다시 느린 시작과 가산 증가 방식을 적용해 데이터 전송을 이어갑니다.

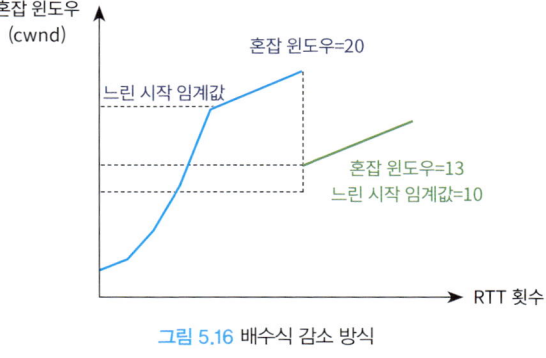

그림 5.16 배수식 감소 방식

또한 3개 이상의 중복된 확인 응답을 수신한 경우도 혼잡으로 감지됩니다. 이때 배수식 감소 방식으로 인해 느린 시작 임계값이 절반으로 줄고, 혼잡 윈도우 크기는 느린 시작 임계값에 3 세그먼트를 더한 값으로 재설정됩니다. 이는 TCP의 빠른 복구 때문이고, 이후 가산 증가 기법으로 혼잡 회피를 합니다.

5.6.2 핵심 정리

- TCP 혼잡 제어는 네트워크 내의 데이터를 조절함으로써 너무 많은 데이터가 전달되어 혼잡이 발생하는 현상을 방지하는 기술입니다.
- 혼잡 발생 전에는 느린 시작과 가산 증가 방식으로 혼잡 회피를 하며, 혼잡이 발생한 후에는 배수식 감소 방식을 사용합니다.

【연습 문제】

1. TCP 혼잡 제어를 시작하는 초기 단계의 이름은 무엇인가요?
2. TCP에서 혼잡 상황이 감지됐을 때 취하는 혼잡 윈도우 크기 조정 방식은 무엇인가요?
3. TCP 혼잡 제어에서 데이터 전송량을 급격히 줄이는 데 사용하는 임계값의 이름은 무엇인가요?

연습문제 해답
1. 느린 시작 단계
2. 배수식 감소 방식
3. 느린 시작 임계값

5.7 애플리케이션의 출입구: 포트 번호

서버는 여러 클라이언트와 동시에 통신하며, 각 클라이언트로부터 들어오는 데이터를 처리해야 합니다. 이때 서버로 들어오는 데이터가 어느 클라이언트의 요청인지, 어느 애플리케이션에 해당하는 요청인지 구분할 방법이 없다면 어떻게 될까요? 모든 데이터가 일괄적으로 처리되어 통신이 혼란스러워질 것입니다.

또 서버에서 클라이언트로 데이터를 돌려보낼 때도 문제가 발생합니다. 서버가 어떤 클라이언트에게 어떤 데이터를 보내야 할지 구분하지 못하면 정확한 서비스를 제공하는 데 방해가 됩니다.

이 문제를 해결하는 것이 바로 **포트 번호**입니다. 포트 번호는 애플리케이션의 주소 역할을 하며, IP 주소와 함께 사용되어 특정 네트워크에서 특정 애플리케이션을 정확하게 지정할 수 있습니다. 서버는 포트 번호를 통해 들어오는 데이터가 어떤 애플리케이션의 요청인지 파악하고, 이를 알맞게 처리합니다. 또한 클라이언트에게 데이터를 보낼 때도 포트 번호를 통해 정확히 전달할 수 있습니다.

5.7.1 더 자세히 보는 포트 번호

포트 번호는 IT에서 자주 사용되는 용어입니다. 지금까지 배운 전송 계층의 주요 기능은 연결 확립, 데이터 재전송, 그리고 버퍼를 통한 흐름 제어였습니다. 하지만 이 외에도 전송 계층에는 중요한 역할이 있습니다. 그것은 바로 '어떤 애플리케이션으로 데이터를 보낼지'를 구분하는 것입니다.

포트 번호는 데이터의 목적지 애플리케이션을 구분하는 역할을 합니다. 네트워크 계층에서는 상대방의 IP 주소를 사용해 데이터를 전송했습니다. 이와 비슷하게 전송 계층의 포트 번호는 데이터를 어떤 애플리케이션으로 보낼지 결정하는 데 사용됩니다. 이것이 바로 포트 번호의 역할입니다.

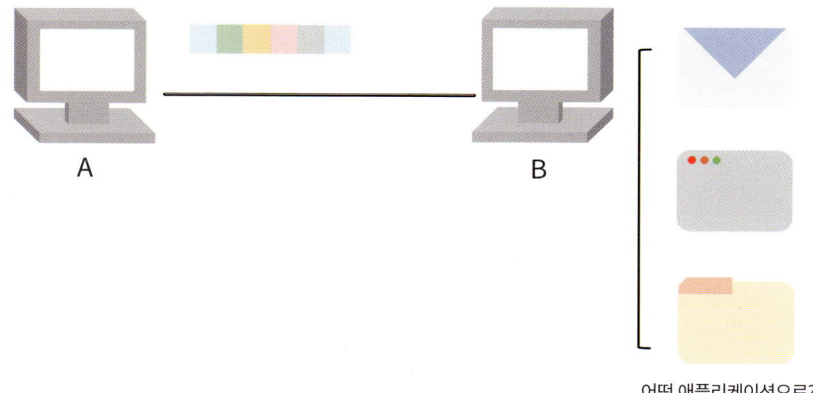

그림 5.17 애플리케이션에 데이터를 전송하는 데 필요한 포트 번호

앞서 IP 헤더에서 목적지 IP 주소와 출발지 IP 주소 필드가 있다는 것을 배웠고, 'TCP 세그먼트와 TCP 헤더' 절에서 TCP 헤더에 대해 살펴봤습니다. TCP 헤더의 맨 위에는 출발지 포트 번호와 목적지 포트 번호가 있습니다. IP 헤더에서 출발지와 목적지 IP 주소를 사용해 데이터의 경로를 정의하는 것처럼 TCP 헤더에서는 포트 번호를 통해 데이터가 도달해야 할 애플리케이션을 정의합니다.

포트 번호가 있으면 특정 애플리케이션으로 세그먼트를 보낼 수 있어 네트워크 상에서 다양한 애플리케이션 간 데이터 통신이 가능해집니다. 쉽게 말해, 포트 번호는 애플리케이션의 주소와 같다고 할 수 있습니다. 따라서 TCP 헤더의 출발지와 목적지 포트 번호는 데이터 통신을 더욱 세밀하게 제어하는 역할을 합니다.

5.7.2 이것만은 꼭 알아둬, Well-Known 포트

Well-Known 포트는 국제 인터넷 주소 관리 기구(Internet Assigned Numbers Authority; IANA)에서 지정한 0부터 1023까지의 포트 번호를 의미합니다. 주로 서버에서 사용되고, 각종 IT 자격증 시험은 물론 실무에서도 자주 등장하므로 이러한 번호를 숙지하는 것이 좋습니다.

표 5.1 자주 사용되는 Well-Known 포트

애플리케이션	포트 번호	설명
FTP	20, 21	파일 전송
SSH	22	원격 시스템 접속과 보안 통신
TELNET	23	원격지 호스트 연결
SMTP	25	메일 전송
DNS	53	도메인 네임 서비스
HTTP	80	웹 서비스
POP3	110	메일 수신
IMAP	143	메일 수신
HTTPS	443	웹 서비스(보안 강화)

5.7.3 핵심 정리

- 포트 번호는 데이터의 목적지가 어떤 애플리케이션인지 구분하는 번호입니다.
- 자주 사용되는 포트 번호로는 SSH(22), TELNET(23), SMTP(25), DNS(53), HTTP(80), POP3(110), IMAP(143), HTTPS(443) 등이 있습니다.

【연습 문제】

1. 포트 번호의 주요 기능은 무엇인가요?
2. HTTPS 서비스를 위한 Well-Known 포트 번호는 무엇인가요?
3. Well-Known 포트 번호의 범위는 어떻게 되나요?

연습문제 해답

1. 네트워크 통신에서 데이터가 전송돼야 할 애플리케이션을 구분하는 역할을 합니다.
2. 443번
3. 0~1023번

5.8 빠르고 자유로운 프로토콜, UDP

앞서 TCP는 연결을 설정하고 종료하는 과정을 따로 거쳤습니다. 그렇다면 이와 반대로 '빠른 전송'에 초점을 둔 프로토콜도 있을까요? 모든 데이터 전송이 꼭 여러 연결 절차를 거칠 필요는 없을지도 모릅니다.

일부 상황에서는 데이터를 실시간으로 보내야 할 때가 있습니다. 예를 들어, 스트리밍 비디오나 온라인 게임 같은 경우가 그렇습니다. 이런 경우 빠른 전송 속도가 중요하고, 약간의 패킷 손실이 발생하더라도 전체적인 품질에 큰 영향을 미치지 않습니다.

이런 상황에서 TCP를 사용하는 것은 적합하지 않을 수 있습니다. TCP는 신뢰성 있는 데이터 전송을 위해 패킷이 손실되면 재전송을 요청하는데, 이는 데이터의 정확성을 보장하지만 재전송으로 인해 전송 시간이 길어져 실시간으로 데이터를 보내야 하는 상황에서는 적합하지 않습니다.

이때 사용되는 프로토콜이 바로 **UDP(User Datagram Protocol)**입니다. UDP는 연결을 설정하거나 데이터 도착을 확인하지 않는다는 점에서 TCP와 다릅니다. 이로 인해 UDP는 전송 속도가 빠르지만 패킷의 도착 순서나 손실에 대한 보장은 없습니다. 그러나 실시간성이 중요한 서비스에서는 오히려 UDP의 특성이 유리할 수 있습니다. 몇 개의 패킷이 손실되더라도 전체 서비스 품질에 큰 영향을 미치지 않는다면 UDP를 사용해 빠른 데이터 전송을 보장하는 것이 더 효과적입니다.

5.8.1 더 자세히 보는 UDP의 특징

이전에는 TCP의 신뢰성과 정확한 데이터 전송에 대해 강조했지만 이번에는 효율성과 속도에 중점을 둔 프로토콜인 UDP 초점을 맞춥니다. TCP는 연결을 확립하는 절차가 있지만 UDP는 비연결형 통신을 지향해 데이터 전송 속도가 빠르다는 장점이 있습니다. 이러한 특성 때문에 UDP는 실시간 동영상 스트리밍처럼 빠른 속도가 요구되는 환경에서 활용됩니다.

또한 UDP의 중요한 특성 중 하나는 각 데이터그램이 독립적으로 전송된다는 점입니다. 이는 데이터그램 간 순서가 보장되지 않고, 전송된 순서대로 도착한다는 보장이 없다는 뜻입니다. 따라서 데이터의 전송 순서가 중요하지 않은 경우 UDP를 사용하곤 합니다. 이 특성은 실시간 애플리케이션에서 특히 유용하게 활용됩니다.

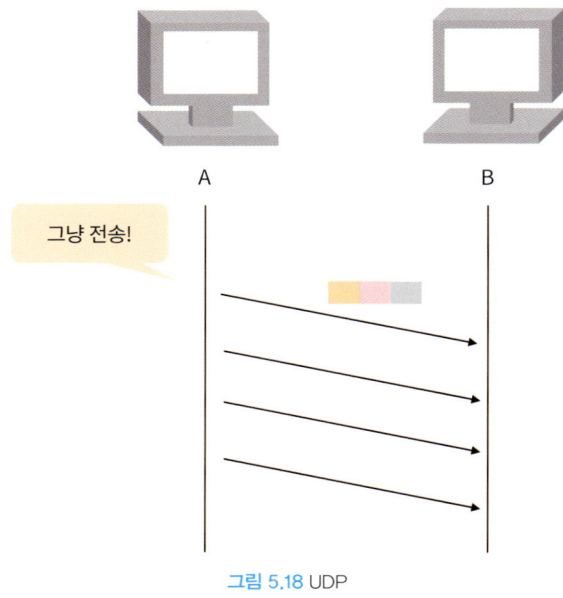

그림 5.18 UDP

5.8.2 UDP 데이터그램과 UDP 헤더

UDP 헤더가 데이터에 부착되면 이를 'UDP 데이터그램'이라고 합니다. TCP 헤더보다 간결한 UDP 헤더는 출발지 포트 번호, 목적지 포트 번호, 길이, 체크섬으로 네 가지 주요 요소로 구성됩니다. 이 요소들을 통해 데이터그램은 특정 애플리케이션으로 전송됩니다.

각 요소를 간단히 설명하자면, **출발지 포트 번호**는 데이터그램을 전송하는 애플리케이션의 포트 번호를, **목적지 포트 번호**는 데이터그램이 도달할 애플리케이션의 포트 번호를 나타냅니다. **길이** 영역은 헤더와 데이터를 합친 데이터그램의 전체 크기를 의미하고, 마지막으로 **체크섬**은 데이터그램의 오류 검출 정보를 담고 있습니다. 이렇게 UDP는 효율적이고 간결한 통신을 가능하게 합니다.

그림 5.19 UDP 데이터그램과 UDP 헤더

5.8.3 브로드캐스트 방식에 적합한 UDP

TCP 프로토콜은 데이터를 송신하기 위해 3방향 핸드셰이크로 연결을 확립하고, 4방향 핸드셰이크로 연결을 종료합니다. 하지만 UDP 프로토콜은 이런 절차가 없습니다. UDP는 데이터를 단방향으로 일괄 전송합니다. 즉, TCP가 연결을 확립하고 종료하는 절차를 거치는 반면, UDP는 그런 절차 없이 바로 데이터를 전송합니다.

이런 UDP의 특성 덕분에 같은 지역 네트워크(LAN)에 있는 모든 컴퓨터로 데이터를 일괄 전송할 수 있습니다. 따라서 UDP는 브로드캐스트 통신 방식에 매우 적합합니다. 반면, TCP는 연결을 확립하고 종료하는 과정이 필요해 데이터를 일괄적으로 보내는 브로드캐스트 방식에는 비효율적입니다.

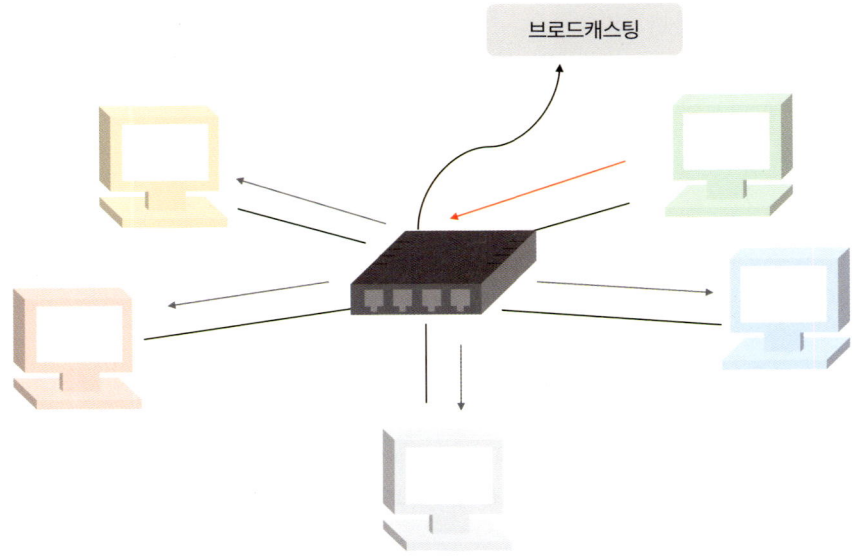

그림 5.20 브로드캐스트 전송 방식에 적합한 UDP

5.8.4 핵심 정리

- UDP는 효율적이고 비연결형 통신에 적합한 프로토콜입니다.
- UDP는 TCP와 달리 연결을 확립하는 절차를 거치지 않습니다.
- UDP는 이러한 특성으로 인해 브로드캐스팅 전송에 적합합니다.

【연습 문제】

1. TCP와 UDP 중 실시간 동영상 스트리밍에 더 적합한 프로토콜은 무엇인가요?
2. TCP와 UDP 중 어느 프로토콜이 신뢰성 있는 데이터 전송을 위한 패킷 재전송 요청 기능을 포함하고 있나요?
3. UDP가 실시간 비디오 스트리밍이나 온라인 게임과 같은 애플리케이션에 적합한 이유를 설명하세요.

연습문제 해답

1. UDP
2. TCP
3. UDP는 비연결형 프로토콜로, 데이터 전송 속도가 매우 빠르며, 온라인 게임이나 비디오 스트리밍에서 일부 패킷이 손실되더라도 전체 서비스 품질에 큰 영향을 미치지 않기 때문입니다.

5.9 보안의 수호자: SSL/TLS

1990년대 초 인터넷이 빠르게 성장하면서 온라인 상거래 등에서 민감한 데이터를 다룰 때 보안의 중요성이 커졌습니다. 예를 들어, 통신 중 중요한 비밀번호나 신용카드 번호가 '도청' 또는 '도용'될 위험이 있었고, 이를 방지하고 중요한 데이터를 안전하게 전송할 수 있게 암호화된 통신 방법을 제공하는 프로토콜의 개발이 필요해졌습니다.

1994년, 넷스케이프는 민감한 데이터를 안전하게 전송하기 위해 보안 소켓 계층(Secure Sockets Layer, SSL)을 개발했습니다. SSL은 1.0, 2.0, 3.0 등 버전이 계속해서 발전했습니다. 초기 버전인 SSL 1.0은 내부적으로만 사용됐지만, 1995년에 SSL 2.0이 공개되어 널리 사용되기 시작했습니다. 그러나 SSL 2.0은 여러 가지 심각한 보안 취약점이 발견됐습니다. 그중 대표적인 예가 **중간자 공격(Man In The Middle Attack; MITM)**입니다. MITM은 모든 메시지가 동일한 키로 암호화되어 해커가 하나의 메시지를 해독하면 다른 메시지도 해독할 수 있다는 위험이 있었습니다. 즉, SSL 2.0은 보안성이 완전하지 않았습니다. 이러한 문제를 개선한 SSL 3.0이 1996년에 도입됐습니다.

SSL 3.0의 취약점을 해결하고, 보안을 강화하기 위해 IETF는 SSL 3.0을 기반으로 TLS(Transport Layer Security) 1.0을 1999년에 표준화했습니다. TLS는 SSL 3.0과 호환되며 여러 보안 기능이 강화된 보안 프로토콜입니다.

SSL이 여러 버전을 통해 업그레이드됐듯이 TLS도 여러 버전으로 업그레이드됐는데, TLS 1.1, TLS 1.2, TLS 1.3이 순차적으로 개발됐습니다. 각 버전은 이전 버전의 보안 취약점을 보완하고 성능을 향상시켰고, 결과적으로 TLS는 현재 인터넷 보안의 핵심적인 프로토콜로 자리 잡았습니다.

표 5.2 SSL과 TLS의 버전과 출시연도

프로토콜	버전	출시 연도
SSL	1.0	1995
SSL	2.0	1996
SSL	3.0	1999

프로토콜	버전	출시 연도
TLS	1.1	2006
TLS	1.2	2008
TLS	1.3	2018

정리하자면, SSL은 인터넷에서 통신을 암호화하고, 보안을 제공하고, 인증을 하는 프로토콜입니다. SSL은 여러 버전으로 업그레이드되면서 TLS로 대체됐지만 여전히 SSL이라는 용어는 널리 사용됩니다.

5.9.1 암호화 시너지를 내자, 비대칭 키와 대칭 키

SSL/TLS의 암호화 방식은 크게 **비대칭 키 암호화 방식**과 **대칭 키 암호화 방식**으로 나뉩니다. 비대칭 키 암호화 방식은 두 개의 서로 다른 키를 사용하고, 대칭 키 암호화 방식은 하나의 동일한 키를 사용한다는 차이가 있습니다.

SSL/TLS에서는 핸드셰이크(handshake) 과정을 거치고, 비대칭 키 암호화 방식은 주로 초기 연결 설정인 핸드셰이크 과정에서 사용되는 방식입니다. 그리고 핸드셰이크 과정이 완료된 후 데이터를 전송할 때는 대칭 키 암호화를 사용합니다.

그럼 순서대로 SSL/TLS의 비대칭 키 암호화 방식을 자세히 살펴볼까요?

그림 5.21 비대칭 키 방식과 대칭 키 방식의 비교

비대칭 키 암호화 방식은 두 개의 다른 키를 사용하는데, 이 두 키는 **공개 키(public key)**와 **개인 키(private key)**입니다. 그렇다면 공개 키와 개인 키의 역할은 어떻게 다를까요? 공개 키는 이름 그대로 누구나 접근할 수 있으며, 서버의 인증서에 포함되어 클라이언트에게 제공됩니다. 클라이언트는 이 공개 키를 사용해 서버로 보내는 데이터를 암호화합니다. 반대로 개인 키는 서버에만 존재하며, 공개 키로 암호화된 데이터를 복호화할 수 있는 유일한 키입니다. 즉, 클라이언트가 보낸 암호화된 데이터를 안전하게 복호화해서 수신할 수 있습니다.

SSL/TLS 핸드셰이크 과정에서 클라이언트는 서버의 공개 키로 난수를 암호화해 서버로 전송합니다. 서버는 자신의 개인 키로 이를 복호화해서 대칭 키를 생성합니다.

핸드셰이크 과정에서의 비대칭 키 암호화 방식에 대해 살펴봤으니 핸드셰이크 후 데이터 전송 중의 대칭 키 암호화 방식에 대해 살펴보겠습니다. **대칭 키 암호화 방식**은 하나의 동일한 키로 데이터를 암호화하고 복호화하는 방식으로, 실제 데이터 전송에서 주로 사용됩니다.

대칭 키 암호화 방식에서 사용되는 **대칭 키**(session key)는 클라이언트와 서버가 공유하는 동일한 키로, 데이터의 암호화 및 복호화에 사용됩니다. 핸드셰이크가 완료된 후, 클라이언트와 서버는 이 키를 사용해 모든 통신 데이터를 암호화하고 복호화합니다.

5.9.2 SSL/TLS의 악수, 핸드셰이크

SSL/TLS 핸드셰이크 과정은 클라이언트와 서버가 서로의 신원을 확인하고 암호화 매개변수를 교환하는 절차입니다. 이 과정이 필요한 이유는 클라이언트와 서버 간 상호 인증을 통해 세션 키를 교환하고, 이를 통해 기밀성을 유지하면서 보안을 강화할 수 있기 때문입니다.

SSL/TLS 핸드셰이크 과정에서 서버는 클라이언트에게 디지털 인증서를 제공하고, 이 인증서를 **인증 기관**(Certificate Authority; CA)을 통해 확인합니다. 이를 통해 클라이언트는 서버의 신원을 확인할 수 있습니다. 인증 기관을 거친 디지털 인증서와 **메시지 인증 코드**(Message Authentication Code; MAC)는 중요한 역할을 합니다. 자세한 내용은 SSL/TLS 핸드셰이크 과정을 통해 자세히 알아보겠습니다.

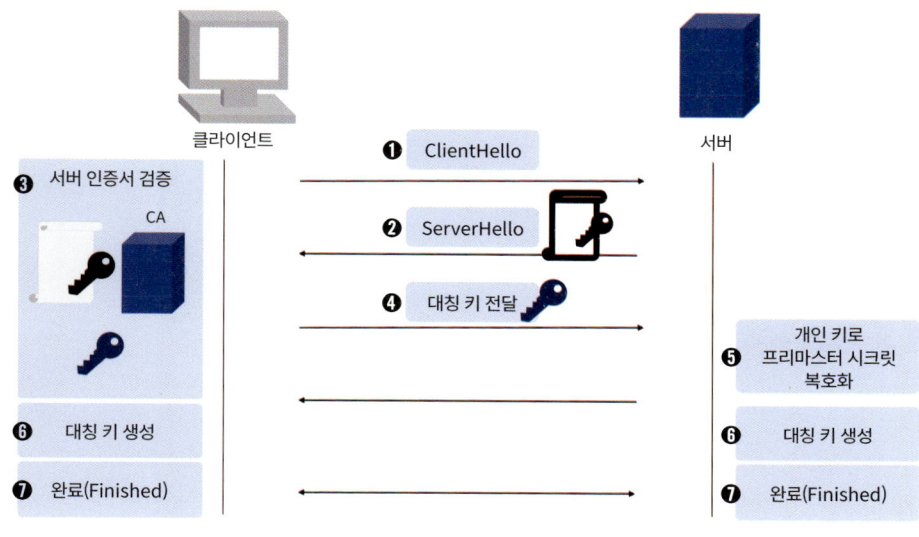

그림 5.22 SSL/TLS 핸드셰이크

SSL/TLS의 핸드셰이크 과정을 알아보겠습니다.

❶ **ClientHello** 단계: 클라이언트는 서버에 헬로 메시지를 보내 브라우저가 지원하는 TLS 버전, 암호화 알고리즘 세트, 임의의 데이터를 전달합니다.

❷ **ServerHello** 단계: 서버는 클라이언트의 메시지를 받고, 사용할 암호화 알고리즘과 TLS 버전을 선택해서 ServerHello 메시지로 응답합니다. 이때 서버는 공개 키와 함께 자신의 디지털 인증서를 클라이언트에게 보냅니다. 이 인증서에는 서버의 신원을 증명하는 정보가 포함돼 있어 클라이언트가 서버의 신원을 검증할 수 있게 합니다.

❸ **서버 인증서 검증** 단계: 클라이언트는 서버가 보낸 디지털 인증서를 확인하고, 서버의 인증서가 신뢰할 수 있는 **인증 기관(Certificate Authority; CA)**에서 서명된 것인지 검증합니다.

❹ **대칭 키 전달** 단계: 클라이언트는 서버의 공개 키를 사용해 생성한 **프리마스터 시크릿**을 암호화해서 서버로 전송합니다. 프리마스터 시크릿은 클라이언트와 서버가 대칭 키를 생성하기 위해 공유하는 비밀 값으로, 대칭 키 생성에 중요한 역할을 합니다.

❺ 서버는 개인 키를 사용해서 클라이언트가 보낸 프리마스터 시크릿을 복호화합니다.

❻ 클라이언트와 서버는 프리마스터 시크릿을 바탕으로 동일한 대칭 키를 생성합니다. 이 대칭 키는 이후의 통신을 암호화하는 데 사용되며, 클라이언트와 서버는 암호화된 통신을 시작하기 위해 **변경 암호 사양(Change Cipher Spec)** 메시지를 교환합니다.

❼ 마지막으로 클라이언트와 서버는 **완료(Finished)** 메시지를 교환해서 핸드셰이크가 완료됐음을 서로 확인합니다.

5.9.3 핵심 정리

- SSL은 넷스케이프가 1994년에 개발한 보안 프로토콜로, 민감한 데이터를 안전하게 전송하기 위해 설계됐으며, OSI 모델의 전송 계층과 응용 계층 사이에 위치합니다.
- TLS는 SSL 3.0을 기반으로 표준화된 프로토콜로, SSL과 호환되면서도 강화된 보안의 기능을 제공합니다.
- 비대칭 키 암호화는 공개 키와 개인 키라는 두 개의 다른 키를 사용해 데이터를 암호화하고 복호화하는 방식입니다.
- 대칭 키 암호화는 하나의 동일한 키를 사용해 데이터를 암호화하고 복호화하는 방식입니다.
- 디지털 인증서는 서버가 클라이언트에 제공하는 인증서로, 클라이언트가 CA를 통해 서버의 신원을 검증할 수 있게 해주는 중요한 정보입니다.
- 메시지 인증 코드는 데이터의 무결성을 확인하기 위해 SSL/TLS 핸드셰이크 과정에서 사용되는 코드입니다.

【연습 문제】

1. 넷스케이프가 1994년에 개발한 프로토콜은 무엇인가요?
2. SSL은 OSI 모델에서 어느 계층과 어느 계층 사이에 위치하나요?
3. SSL 2.0의 대표적인 보안 취약점은 무엇인가요?
4. SSL/TLS에서 비대칭 키 암호화 방식에서 사용되는 두 개의 키는 무엇인가요?
5. 디지털 인증서를 통해 서버의 신원을 검증하는 인증 기관은 무엇인가요?

연습문제 해답

1. SSL
2. 전송 계층과 응용 계층 사이
3. 중간자 공격(Man In The Middle Attack; MITM)
4. 정답:공개 키(public key)와 개인 키(private key)
5. 인증 기관(Certificate Authority; CA)

06

응용 계층

응용 계층은 OSI 7계층의 최상위에 위치하고, 다양한 서비스를 제공하기 위해 여러 프로토콜을 활용하는 계층입니다. 주요 응용 계층 프로토콜로는 **DHCP**, **DNS**, **FTP**, **SMTP**, **POP3**, **HTTP** 등이 있습니다. **DHCP**는 IP 주소 할당, **DNS**는 주소 해석, **FTP**는 파일 전송, **SMTP**는 메일 송신, **POP3**는 메일 수신, **HTTP**는 웹사이트 접속을 위해 사용됩니다.

이처럼 응용 계층은 사용자가 다양한 서비스를 편리하게 이용할 수 있도록 돕는 중요한 계층입니다. 각 서비스는 해당 프로토콜을 통해 클라이언트와 서버 간의 통신을 하고, 이를 통해 사용자는 웹사이트 접속, 주소 해석, 파일 전송, 메일 송수신 등 다양한 응용 서비스를 편리하게 이용할 수 있습니다.

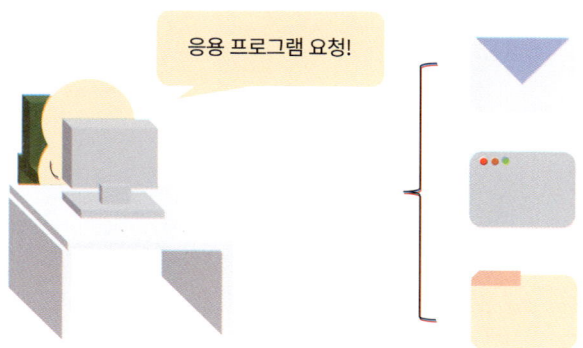

그림 6.1 응용 서비스를 편리하게 이용하는 사용자

일반적으로 사용자는 컴퓨터를 통해 다양한 서비스를 이용합니다. 예를 들어, 웹 브라우저로 웹사이트에 접속하거나, 파일을 전송하거나, 이메일을 보냅니다. 이때 사용자를 '클라이언트', 서비스 제공자를 '서버'로 가정해보겠습니다.

사용자가 웹사이트에 접속하려면 웹 서버 프로그램과, 파일을 전송하려면 FTP 서버 프로그램과, 이메일을 송신하려면 메일 서버 프로그램과 통신하게 됩니다.

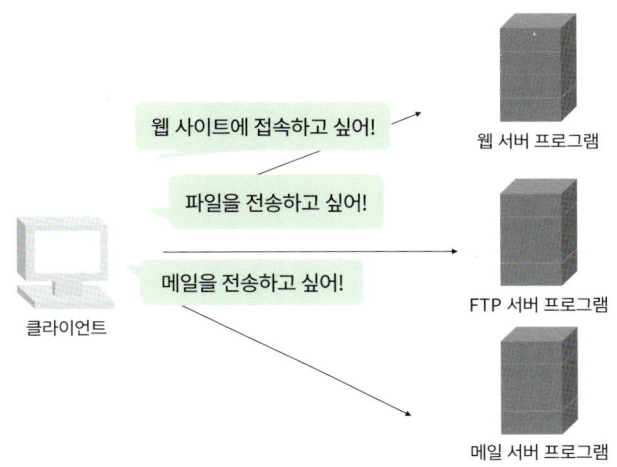

그림 6.2 다양한 애플리케이션에 접속하고 싶은 클라이언트

이때 중요한 점은 클라이언트와 서버 간의 통신이 원활하게 이뤄지기 위해서는 응용 계층의 프로토콜이 사용된다는 것입니다. 응용 계층의 프로토콜은 사용자의 요청을 서버가 이해할 수 있는 형식으로 변환해 사용자가 원하는 서비스를 이용할 수 있도록 돕습니다. 이를 통해 다양한 프로그램과 서비스가 네트워크에서 원활하게 연동될 수 있습니다.

6.1 응용 계층 개요

한 사용자가 웹사이트에 방문하고, 파일과 이메일을 전송하는 상황을 가정해보겠습니다.

그림 6.3 웹 사이트에 방문하기 위한 과정에서 사용되는 프로토콜

먼저 사용자의 컴퓨터가 네트워크에 처음 연결될 때 필요한 것이 IP 주소입니다. IP 주소는 네트워크 내에서 각 기기를 고유하게 식별하므로 올바르게 할당돼야 원활한 통신이 가능합니다. 그렇다면 이 IP 주소를 자동으로 어떻게 할당받을 수 있을까요? 이 역할을 하는 것이 바로 **동적 호스트 구성 프로토콜(Dynamic Host Configuration Protocol; DHCP)**입니다. DHCP는 기기에 동적 IP 주소를 할당해 네트워크 관리를 간소화하고 IP 충돌을 방지합니다.

DHCP를 통해 IP 주소를 할당받고 인터넷에 연결됐으니, 이제 'wikibook.co.kr'이라는 웹 사이트를 방문해보겠습니다. 그런데 사용자가 알고 있는 도메인 이름을 컴퓨터가 어떻게 인식할 수 있을까요? 이때 **도메인 이름 시스템(Domain Name System; DNS)**이 사용됩니다. DNS는 'wikibook.co.kr' 같은 도메인 이름을 해당 서버의 IP 주소로 변환합니다.

웹 서버의 IP 주소를 알고 나면 이제 웹 페이지 요청을 해야 합니다. 이때 필요한 것이 **하이퍼텍스트 전송 프로토콜(Hypertext Transfer Protocol; HTTP)**입니다. HTTP는 웹 브라우저와 웹 서버 간의 통신을 매개해서 웹 페이지 정보를 가져옵니다.

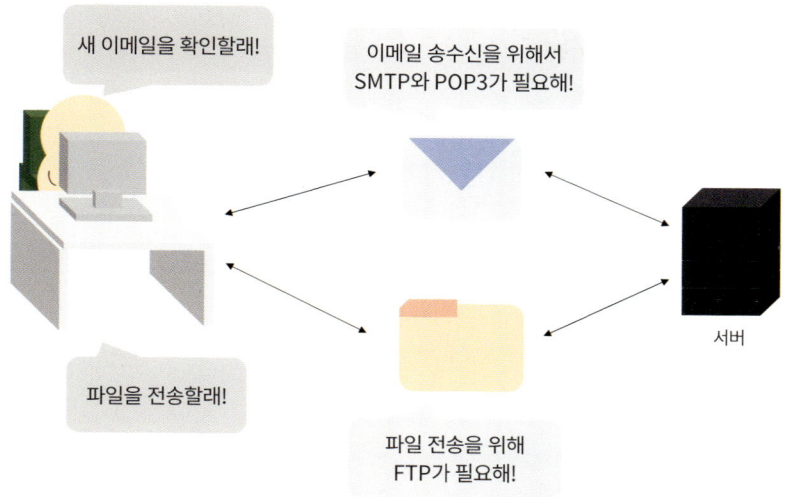

그림 6.4 이메일 송수신과 파일 전송을 위한 프로토콜

웹사이트에서 파일을 다운로드하거나 업로드할 때, 특히 파일이 크거나 중요한 경우에는 **파일 전송 프로토콜(File Transfer Protocol; FTP)**을 사용해 파일을 전송합니다.

이메일을 보낼 때는 어떻게 해야 할까요? 이메일을 작성하고 전송을 클릭하면 **단순 메일 전송 프로토콜(Simple Mail Transfer Protocol; SMTP)**이 사용됩니다. SMTP는 이메일을 안전하게 해당 서버로 전송하는 역할을 합니다.

이메일을 받을 때는 수신자의 컴퓨터가 **우편 프로토콜 버전 3(Post Office Protocol 3; POP3)**를 통해 이메일 서버에 접속하고, 이메일을 다운로드합니다. 이는 사용자가 오프라인 상태에서도 이메일을 읽을 수 있게 해줍니다.

이처럼 복잡해 보이는 과정들은 사실, 웹사이트 방문, 이메일 송수신, 파일 다운로드와 같이 일상적으로 인터넷을 사용할 때 사용되는 프로토콜을 통해 이뤄지는 통신 과정입니다. 지금부터 DHCP, DNS, SMTP, POP3, FTP, HTTP 등 다양한 프로토콜에 대해 자세히 살펴보겠습니다.

6.2 자동으로 IP 주소를 배정하자: DHCP

IP 주소에 대해 공부하다 보면 컴퓨터나 노트북, 스마트폰 같은 장치에 IP 주소가 어떻게 부여되는지 궁금할 때가 있지 않나요? 이번 절에서는 IP 주소가 어떻게 부여되는지에 대해 알아보겠습니다. 컴퓨터에 IP 주소를 부여하는 방법은 크게 두 가지로 나뉩니다. 바로 수동으로 IP 주소를 부여하는 방법과 자동으로 IP 주소를 부여하는 방법입니다. 수동으로 IP 주소를 설정하는 방법은 **정적 IP 할당**이라고도 하고, 네트워크 관리자가 각 장치에 IP 주소, 서브넷 마스크, 기본 게이트웨이, DNS 서버 주소 등 네트워크 설정을 직접 입력하는 방식입니다. 이 방법은 IP 주소를 고정적으로 유지해야 하는 특정 상황에 적합합니다.

```
                    ┌ 정적 할당: 수동 설정
IP 주소 할당 방법  ┤
                    └ 동적 할당: 자동 주소 설정(DHCP)
```

그림 6.5 IP 주소 할당 방법

정적으로 IP 주소를 할당하는 방법이 있다면 동적으로 IP 주소를 할당하는 방법도 있을까요? 그렇습니다. 수동으로 IP 주소를 설정하는 방법이 있는 것처럼 자동으로 IP 주소를 할당하는 방법도 있습니다. 자동으로 IP 주소를 할당하는 방법은 **동적 호스트 구성 프로토콜(Dynamic Host Configuration Protocol; DHCP)**을 통해 이뤄집니다. 그림 6.6에서처럼, PC가 IP 주소 할당을 요청하면 가정에서는 주로 DHCP 기능을 탑재한 라우터가 IP 주소를 자동으로 할당해줍니다. 이때 DHCP 기능을 탑재한 라우터 역시 외부 네트워크에서 사용 가능한 IP 주소를 받아옵니다.

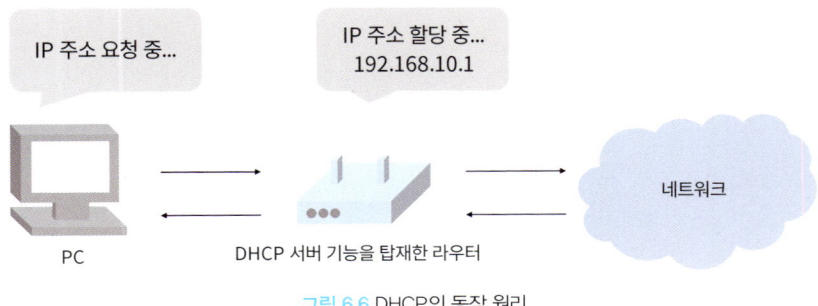

그림 6.6 DHCP의 동작 원리

DHCP는 서버가 클라이언트 기기에 네트워크 설정을 자동으로 전달하는 프로토콜입니다. 이를 통해 사용자는 각 기기에 IP 주소, 서브넷 마스크, 기본 게이트웨이, DNS 서버 주소 등을 수동으로 설정할 필요가 없어집니다. 이러한 동적 IP 주소 방식은 특히 대규모 네트워크에서 유용하다는 장점이 있습니다.

그림 6.7은 윈도우 운영체제에서 인터넷 프로토콜을 설정하는 화면입니다. 이 화면에서 DHCP를 활성화하거나 TCP/IP 설정을 수동으로 조정할 수 있습니다. TCP/IP 설정에는 IP 주소, 서브넷 마스크, 기본 게이트웨이, DNS 서버 IP 주소 등이 포함됩니다.

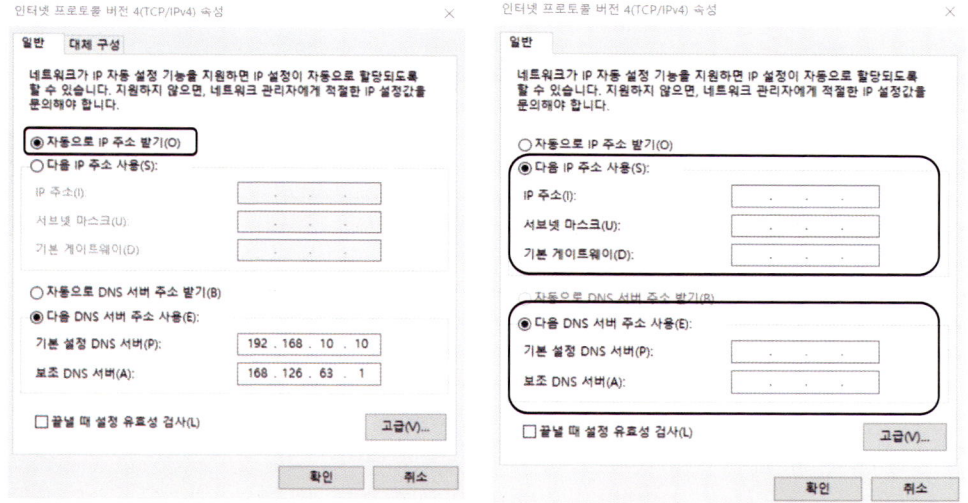

그림 6.7 TCP/IP를 자동 또는 수동으로 설정하기

'자동으로 IP 주소 받기' 옵션을 선택하면 시스템은 DHCP를 활성화해서 네트워크에서 자동으로 IP 주소를 할당받습니다. 이 방법은 사용자가 직접 IP 주소를 설정할 필요가 없어 편리하고 설정 오류를 줄일 수 있다는 장점이 있습니다.

반면, '다음 IP 주소 사용' 옵션을 선택하면 수동 설정이 가능합니다. 이 경우 사용자는 IP 주소, 서브넷 마스크, 기본 게이트웨이, DNS 서버 IP 주소 등의 정보를 직접 입력해야 합니다. 이는 특정 네트워크 환경에서 필요한 정확한 IP 설정이 필요하거나 특정 IP 주소를 고정해야 할 때 사용됩니다.

6.2.1 DHCP의 동작 과정을 탐구하자

DHCP의 작동 원리를 이해할 때 '임대'라는 단어는 핵심적인 의미를 가집니다. 여기서 '임대'란 DHCP가 한정된 IP 주소를 컴퓨터, 노트북, 스마트폰 등에 일정 기간 동안 임시로 제공하는 것을 뜻합니다. 예를 들어, 사용자가 물건을 일정 기간 동안 임대한 후 임대 기간이 끝나면 반환하듯이, DHCP도 네트워크에 연결된 각 기기에게 IP 주소를 일정 시간 동안 빌려주고, 그 시간이 끝나면 IP 주소를 다시 회수해서 다른 기기에 빌려줄 준비를 합니다.

DHCP의 동작 과정은 그림 6.8과 같이 메시지를 주고받는 절차를 통해 이뤄집니다.

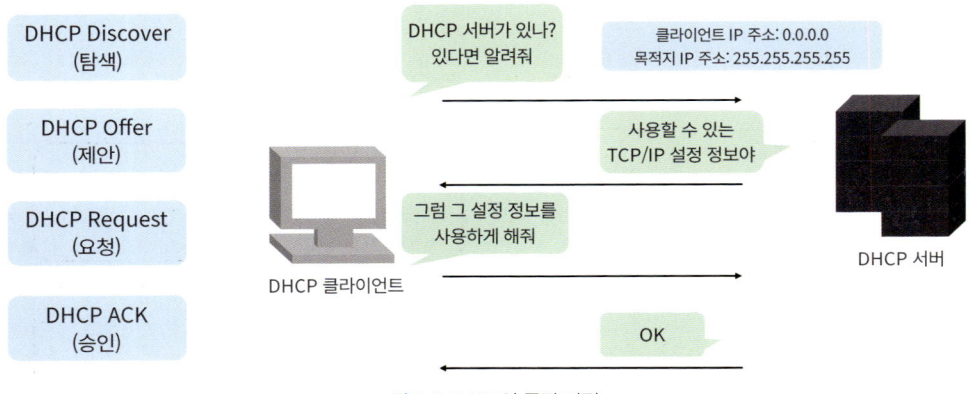

그림 6.8 DHCP의 동작 과정

1. **탐색(Discover)**: DHCP 클라이언트는 네트워크 상의 DHCP 서버에 자신의 존재를 알리고, 사용 가능한 TCP/IP 설정을 요청합니다. 이때 클라이언트는 아직 IP 주소를 할당받지 않았기 때문에 자신의 IP 주소를 0.0.0.0으로 설정하고 목적지 주소를 브로드캐스트 주소인 255.255.255.255로 설정해서 요청을 보냅니다.

2. **제안(Offer)**: 요청을 받은 DHCP 서버는 사용 가능한 TCP/IP 설정, 즉 IP 주소, 서브넷 마스크, DNS 주소, 임대 기간 등의 정보를 클라이언트에게 보냅니다.

3. **요청(Request)**: 클라이언트가 여러 DHCP 서버로부터 임대 제공 메시지를 받았다면 가장 먼저 받은 제안 메시지를 선택하고 해당 서버에 선택한 설정을 사용하겠다는 요청 메시지를 보냅니다.

4. **승인(Acknowledgement)**: DHCP 서버는 클라이언트가 선택한 설정을 확정하고, IP 주소 할당 과정이 완료됩니다. 이후 클라이언트는 임대 기간을 연장하거나, 필요 없을 때 임대를 해제할 수 있습니다.

6.2.2 핵심 정리

- DHCP는 IP 주소, 서브넷 마스크, 기본 게이트웨이 등을 자동으로 설정하는 프로토콜입니다.
- DHCP는 임대 요청, 임대 제공, 임대 선택, 임대 확인 절차를 통해 주소를 임대합니다.

【연습 문제】

1. IP 주소를 자동으로 할당해주는 프로토콜의 이름은 무엇인가요?
2. DHCP에서 클라이언트가 서버에 자신의 존재를 알리는 메시지는 무엇인가요?
3. 정적 IP 할당 방식과 동적 IP 할당 방식의 차이점은 무엇인가요?
4. 정적 IP 할당 방식과 동적 IP 할당 방식이 선호되는 상황은 각각 어떤 경우인가요?

연습문제 해답

1. DHCP(Dynamic Host Configuration Protocol)
2. '임대 제안' 혹은 '제안'
3. 정적 IP 할당은 네트워크 관리자가 각 장치에 수동으로 IP 주소를 설정하는 방식이고, 동적 IP 할당은 DHCP를 통해 자동으로 IP 주소를 할당받는 방식입니다.
4. 정적 IP 할당은 IP 주소가 변하지 않아야 하는 서버나 네트워크 장비에 사용되며, 동적 IP 할당은 큰 네트워크나 자주 변경되는 장치에 유용합니다.

6.3 인터넷의 주소록: DNS

인터넷을 사용할 때 웹사이트의 정확한 IP 주소를 기억하고 입력해야 한다면 사용자에게 매우 복잡하고 불편할 일일 것입니다. 또한 웹사이트에 적합한 이름이 없다면 웹 브라우저나 다른 서비스를 이용할 때마다 IP 주소를 정확히 기억하고 입력해야 합니다. 예를 들어, 자주 사용하는 웹사이트의 주소를 192.168.1.1 같이 숫자로 된 IP 주소로 기억해야 한다면 매우 번거로울 것입니다. 또한 웹사이트나 서비스의 서버 IP 주소가 변경되면 그 숫자를 사용자에게 일일이 알려주고 사용자는 새로운 주소를 다시 기억해야 합니다.

이러한 문제를 해결해주는 프로토콜이 바로 **도메인 이름 시스템(Domain Name System; DNS)**입니다. DNS는 도메인 이름을 IP 주소로 변환해주는 시스템으로, 사용자가 웹사이트의 도메인 이름을 입력하면 그에 해당하는 IP 주소로 연결해주는 역할을 합니다. 그림 6.9에서처럼 복잡한 과정 없이 사용자는 단순히 wikibook.co.kr과 같은 도메인 이름만 입력해서 웹사이트에 쉽게 접속할 수 있습니다. 이를 통해 사용자는 복잡한 IP 주소를 기억할 필요 없이 도메인 이름만으로 웹사이트나 서비스에 접근할 수 있습니다.

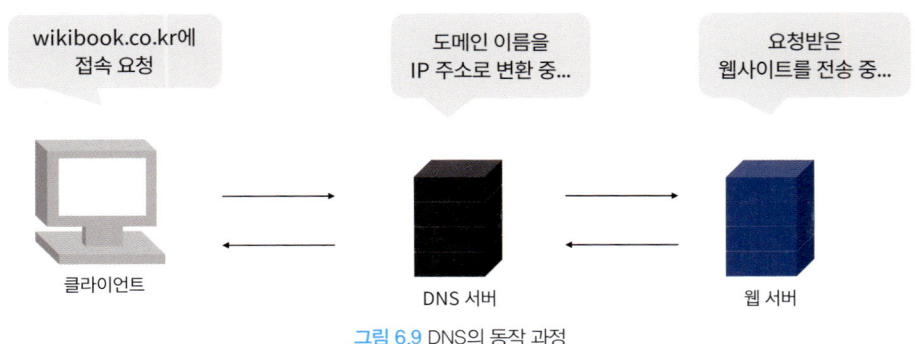

그림 6.9 DNS의 동작 과정

6.3.1 DNS로 웹 접속하기

대부분의 사용자는 특정 웹사이트의 IP 주소를 외우지 않습니다. 그래서 가령 위키북스 출판사의 웹사이트에 접속하려면 사용자는 wikibook.co.kr이라는 도메인 이름을 브라우저에 입력합니다. 실제로 위키북스 웹사이트의 IP 주소는 별도로 존재하지만 사용자는 이를 기억하거나 직접 입력할 필요가 없습니다. 왜냐하면 도메인 이름을 통해 쉽게 IP 주소를 찾을 수 있는 시스템이 있기 때문입니다. 이처럼 도메인 이름을 이용해 IP 주소를 찾는 과정을 **이름 해석**이라고 하고, 이 기능을 이용하는 것이 바로 DNS입니다.

https://wikibook.co.kr

그림 6.10 도메인명을 입력해 웹사이트에 접속

예를 들어, 사용자가 웹 브라우저에 'wikibook.co.kr'을 입력하면 컴퓨터는 DNS 서버에 '위키북스의 IP 주소가 무엇인가요?'라는 메시지를 보냅니다. 그러면 DNS 서버는 해당 IP 주소를 알려주고, 이를 바탕으로 웹 브라우저는 위키북스의 웹 서버에 접속 요청을 보냅니다.

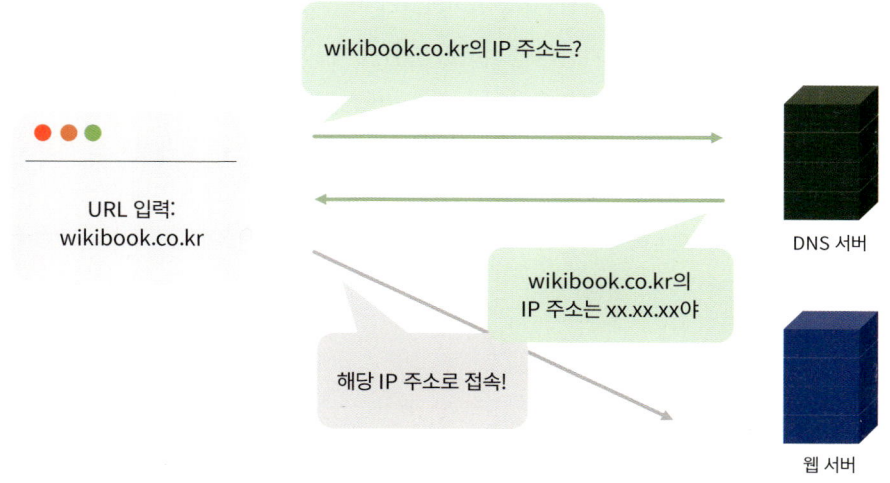

그림 6.11 DNS의 이름 해석 과정

이처럼 DNS는 도메인 이름을 이용해 해당 호스트의 IP 주소를 찾아내는 방법을 **정방향 조회**(forward query)라고 부릅니다. 그렇다면 반대의 조회 방식도 있을까요? 특정 IP 주소에 대응하는 도메인 이름을 찾는 방법을 **역방향 조회**(reverse query)라고 합니다. 일상에서 인터넷을 이용할 때는 대부분 정방향 조회 방식을 사용합니다. 이 조회 방식이 DNS 시스템의 핵심 구성 요소 중 하나로, 사용자가 복잡한 IP 주소 대신 쉽게 기억할 수 있는 도메인 이름을 통해 웹에 접근할 수 있게 돕습니다.

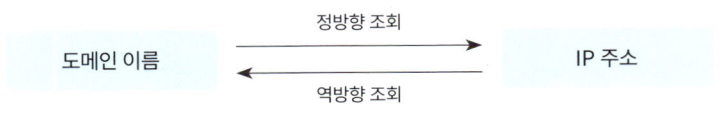

그림 6.12 DNS 정방향 조회와 역방향 조회

6.3.2 DNS도 위계 질서가 있어요, DNS 계층 구조

DNS는 호스트의 식별 및 관리를 용이하게 하기 위해 **도메인 이름 공간**이라는 계층적 구조를 사용합니다. DNS 계층 구조는 트리 형태의 이름 해석 시스템으로, 도메인 이름을 해당 IP 주소로 변환하는 역할을 합니다. 이 계층 구조의 최상단에는 **루트 도메인**(root domain)이 있고, 그 아래에는 **최상위 도메인**(Top Level Domain; TLD)이 위치합니다. 최상위 도메인 아래에는 **두 번째 레벨 도메인**(Second Level Domain; SLD)이 있고, 그 아래로 세 번째 레벨 도메인(Third-Level Domain; 3LD)이 위치합니다. 이 도메인은 두 번째 레벨의 하위 도메인인데, 교육 기관과 같은 특정 기관의 공식적인 하위 도메인일 때 사용됩니다. 그 아래로는 일반적으로 사용자가 인식하는 **서브도메인**(subdomain)이 위치합니다. 서브도메인은 두 번째 레벨 도메인 아래에서 특정 역할을 구분할 때 사용되는 도메인이지만 일반적으로 서브도메인이 세 번째 레벨 도메인의 역할을 할 수도 있고, 경우에 따라 네 번째 레벨 도메인 그 이상의 역할을 할 수도 있습니다. 그 아래에는 구체적인 특정 **호스트의 이름**이 위치하거나 서브도메인이 호스트 이름으로 사용되기도 합니다.

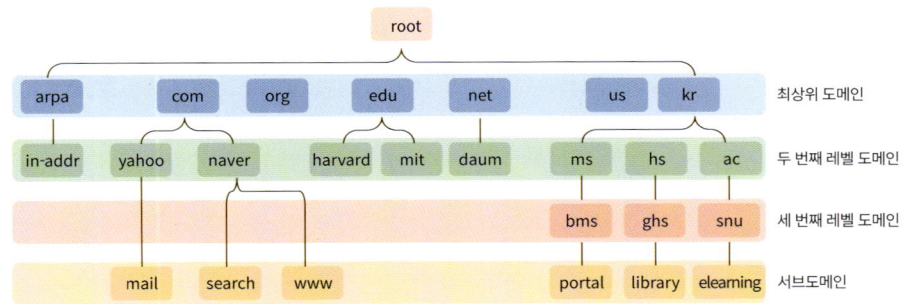

그림 6.13 DNS 계층 구조

도메인을 분류하는 또 다른 방식으로는 정방향 도메인(forward domain), 역방향 도메인(reverse domain), 일반 도메인(generic domain), 그리고 국가 도메인(country domain)이 있습니다.

정방향 도메인은 인터넷에서 가장 흔하게 사용되는 도메인 이름으로, 일반적인 DNS 조회 방향과 동일합니다. 주어진 도메인 이름에 대응하는 IP 주소를 찾는 과정을 말합니다. 반대로 **역방향 도메인**은 주어진 IP 주소에 대응하는 도메인 이름을 찾는 방식입니다. 이를 통해 IP 주소가 어떤 호스트나 도메인에 속하는지 확인할 수 있습니다.

일반 도메인은 가장 널리 사용되는 도메인 형태로, .com, .org, .net 등과 같이 특정 목적이나 분류에 따라 정의됩니다. 예를 들어, .com은 상업적인 사이트, .org는 비영리 조직을 위한 사이트에 주로 사용됩니다.

국가 도메인은 각 국가를 대표하는 도메인으로, .kr, .us처럼 특정 국가나 지역과 관련된 웹사이트에 사용됩니다.

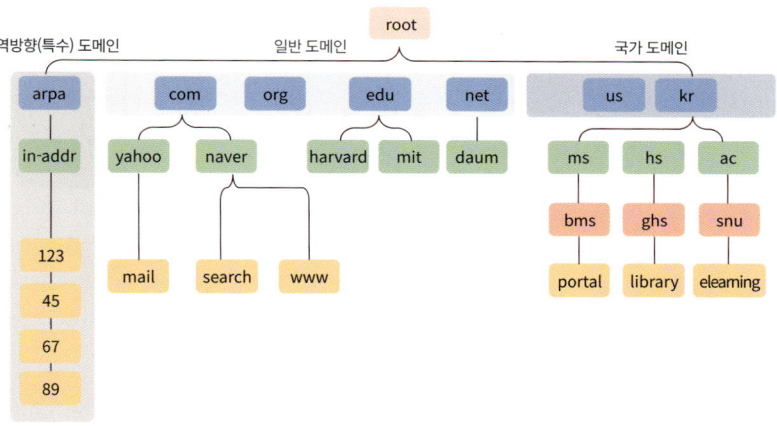

그림 6.14 도메인의 종류

6.3.3 어떻게 질의할까? 재귀적 질의와 반복적 질의

DNS의 핵심 기능 중 하나는 도메인 이름을 바탕으로 그에 해당하는 IP 주소를 찾아내는 것입니다. 이 과정에서 DNS 클라이언트는 DNS 서버에 질의를 보내는데, 이때 사용되는 방식에는 **재귀적 질의**와 **반복적 질의**가 있습니다.

먼저 재귀적 질의를 살펴보겠습니다. **재귀적 질의**는 로컬 DNS 서버가 DNS 서버에 질의를 보내면 그 서버가 다른 DNS 서버와의 소통을 통해 정보를 찾아 로컬 DNS 서버를 통해 클라이언트에게 전달하는 방식입니다. 반면, **반복적 질의**는 로컬 DNS 서버가 직접 여러 DNS 서버에게 질의를 보내며 원하는 정보를 찾는 방식입니다. 재귀적 질의와 반복적 질의의 차이를 예시를 통해 살펴보겠습니다.

그림 6.15는 재귀적 질의 방식을 나타낸 그림입니다.

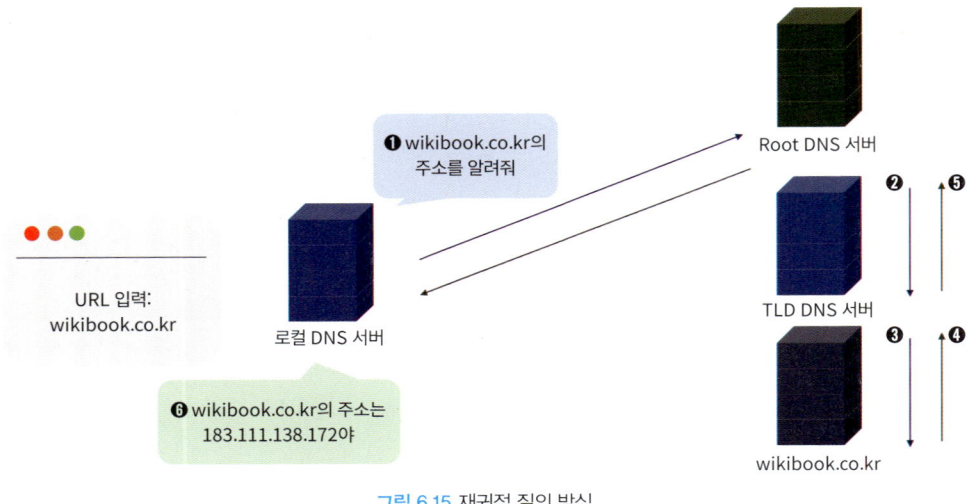

그림 6.15 재귀적 질의 방식

DNS의 이름 해석 기능은 주로 재귀적 질의 방식을 이용합니다. 재귀적 질의의 과정에서 클라이언트는 로컬 DNS 서버를 통해 루트 DNS 서버에 질의를 보냅니다. 루트 DNS 서버는 요청받은 도메인 이름, 이 경우 wikibook.co.kr에 해당하는 IP 주소가 자신의 데이터베이스에 있는지 확인합니다.

루트 DNS 서버가 해당 IP 주소를 갖고 있지 않다면 더 하위 계층에 있는 최상위 도메인 DNS 서버로 질의를 전달합니다. 최상위 도메인 DNS 서버 역시 데이터베이스에 도메인 이름의 IP 주소를 검사합니다.

이 과정을 반복해서 도메인 이름에 대한 IP 주소를 보유한 서버가 발견될 때까지 요청과 검사가 이뤄지고, 이를 통해 최종적으로 필요한 IP 주소 정보를 얻습니다. 그 후 클라이언트에게 IP 주소가 전달되어 웹사이트에 접속할 수 있습니다. 이 방식은 DNS 시스템의 계층적 구조를 적극적으로 반영한 방법으로, 클라이언트가 필요한 정보를 얻을 때까지 서버들이 정보를 찾아줍니다.

다음으로 반복적 질의 방식을 살펴볼까요? **반복적 질의** 방식은 로컬 DNS 서버가 직접 여러 DNS 서버에 질의를 보내며 필요한 정보를 직접 얻는 방식입니다. 이 과정을 그림 6.16에서 확인할 수 있습니다.

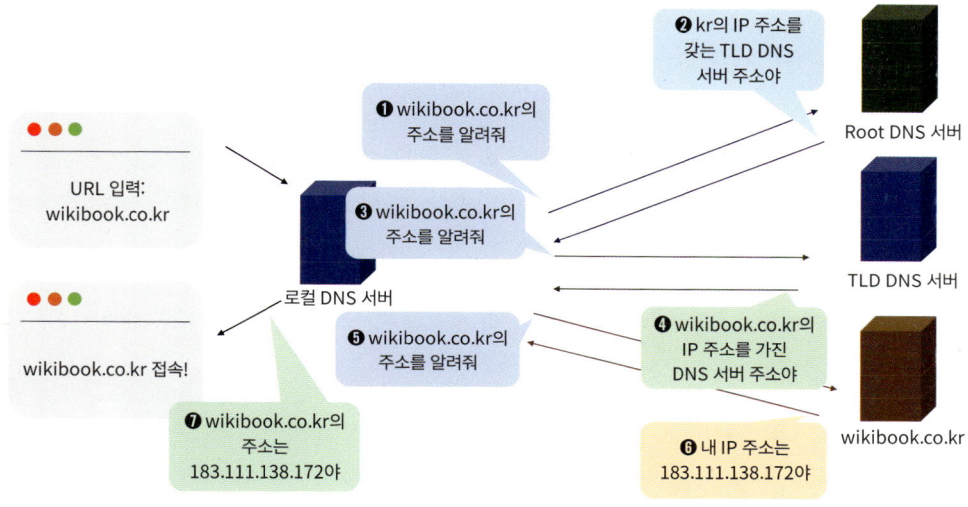

그림 6.16 반복적 질의 방식

❶ 먼저 로컬 DNS 서버는 루트 DNS 서버에 질의를 보내 위키북스의 IP 주소를 요청합니다. ❷ 루트 DNS 서버는 해당 정보를 갖고 있지 않지만 참조할 수 있는 최상위 도메인 DNS 서버의 IP 주소를 로컬 DNS 서버에 반환합니다.

❸ 그 후, 로컬 DNS 서버는 루트 DNS 서버로부터 받은 IP 주소를 사용해 최상위 도메인 DNS 서버에 위키북스의 IP 주소를 질의합니다. ❹ 최상위 도메인 DNS 서버 역시 해당 정보를 갖고 있지 않지만 권한 네임 서버의 IP 주소를 로컬 DNS 서버에 전달합니다.

❺ 로컬 DNS 서버는 최상위 도메인 DNS 서버로부터 받은 IP 주소를 사용해 wikibook. co.kr 서버에 위키북스의 IP 주소를 질의합니다. ❻ wikibook.co.kr 서버는 IP 주소를 응답합니다. ❼ 로컬 DNS 서버는 wikibook.co.kr 서버에게 응답받은 IP 주소를 통해 위키북스 웹사이트에 접속합니다.

이 같은 방식으로 로컬 DNS 서버는 여러 서버에 계속 질의를 보내며 위키북스의 IP 주소를 찾아냅니다. 최종적으로 위키북스의 IP 주소를 받은 로컬 DNS 서버는 이 정보를 클라이언트에 반환합니다. 이처럼 클라이언트가 여러 서버에게 직접 질의해서 정보를 찾아내는 방식을 반복적 질의 방식이라 합니다.

6.3.4 핵심 정리

- DNS는 Domain Name Service의 약자로, 도메인 이름을 기반으로 IP 주소를 알아내는 이름 해석 과정을 거칩니다.
- DNS의 정방향 조회는 도메인 이름으로 호스트 IP 주소를 얻는 방식입니다.
- DNS의 역방향 조회는 호스트 IP 주소로 도메인 이름을 얻는 방식입니다.
- 재귀적 질의는 실제 IP 주소를 응답할 수 있는 서버까지 요청을 보내 응답을 받는 방식입니다.
- 반복적 질의는 담당 서버의 주소를 전송하고, 해당 주소로 다시 질의를 보내는 과정을 반복하는 방식입니다.

【연습 문제】

1. IP 주소에 대응하는 도메인 이름을 찾는 조회 방법을 무엇이라고 하나요?
2. 도메인 이름을 이용해 해당 호스트의 IP 주소를 찾는 조회 방법을 무엇이라고 하나요?
3. 재귀적 질의와 반복적 질의 중, 클라이언트가 DNS 서버에게 질의를 보내면 그 서버가 다른 DNS 서버들과 소통해 정보를 찾아내는 방식은 무엇인가요?
4. DNS 시스템이 왜 계층적으로 구성돼 있나요?

연습문제 해답

1. 역방향 조회
2. 정방향 조회
3. 재귀적 질의
4. 도메인 이름과 IP 주소를 효율적으로 관리하고 조회하기 위해서입니다.

6.4 파일 전송은 나에게 맡겨: FTP

파일 전송 프로토콜인 **FTP(File Transfer Protocol)**는 이름에서 알 수 있듯이 파일을 전송하기 위한 프로토콜입니다. FTP는 클라이언트와 서버 사이에서 파일을 안전하고 효율적으로 전송하는 방법을 제공하고, 주로 웹 페이지, 프로그램, 데이터 등 대량의 파일을 효과적으로 전송하는 데 사용됩니다. 파일 전송 시 디렉터리 구조와 파일 속성을 유지하며 다양한 유형과 크기의 파일을 전송할 수 있고, 여러 파일과 디렉터리를 한 번에 전송하는 기능도 제공합니다.

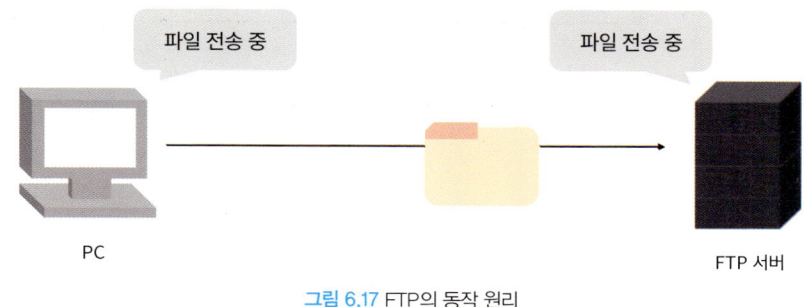

그림 6.17 FTP의 동작 원리

FTP는 액티브 모드와 패시브 모드라는 두 가지 작동 모드로 동작합니다. 두 모드는 데이터 연결 방식에서 차이가 있으며, 네트워크 환경이나 보안 요구 사항에 따라 적절한 작동 모드를 선택할 수 있습니다.

이번 절에서는 FTP의 연결 방식과 두 가지 모드의 차이점에 대해 알아보겠습니다.

6.4.1 TCP의 힘을 빌려, 두 개의 TCP 연결

FTP는 파일 전송 프로세스를 효율적으로 관리하기 위해 두 개의 별도 TCP 연결을 사용하는 독특한 구조를 갖고 있습니다. 이 두 연결은 **제어 연결**과 **데이터 연결**로 구분됩니다. **제어 연결**은 FTP 클라이언트와 서버 간에 명령을 주고받는 데 사용되며, 주로 **21번 포트**를 사용합니다. 이를 통해 클라이언트의 요청을 전달하고 서버의 상태 정보를 수신합니다.

반면, **데이터 연결**은 실제 파일 데이터를 전송하는 데 사용되며, 이 연결은 클라이언트가 파일을 다운로드하거나 업로드할 때마다 동적으로 열리고 닫힙니다. 데이터 연결은 일반적으로

TCP **20번 포트**를 사용하지만, FTP의 두 가지 동작 모드에 따라 실제로 사용되는 포트가 달라질 수 있습니다.

이처럼 FTP는 제어와 데이터 전송을 분리해서 더 효율적인 파일 전송을 가능하게 합니다.

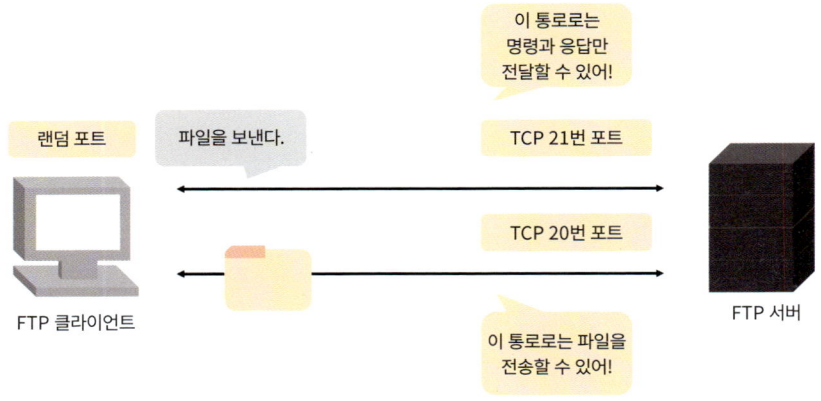

그림 6.18 FTP의 제어 연결과 데이터 연결

6.4.2 모드로 이해하기, 액티브 모드와 패시브 모드

FTP의 액티브 모드와 패시브 모드는 파일 전송 중 클라이언트와 서버 간 연결 방식에서 차이가 있습니다. 이를 이해하려면 제어 연결과 데이터 연결이 어떻게 다른지 먼저 알아볼 필요가 있습니다. 그런 다음, 두 모드가 이러한 연결 방식을 어떻게 활용하는지 살펴보겠습니다.

먼저 액티브 모드의 동작 과정을 살펴보겠습니다. 그림 6.19는 FTP의 파일 전송 중 액티브 모드에서 FTP 클라이언트와 서버가 상호작용하는 과정을 보여줍니다.

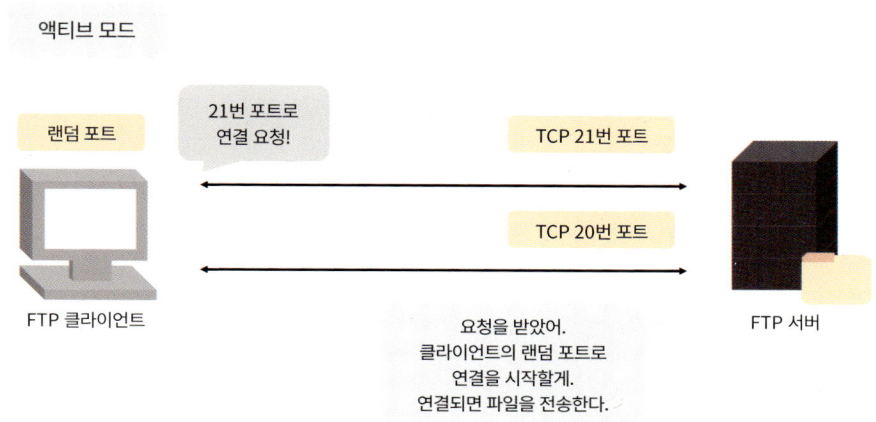

그림 6.19 액티브 모드에서의 파일 전송

우선 FTP 클라이언트는 서버의 21번 포트로 연결 요청을 보냅니다. 이 연결 요청은 명령 연결을 위한 것입니다. 명령 연결이 수립되면, 클라이언트는 서버에게 데이터 연결을 수립할 준비가 됐다는 메시지와 함께 클라이언트의 IP 주소와 랜덤 포트 번호를 전송합니다. 서버는 이 정보를 받고, 자신의 20번 포트에서 클라이언트의 랜덤 포트로 데이터 연결을 시작합니다. 데이터 연결이 성공적으로 수립되면 파일 전송이 시작됩니다. 이처럼 액티브 모드에서는 FTP 서버가 데이터 연결을 초기화하는 역할을 합니다.

다음으로 패시브 모드의 동작 과정을 살펴보겠습니다. 그림 6.20은 FTP의 파일 전송 중 패시브 모드에서 FTP 클라이언트와 서버의 상호작용을 나타낸 그림입니다.

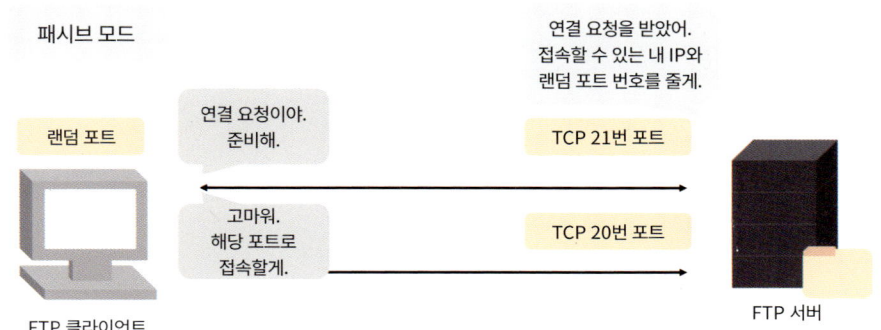

그림 6.20 패시브 모드에서의 연결 요청

패시브 모드에서는 FTP 클라이언트가 서버의 21번 포트로 명령 연결을 시작합니다. 명령 연결이 성공적으로 이뤄지면 클라이언트는 서버에 패시브 모드로 데이터 연결을 요청하는 메시지를 보냅니다. 이에 응답해서 서버는 사용 가능한 랜덤 포트 번호를 클라이언트에게 알립니다. 클라이언트는 이 정보를 받아 서버의 랜덤 포트로 데이터 연결을 시작합니다. 연결이 성공적으로 수립되면 그림 6.21과 같이 파일 전송 작업이 시작됩니다.

그림 6.21 패시브 모드에서의 파일 전송

6.4.3 핵심 정리

- FTP는 클라이언트-서버 모델을 기반으로 하며, 클라이언트는 서버에 연결해 파일을 업로드하거나 다운로드합니다. 이 과정에서 클라이언트는 파일을 요청하고, 서버는 요청을 처리해 응답합니다.
- FTP는 TCP를 사용해 안정적인 파일 전송을 보장하며, 데이터 전송을 위한 데이터 연결과 명령 제어를 위한 제어 연결을 사용합니다.
- FTP는 액티브 모드와 패시브 모드라는 두 가지 방식으로 동작합니다.

【연습 문제】

1. FTP의 제어 연결은 일반적으로 몇 번 포트를 사용하나요?

2. 패시브 모드 FTP에서 클라이언트는 데이터 연결을 시작하기 위해 어떤 포트를 사용하나요?

3. FTP는 일반적으로 어떤 TCP 연결을 사용하나요?

연습문제 해답

1. 21번
2. 서버가 제공한 랜덤 포트 번호
3. 제어 연결, 데이터 연결

6.5 이메일 전송의 뼈대: SMTP와 POP3

SMTP(Simple Mail Transfer Protocol)와 **POP3(Post Office Protocol 3)**는 이메일 전송과 수신에 사용되는 핵심 프로토콜입니다. 이 두 프로토콜은 서로 다른 목적으로 동작하지만 대부분의 이메일 시스템에서 함께 작동합니다.

이메일은 현대 디지털 사회에서 빼놓을 수 없는 의사소통 수단입니다. SMTP는 이메일 전송의 기본 프로토콜로, 사용자가 이메일을 보낼 때 이메일을 올바르게 수신자에게 전달하는 역할을 합니다.

반면 POP3는 이메일을 수신하는 프로토콜로, 사용자의 이메일 클라이언트가 POP3를 통해 이메일 서버로에서 메시지를 다운로드하면 사용자는 오프라인에서도 이메일을 읽을 수 있습니다.

SMTP와 POP3를 이해하는 것은 이메일의 전송과 수신 과정의 기본 원리뿐만 아니라 이메일 전송의 효율성과 보안을 향상하는 데도 도움을 줍니다. 이제 SMTP와 POP3의 작동 원리에 대해 알아보겠습니다.

6.5.1 이메일 발송은 나에게 맡겨, SMTP

SMTP(Simple Mail Transfer Protocol)는 이메일을 인터넷을 통해 전송하는 프로토콜입니다. 주로 두 이메일 서버 간의 메시지 전송에 사용되고, 이메일의 발신자와 수신자, 제목, 본문, 첨부 파일 등의 정보를 안정적으로 전달합니다. 또한 SMTP는 인증 절차를 통해 메시지가 안전하게 전송되도록 보장합니다.

이제 SMTP의 이메일 전송 과정을 살펴보겠습니다. 그림 6.22는 사용자가 이메일을 전송할 때 SMTP가 동작하는 과정을 보여줍니다. 먼저 사용자는 이메일 앱을 통해 새 이메일을 작성합니다.

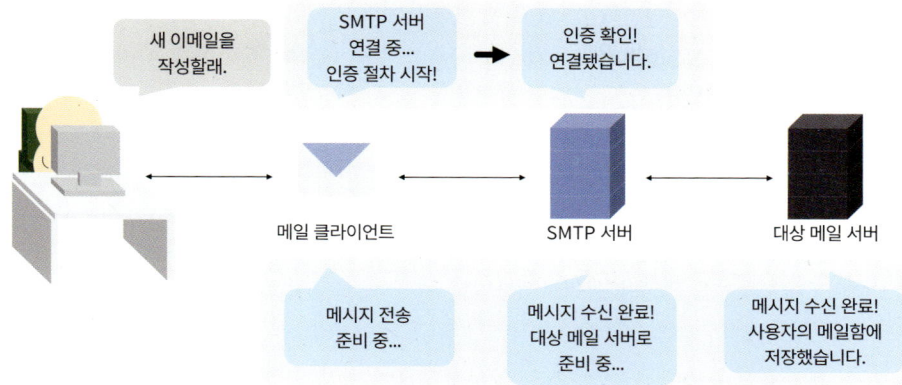

그림 6.22 SMTP의 이메일 전송 과정

사용자가 새 이메일을 작성한 후 전송 명령을 내리면 메일 클라이언트는 메시지를 전송하기 위한 준비를 시작합니다.

이 명령을 받은 메일 클라이언트는 SMTP 서버에 연결을 시도하고, 동시에 인증 절차를 통해 이메일을 보낼 권한이 있는지 확인합니다. 인증이 완료되면 이메일이 SMTP 서버로 전송될 준비를 합니다.

이제 SMTP 서버의 차례를 보겠습니다. 이 서버는 메시지를 다른 이메일 서버로 전달하는 역할을 합니다. 인증이 완료되면 SMTP 서버는 메일 클라이언트로부터 메시지 수신을 기다립니다. 메시지가 성공적으로 수신되면 해당 이메일은 대상 메일 서버로 전달됩니다.

마지막으로 대상 메일 서버는 수신된 메시지를 확인하고, 수신된 메시지는 수신 측에서 POP3 또는 다른 수신 프로토콜을 이용해 이메일을 확인합니다. 이 과정을 통해 이메일은 보내는 사람으로부터 받는 사람의 메일함까지 안전하게 전달됩니다.

6.5.2 이메일 수신은 나에게 맡겨: POP3

POP3(Post Office Protocol 3)는 인터넷을 통해 이메일 메시지를 받아오기 위해 설계된 표준 프로토콜입니다. 이 프로토콜의 주요 목적은 메일 서버에 저장된 메일 박스에서 이메일을 클라이언트로 가져와 사용자가 쉽게 이메일을 볼 수 있게 하는 것입니다. POP3를 사용하는 이메일 클라이언트는 서버로부터 이메일을 다운로드하고, 이를 사용자의 기기에 저장한 후 서버에서 해당 메시지를 삭제합니다. 이를 통해 사용자는 오프라인 상태에서도 이메일을 읽을 수 있지만 여러 기기에서 동일한 이메일 계정을 사용할 경우 메시지 동기화에 어려움을 겪을 수 있습니다.

즉, SMTP는 이메일을 전송하는 핵심적인 역할을 하고, POP3는 이메일을 수신하는 데 중요한 역할을 합니다.

그럼 이제 POP3의 동작 과정을 살펴보겠습니다.

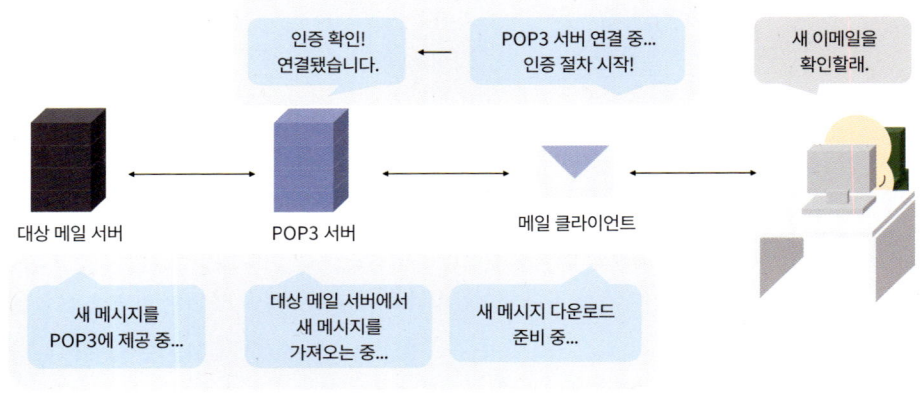

그림 6.23 POP3의 이메일 수신 과정

먼저 사용자는 새로운 이메일 메시지를 받기 위해 메일 클라이언트를 통해 요청을 보냅니다. 이때 메일 클라이언트는 POP3 서버에 연결하며 동시에 인증 절차를 시작합니다. 이 연결 및 인증 과정은 사용자의 메일 계정 보안을 위해 필수적으로 거쳐야 하는 단계입니다.

다음으로 POP3 서버는 인증이 완료되면 연결을 수립하고, 사용자와의 성공적인 연결을 알립니다. 그 다음, POP3 서버는 대상 메일 서버에 이전에 SMTP를 통해 저장됐던 새로운 메시지를 가져와 클라이언트에 전달합니다.

마지막으로 POP3 서버는 대상 메일 서버로부터 새 메시지를 가져와 메일 클라이언트에 전송합니다. 이를 통해 사용자는 메일 클라이언트에서 새로운 메시지를 확인할 수 있게 됩니다.

이와 같이 POP3 프로토콜을 통해 이메일 수신이 체계적으로 이뤄집니다.

6.5.3 핵심 정리

- 이메일 송수신을 위한 프로토콜에는 SMTP와 POP3가 사용됩니다.
- SMTP는 이메일을 전송하기 위한 프로토콜입니다.
- POP3는 이메일 서버로부터 메시지를 다운로드하기 위한 프로토콜입니다.

【연습 문제】

1. SMTP와 POP3의 주된 차이점은 무엇인가요?

연습문제 해답

1. SMTP는 이메일 전송에, POP3는 이메일 수신에 사용됩니다.

6.6 웹의 기초: HTTP

이번 절에서는 웹사이트에서 데이터 전송 과정을 이해하는 데 중요한 **하이퍼텍스트 전송 프로토콜**(Hypertext Transfer Protocol; HTTP)에 대해 다룹니다. HTTP는 웹 페이지에 접속할 때 중요한 역할을 하는 응용 계층의 프로토콜입니다.

웹 페이지에 접속하는 과정을 이해하려면 먼저 웹 브라우저가 웹 서버에 특정 URL에 대한 요청을 보내는 구조를 이해해야 합니다. 웹 서버는 웹 브라우저가 전송한 요청에 해당하는 HTML 문서를 반환합니다. 이러한 데이터 교환 과정에서 사용되는 프로토콜이 바로 HTTP입니다.

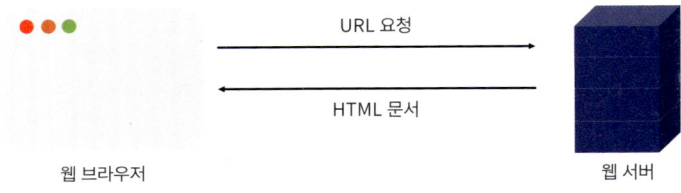

그림 6.24 웹 페이지를 가져오는 과정

HTTP의 기능을 정확히 이해하려면 웹 브라우저의 접속 과정을 더 깊이 이해할 필요가 있으며, 동시에 그 과정에서 주고받는 HTTP 요청과 HTTP 응답에 대해 알아야 합니다. 이제 HTTP에 대해 자세히 살펴보겠습니다.

6.6.1 웹 브라우저와 대화를 시작해보자

HTML은 웹 페이지의 기본 구조를 형성하는 마크업 언어입니다. HyperText Markup Language, 줄여서 HTML이라고 부르고, 여기서 'HyperText'는 다른 페이지나 부분으로 즉시 접근할 수 있는 링크를 텍스트에 내장하는 방식을 말합니다. 'Markup'은 웹 문서를 구조화하는 데 사용되는 태그를 의미하고, 'Language'는 이 모든 것이 결합된 시스템을 구성하는 언어를 나타냅니다. 따라서 HTML은 텍스트, 이미지 등의 다양한 데이터를 표현할 수 있는 구조화된 웹 문서를 작성하는 데 사용됩니다. 이때 HTML 태그를 통해 웹 브라우저에 이미지, 텍스트 등의 정보를 보여주는 것이 가능합니다.

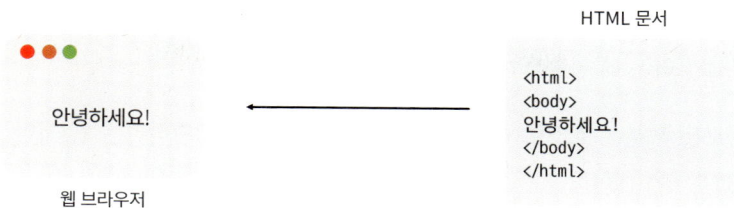

그림 6.25 웹 브라우저에 나타나는 HTML 문서

HTTP는 웹 상에서 데이터를 전송하는 데 핵심적인 역할을 합니다. 웹사이트의 내용을 구성하는 HTML 파일은 HTTP를 통해 전송되며, 이 과정은 HTTP 요청과 HTTP 응답의 형태로 이뤄집니다. 일반적으로 HTTP는 TCP 80번 포트를 사용해 이러한 요청 및 응답 메시지를 교환합니다.

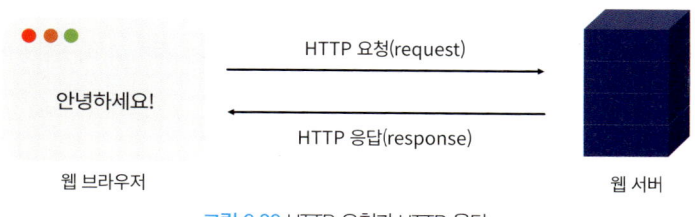

그림 6.26 HTTP 요청과 HTTP 응답

웹 브라우저를 통해 데이터를 전송할 때 필수적으로 사용되는 URL에 대해 자세히 알아보겠습니다. 예를 들어, 위키북스의 출판사 웹사이트에 방문하려면 사용자는 URL을 통해 해당 주소로 이동합니다.

그림 6.27 URL 예시

URL의 첫 부분을 살펴보면 'https://'라는 표현이 보입니다. 여기서 https는 웹 브라우저가 사용하는 **보안 프로토콜**을 나타냅니다. 원래는 일반 HTTP 통신을 나타내는 http가 URL에 표기됐지만 보안 기능이 추가된 프로토콜이 필요해졌기 때문에 현재는 안전하게 웹 페이지 정보를 전송하는 HTTPS(HyperText Transfer Protocol Secure)가 널리 사용됩니다. HTTPS는 일반 HTTP에 보안 계층을 추가한 형태로, 데이터를 암호화해서 전송하는 기능을 합니다. 이를 통해 데이터 도청이나 변조를 방지할 수 있어 로그인 정보나 결제 정보와 같은 민감한 정보를 보호하는 데 필수적입니다.

다음으로 나오는 부분은 **호스트 이름** 또는 **도메인 이름**으로, 접속하려는 웹 서버를 지정합니다. 이는 브라우저가 데이터를 전송하거나 요청할 대상 서버를 나타냅니다.

다음으로 호스트 이름 뒤에 오는 **경로명**은 접속하려는 웹 페이지의 특정 위치나 필요한 자원을 가리킵니다.

마지막으로 물음표 뒤의 **파라미터**는 웹 페이지가 사용자의 요청에 맞춰 동적으로 특정 데이터를 표시하거나 특정 동작을 하게 만듭니다. 예를 들어, 그림 6.27의 'page=2'는 요청하는 페이지가 2번째 페이지임을 나타내고, 'sort=latest'는 항목 정렬 기준을 최신 순으로 설정하라는 의미입니다.

따라서 URL은 웹 브라우저가 특정 웹 서버와 통신하는 방법을 지시하고, 어떤 자원을 요청할 지를 명확히 지정하는 중요한 역할을 합니다.

6.6.2 웹의 요구사항, HTTP 요청

웹 브라우저에서 웹 서버로 HTTP 요청을 보내는 과정을 자세히 살펴보겠습니다. HTTP 요청의 구조를 이해하려면 먼저 HTTP 헤더를 살펴볼 필요가 있습니다. HTTP 요청은 크게 요청 라인, 메시지 헤더, 그리고 엔티티 바디로 구성됩니다.

```
요청 라인 { GET https://wikibook.co.kr/ HTTP/2

메시지 헤더   { Host: wikibook.co.kr
(키 - 값 형식)  User-Agent: Mozilla/5.0(windows NT 10.0;win64; x64)
              Accept: text/html
              Accept-Language: en-US,en;q=5
              Authorization: Basic
              QWxhZGRpbjpvcGVuIHNlc2FtZQ==

엔티티 바디   { {
                "search": "Web Development",
                "category": "Technology",
                "sort": "newest",
                "page": 1
              }
```

그림 6.28 HTTP 요청 예시

HTTP 요청의 세부 내용을 보면 각기 다른 정보가 여러 줄에 걸쳐 표시돼 있음을 확인할 수 있습니다.

그중 요청 라인은 '[메서드] [공백] [URI] [HTTP 버전]' 형식으로 표기됩니다. 메서드는 HTTP 요청의 종류를 나타내고, URI는 요청의 대상이 되는 리소스를 지정합니다. HTTP 버전은 해당 요청이 사용하는 HTTP 프로토콜의 버전을 나타냅니다. 이처럼 요청 라인은 요청의 주요 정보를 한눈에 파악할 수 있도록 핵심적인 요소를 명확하게 표기합니다.

요청 라인 { GET https://wikibook.co.kr/ HTTP/2
　　　　　　메서드　　　　URI　　　　　버전

그림 6.29 HTTP 요청 라인

요청 라인에서 사용되는 메서드는 서버에 어떤 작업을 요청하는지를 나타내는 요소입니다. 주요 HTTP 메서드에는 다음과 같은 것들이 있습니다.

표 6.1 주요 HTTP 메서드

HTTP 메서드	설명
GET	URI로 지정한 데이터를 조회
POST	메시지 바디를 통해 서버에 데이터 전송 및 처리
PUT	서버에 파일을 전송
DELETE	서버의 파일을 삭제
HEAD	GET 요청에서 본문(body)을 제외하고 헤더만 가져옴

가장 대표적이고 많이 사용되는 메서드는 **GET 메서드**입니다. 사용자가 웹 브라우저에 특정 URL을 입력해서 웹 페이지를 조회하려고 할 때 웹 브라우저는 서버에 GET 메서드의 HTTP 요청을 보냅니다.

POST 메서드는 웹 서버에 데이터를 전송하고, 그 데이터를 기반으로 처리하도록 요청할 때 사용됩니다. **PUT 메서드**는 파일을 웹 서버에 전송하거나 업로드하는 데 사용되고, **DELETE 메서드**는 웹 서버에서 특정 파일을 삭제할 때 사용됩니다.

마지막으로, **HEAD 메서드**는 GET 요청과 유사하지만 응답 데이터의 본문을 제외하고 헤더 정보만 요청하는 데 사용됩니다. 이를 통해 리소스의 존재 여부나 변경된 정보를 확인할 수 있습니다.

6.6.3 웹 서버의 대답, HTTP 응답

웹 브라우저가 웹 서버에 HTTP 요청을 보내는 상황을 살펴봤으니 이제 웹 브라우저가 HTTP 응답을 받는 상황을 살펴보겠습니다. HTTP 응답의 구성 요소를 더 깊게 이해하려면 HTTP 헤더를 세부적으로 들여다볼 필요가 있습니다. HTTP 응답은 크게 응답 라인, 메시지 헤더, 엔티티 바디로 구성됩니다.

```
응답 라인 { HTTP/2 200 OK

메시지 헤더 { Date: Tue, 15 Nov 2024 08:12:31 GMT
             Server: Apache/2.4.1(Unix)
             Content-Type: text/html; charset=utf-8
             Content-Length: 138
             Set-Cookie: UserID-JohnDoe; Max-Age=3600; Version=

엔티티 바디 { <!DOCTYPE html>
             <html lang="en">
             <head>
                     <meta charset="UTF-8">
                     <meta name="viewport" content="width=device-width, initia-lscale=1.0">
                     <title>안녕하세요!</title>
             </head>
             <body>
                     <h1>안녕하세요!</h1>
                     <p>안녕하세요!위키북스입니다.</p>
             </body>
             </html>
```

그림 6.30 HTTP 응답 예시

HTTP 응답을 자세히 살펴보면 많은 정보를 포함하고 있음을 알 수 있습니다. 첫 번째 줄의 'HTTP/2 200 OK'는 응답 라인(response line)으로, 그 뒤에 여러 줄에 걸친 메시지 헤더(message header)가 이어집니다.

응답 라인은 HTTP의 버전, 상태 코드, 그리고 상태에 대한 간단한 설명으로 이뤄집니다. 상태 코드는 세 자리 숫자로 표현되며, 이는 웹 서버가 요청 메시지를 어떻게 처리했는지를 나타냅니다.

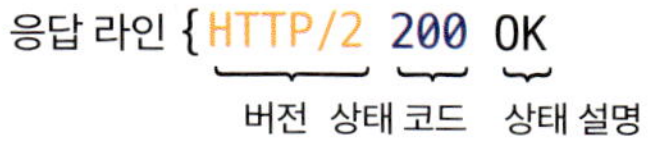

응답 라인 { HTTP/2   200   OK
            버전   상태 코드 상태 설명

그림 6.31 HTTP 응답 라인

그렇다면 HTTP 응답 라인에서 주요 상태 코드의 종류에는 무엇이 있을까요? 아래 표를 통해 살펴보겠습니다.

표 6.2 HTTP 상태 코드

상태 코드	설명
1xx	추가 정보
2xx	성공. 요청이 처리됐음을 의미
3xx	리다이렉션. 서버에서 새 URL로 리다이렉트를 유도
4xx	클라이언트 에러. 클라이언트 측 요청에 문제가 있어 처리되지 못한 상태
5xx	서버 에러. 서버 측에 문제가 있어 처리하지 못하는 상태

상태 코드의 첫 번째 자릿수는 응답의 분류를 나타냅니다. 1xx는 정보 전달을, 2xx는 요청 성공을, 3xx는 다른 URL로의 재지정을, 4xx는 클라이언트 오류를, 마지막으로 5xx는 서버 오류를 나타냅니다.

가장 자주 반환되는 상태 코드는 200으로, 이는 요청이 정상적으로 처리됐음을 의미합니다. 하지만 일반 사용자는 정상 처리된 상태 코드를 볼 일이 거의 없습니다. 반면 웹 서핑 중 자주 보게 되는 상태 코드는 404일 것입니다. 이는 클라이언트가 요청한 페이지가 서버에 존재하지 않음을 나타냅니다.

6.6.4 HTTP도 역사가 있어요

HTTP는 버전별로 다양한 변화를 겪으며 발전해왔습니다. 그래서 각각 HTTP/0.9, HTTP/1.0, HTTP/1.1, HTTP/2, HTTP/3으로 나뉩니다.

표 6.3 HTTP 버전별 출시 연도와 특징

버전	출시 연도	특징
HTTP/0.9	1991	▪ 단일 GET 메서드 지원, HTTP 헤더와 상태 코드 없음
HTTP/1.0	1996	▪ POST, HEAD 메서드 추가 ▪ HTTP 헤더 도입
HTTP/1.1	1997	▪ 지속 연결 도입 ▪ 파이프라이닝 지원 ▪ OPTIONS, PUT, DELETE 메서드 추가
HTTP/2	2015	▪ 바이너리 프레밍 계층 도입 ▪ 헤더 압축 ▪ 멀티플렉싱 지원
HTTP/3	2020	▪ TCP 대신 QUIC 사용 ▪ TLS 1.3 통합

먼저 HTTP/0.9에 대해 알아보겠습니다. 초기 HTTP가 현재의 HTTPS만큼 보안성을 고려해 개발된 것은 아니었고 매우 단순한 프로토콜로 시작했습니다. 1991년에 출시된 HTTP/0.9는 HTTP의 첫 번째 버전으로, 주로 텍스트 기반의 하이퍼텍스트 전송에 사용됐습니다. 단일 GET 메서드만 지원하고, HTTP 헤더나 상태 코드도 없는 매우 단순한 프로토콜이었습니다. 오로지 텍스트 기반의 하이퍼텍스트 전송에만 사용됐다고 볼 수 있습니다.

이후 웹이 급속히 성장하면서 더 많은 기능과 성능 향상이 필요해졌고, 1996년에 HTTP/1.0이 출시됩니다. 이 1.0 버전은 GET 외에 POST와 HEAD 메서드를 추가로 지원하며, HTTP 헤더가 도입됐습니다. 하지만 클라이언트–서버 간의 연결 지속 시간이 짧다는 단점이 있었습니다.

이러한 1.0 버전의 한계를 극복한 버전이 HTTP/1.1입니다. 1.1 버전은 1997년에 개발되고 1999년에 업데이트됐습니다. HTTP 1.1에서는 지속 연결이 도입되어 여러 요청을 하나의 연결에서 처리할 수 있게 됐으며, 파이프라이닝 기능도 지원하기 시작했습니다. 또한 기존 메서드 외에 OPTIONS, PUT, DELETE, TRACE, CONNECT 등의 메서드가 추가됐고, 캐싱 메커니즘이 개선됐습니다.

2010년 이후 웹 페이지가 복잡해지고 트래픽이 증가하면서 더 높은 성능과 효율적인 리소스 사용이 요구됐습니다. 이에 따라 2015년에 출시된 HTTP/2는 바이너리 프레밍 계층을 도입하고, 헤더 압축과 멀티플렉싱 기능을 통해 한 연결에서 여러 메시지를 전송할 수 있게 됐습니다. 이러한 HTTP/2 버전은 이전 버전과의 호환성을 유지하면서 사용할 수 있다는 장점이 있었습니다.

현재 인터넷에서는 HTTP/3이 사용되고 있습니다. 이 HTTP/3은 2020년에 출시되어 현재도 표준화 작업이 진행 중이며, 기존 HTTP/2의 한계를 극복하고 전송 계층의 성능을 향상시키기 위해 개발됐습니다. 또한 전송 계층에서 TCP 대신 6.7절에 보게 될 QUIC을 사용하며, TLS 1.3을 통합해서 빠른 속도의 데이터 전송과 높은 보안성까지 갖췄습니다.

6.6.5 핵심 정리

- HTTP는 HyperText Transfer Protocol의 약자로, 웹에서 하이퍼텍스트 문서를 요청하고 응답하기 위한 프로토콜입니다.
- HTTP는 TCP 80번 포트를 사용해 HTTP 요청 및 응답 메시지를 교환합니다.
- HTTP 요청 라인은 메서드, URI, HTTP 버전의 형식으로 구성됩니다.
- HTTP 응답 라인은 버전, 상태 코드, 설명문으로 구성됩니다.
- URL은 프로토콜, 호스트명, 경로명으로 구성됩니다.

【연습 문제】

1. HTTP가 보안성을 강화한 버전으로 나온 프로토콜은 무엇인가요?

2. HTTP에서 사용하는 기본 포트 번호는 몇 번인가요?

3. 웹 페이지 요청 시 사용되는 HTTP 메서드는 무엇인가요?

4. 웹 서버가 클라이언트의 요청을 성공적으로 처리했다는 HTTP 상태 코드는 무엇인가요?

연습문제 해답

1. HTTPS
2. 80번
3. GET
4. 200

6.7 전송 계층과 응용 계층의 통합, 더 빠르고 더 안전하게: QUIC

TCP는 신뢰성이 높은 데이터 전송을 보장하는 프로토콜이지만 속도가 느리다는 단점이 있습니다. 그렇다면 TCP만큼 신뢰성이 높고, UDP만큼 빠른 전송 속도를 가진 프로토콜이 있다면 어떨까요? 이를 위해 구글에서는 QUIC을 개발했습니다.

지금까지는 TCP와 UDP 프로토콜에 중점을 두고 설명했는데 이번 절에서는 기존의 TCP를 대체하기 위해 구글에서 개발한 전송 계층 프로토콜인 QUIC에 대해 자세히 알아보겠습니다.

QUIC은 전송 계층과 응용 계층 사이에서 동작하는 프로토콜로, 주로 전송 계층에서 작동하기 위해 설계됐지만, 그 독특한 이중적인 성격 때문에 전통적인 OSI 모델의 계층 경계를 넘나드는 특징이 있습니다. UDP를 기반으로 동작하지만 HTTP와 함께 동작해서 응용 계층과도 밀접한 관련이 있는 프로토콜이기에 이번 장에서 다루겠습니다.

6.7.1 TCP/UDP와 QUIC을 비교해보자

QUIC이라는 이름부터 직관적이지 않나요? 이 QUIC 프로토콜은 이름처럼 빠른 데이터 전송을 제공하는 프로토콜입니다. 흥미로운 점은 QUIC이 약어로 사용되지 않는다는 것입니다. QUIC이 약어인지 아닌지는 개발자들 사이에서도 의견이 분분합니다. 원래 QUIC은 'Quick UDP Internet Connections'의 약자로 제안됐지만, IETF에서는 QUIC을 약어가 아닌 단순한 프로토콜 이름으로 사용하고 있습니다.

QUIC은 UDP 기반 프로토콜로, 기존의 TCP 대신 UDP를 사용해 연결을 설정하고 데이터를 전송하기 위해 개발됐습니다. UDP는 연결을 설정하지 않고 데이터를 빠르게 전송하는 반면, QUIC은 자체적으로 연결을 관리하는 기능을 갖추고 있습니다.

그렇다면 QUIC의 대표적인 특징은 무엇일까요? QUIC은 빠른 연결 설정이 가능하고, 하나의 연결에서 여러 스트림을 독립적으로 사용할 수 있습니다. 또한, 기본적으로 TLS 1.3을 사용해 높은 수준의 보안성을 갖추고 있으며, 패킷 손실 시 빠르게 복구할 수 있는 기능도 있습니다. 이러한 점들이 모두 QUIC의 장점입니다.

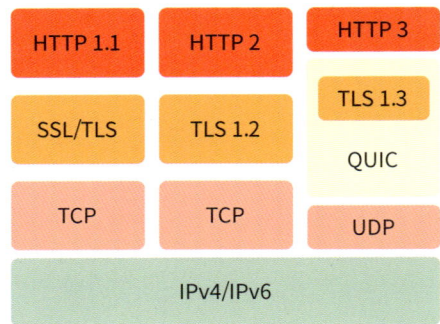

그림 6.32 HTTP의 버전별 스택과 비교

QUIC은 HTTP와 밀접한 관련이 있습니다. 그 이유는 QUIC은 HTTP의 3단계 버전인 HTTP/3의 동시에 여러 요청을 처리하는 연결 방식이 함께 작동하기 때문입니다. HTTP/2는 기본적으로 TCP 위에서 동작하지만 HTTP/3은 QUIC 위에서 동작합니다. 이를 통해 HTTP/3은 QUIC의 이점을 최대한 활용할 수 있게 됩니다.

HTTP/2는 TCP 기반으로 동작해서 하나의 세그먼트에 오류가 발생하면 그 세그먼트가 처리될 때까지 다음 세그먼트들이 대기하지만, HTTP/3의 QUIC은 오류가 발생하더라도 나머지 데이터를 처리할 수 있는 여러 스트림을 가지고 있습니다. 이를 QUIC의 다중 스트림 처리 기능이라고 하며, 이를 통해 데이터 지연이 최소화됩니다.

연결 속도 측면에서도 QUIC은 장점이 있습니다. TCP는 3방향 핸드셰이크 과정을 통해 연결을 설정하고, TLS를 추가하면 더 많은 왕복 시간이 필요합니다. 그러나 QUIC은 0-RTT 기능을 통해 빠르게 연결을 설정할 수 있으며, TLS 1.3을 기본으로 사용해 보안 연결을 빠르게 설정합니다. 따라서 HTTP/3은 더 빠른 연결 설정이 가능합니다.

6.7.2 왕복은 필요하지 않아, 0-RTT

0-RTT(Zero Round Trip Time; 0-RTT)는 QUIC 프로토콜의 핵심 기능 중 하나입니다. 0-RTT라는 이름은 클라이언트가 새로운 연결을 설정할 때 추가적인 왕복 지연 시간이 없다는 점에서 유래했습니다. 이 기능 덕분에 이전에 연결된 서버와의 연결을 매우 빠르게 재개할 수 있습니다. 전통적인 TCP/TLS 연결 설정에서는 최소 한 번의 왕복 시간이 필요하지만 0-RTT는 이름 그대로 이 왕복 시간을 생략할 수 있습니다.

이러한 특성 덕분에 웹 브라우징 시 사용자가 자주 방문하는 웹사이트와의 재연결이 훨씬 빨라지며, 페이지의 로딩 속도가 크게 향상됩니다. 또한 영상 스트리밍 시 끊김 없이 빠르게 연결이 재개되는 장점이 있습니다.

이제 QUIC의 동작 과정인 핸드셰이크 과정을 살펴보겠습니다. 그림 6.33은 QUIC 핸드셰이크 과정을 보여줍니다.

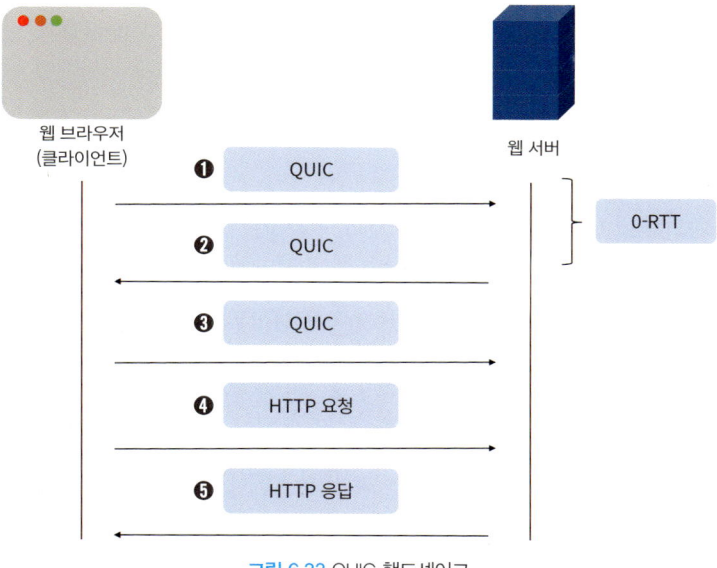

그림 6.33 QUIC 핸드셰이크

QUIC 핸드셰이크는 클라이언트와 서버 간 처음 연결 시 빠르게 실행되고, 이 과정에서 클라이언트는 서버의 암호화 키와 연결 상태를 저장합니다.

QUIC 핸드셰이크는 ❶ QUIC 패킷 전송을 통한 연결 시작, ❷ 초기 패킷에 대한 서버의 응답, ❸ 핸드셰이크의 완료와 함께 0-RTT 데이터 사용 가능, ❹ 클라이언트의 HTTP 요청 전송, ❺ 서버의 HTTP 응답으로 총 5단계의 과정을 거칩니다.

❶ 클라이언트는 서버에 첫 번째 QUIC 패킷을 전송해서 연결 설정을 시작합니다. 이 패킷에는 클라이언트의 초기 암호화 매개변수와 함께 0-RTT 데이터를 포함합니다.

❷ 서버는 클라이언트로부터 받은 초기 QUIC 패킷에 응답합니다. 이때 서버는 클라이언트가 보내는 초기 데이터를 검증하고 처리할 준비를 합니다.

❸ 클라이언트와 서버 간의 QUIC 핸드셰이크가 완료됩니다. 이 상태에서 0-RTT 데이터를 사용할 수 있으며, 추가적인 왕복 시간이 필요하지 않습니다.

❹ 클라이언트는 설정된 QUIC 연결을 통해 HTTP 요청을 서버에 전송합니다. 이 요청은 이미 설정된 암호화 매개변수에 따라 안전하게 전송됩니다.

❺ 서버는 클라이언트의 HTTP 요청을 처리하고, QUIC 연결을 통해 클라이언트에 응답을 전송합니다.

정리하자면, QUIC은 TLS 1.3이라는 암호화 프로토콜을 전송 계층에 통합해서 데이터 전송을 암호화하고 이를 통해 데이터의 무결성과 기밀성을 보장합니다. 또한, 0-RTT 설정으로 인해 TLS의 초기 핸드셰이크와 결합되어 빠른 연결 설정이 가능하며, 재전송 공격에 대한 보호 기능도 갖추고 있습니다. 이는 네트워크 지연을 줄이면서도 높은 보안성을 유지하는 장점이 있습니다.

6.7.3 핵심 정리

- QUIC은 구글에서 개발한 전송 계층의 프로토콜로, TCP의 신뢰성과 UDP의 속도를 결합한 프로토콜입니다.
- QUIC은 기존의 TCP 대신 UDP를 사용해 연결을 설정하고 데이터를 전송합니다.
- QUIC은 기본적으로 TLS 1.3을 사용해 높은 수준의 보안을 제공합니다.
- QUIC은 하나의 연결에서 여러 스트림을 독립적으로 사용할 수 있는 다중 스트림 처리를 지원합니다.

【연습 문제】

1. QUIC은 어떤 전송 계층의 프로토콜을 기반으로 개발됐나요?

2. QUIC은 기본적으로 어떤 암호화 프로토콜을 사용하나요?

3. QUIC은 HTTP의 어떤 버전과 밀접한 관련이 있나요?

4. QUIC의 0-RTT 기능의 주요 이점은 무엇인가요?

연습문제 해답

1. UDP
2. TLS 1.3
3. HTTP/3
4. 추가적인 왕복 지연 시간이 없습니다.

07

무선 LAN

오늘날 대부분의 공공장소와 사무실, 그리고 집에서는 인터넷에 연결하기 위해 유선 네트워크를 사용합니다. 하지만 유선 네트워크는 설치와 유지보수에 비용이 들고, 고정된 위치에서만 사용할 수 있다는 제약이 있습니다. 예를 들어, 대형 회의실이나 공공 장소에서 참석자들이 자유롭게 이동하며 인터넷을 사용하려면 케이블과 배선으로 인해 불편함을 겪을 수 있습니다. 이러한 상황에서 자유롭게 이동하면서도 안정적인 인터넷 연결을 제공하는 수단이 필요한데, 이때 사용할 수 있는 기술이 바로 **무선 LAN(Wireless Local Area Network)** 입니다.

무선 LAN은 이름 그대로 유선 케이블 없이 무선으로 통신하는 지역 네트워크입니다. 주로 라디오 주파 신호를 사용해 데이터를 전송하고, 카페, 도서관과 같은 여러 공공 장소에서 매우 흔히 사용되고 있습니다.

유선 네트워크에서는 충돌 문제를 해결하기 위해 CSMA/CD 방식을 사용하지만 무선 LAN에서는 **CSMA/CA(Carrier Sense Multiple Access with Collision Avoidance)** 방식을 도입해서 사용합니다. CSMA/CA는 충돌을 피하기 위한 방법으로, 이를 통해 무선 LAN의 성능을 최적화할 수 있습니다.

이번 장에서는 무선 LAN의 구조, 무선 LAN 통신에서 발생할 수 있는 문제점, 그리고 이를 해결하기 위한 방법인 CSMA/CA에 대해 알아보겠습니다.

7.1 공기를 통해 연결해요: 무선 LAN

유선 이더넷은 서로 다른 기기들을 케이블로 연결하는 네트워크 기술을 말합니다. 예를 들어, 그림 7.1과 같이 스위치와 노트북 사이에 연결된 네트워크 케이블이 그 예입니다. 유선 이더넷의 주요 장점은 물리적 연결을 통해 데이터를 안정적으로, 그리고 고속으로 전송할 수 있다는 것입니다. 이러한 특성은 인터넷 사용이나 네트워크 상의 다른 기기와 파일을 공유할 때 중요한 역할을 합니다.

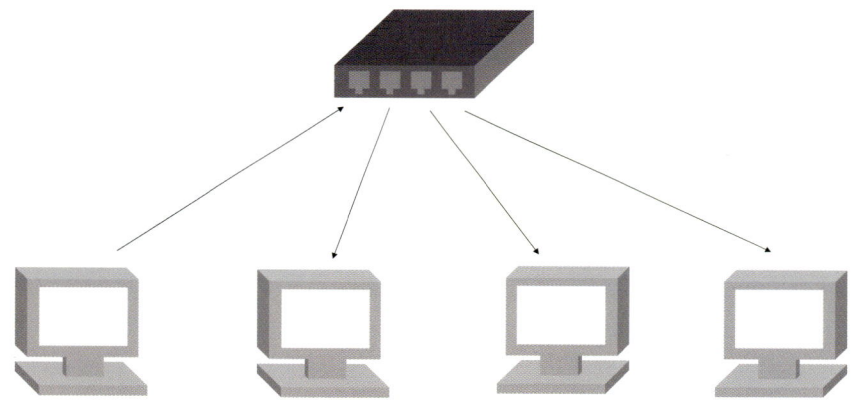

그림 7.1 유선 이더넷으로 연결된 네트워크

이와 달리, 무선 LAN은 유선 케이블을 이용하지 않으면서도 LAN을 구축할 수 있는 기술입니다. 케이블 없이 간편하게 네트워크를 구축하기 위해 무선 LAN이 개발됐습니다.

무선 LAN의 가장 큰 장점은 편리성과 이동성입니다. 무선 LAN을 사용하면 사용자가 유선 연결 없이도 케이블의 제약을 받지 않고 원하는 위치에서 자유롭게 인터넷에 접속할 수 있습니다. 하지만 무선 LAN은 무선 통신 환경에서 여러 기기가 동시에 동일한 무선 채널을 공유하기 때문에 데이터를 전송하는 기기 사이에서 충돌이 발생할 수 있다는 문제점이 있습니다. 또한 무선의 특성상 데이터 전송 속도가 유선보다 불안정할 수 있으며, 외부 요인에 의해 영향을 받기 쉽습니다. 또, 보안 측면에서도 주의가 필요합니다.

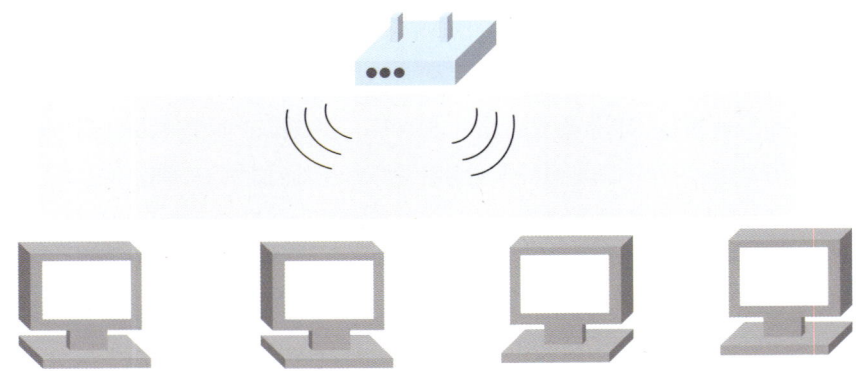

그림 7.2 무선 LAN으로 연결된 네트워크

무선 LAN은 전통적인 유선 네트워크와 유사하게 중앙에서 데이터 관리 및 통제가 필요하기 때문에 구성 요소가 구분됩니다. 무선 LAN의 주요 구성 요소는 액세스 포인트와 클라이언트로 나뉩니다. **액세스 포인트**는 네트워크의 중심에서 여러 클라이언트 장치들과의 통신을 중재하며, 클라이언트는 액세스 포인트에 연결되어 인터넷과 통신하는 개별 장치입니다.

무선 LAN의 연결 방식은 크게 **인프라스트럭처 방식**과 **애드혹 방식**으로 나뉘고, 사용 용도와 환경에 따라 적절한 네트워크 구성 방식을 선택할 수 있습니다. 인프라스트럭처 방식과 애드혹 방식에 대한 자세한 설명은 7.1.2절에서 다루겠습니다.

무선 LAN은 시간이 지나면서 성능 최적화, 호환성 확보, 보안 강화 등 다양한 측면에서 개선되며 여러 규격이 개발됐습니다.

이와 같이 무선 LAN의 구성 요소, 환경에 따른 사용 용도, 다양한 규격을 학습하는 것은 무선 LAN의 구성과 동작 원리를 이해하는 데 도움이 될뿐더러 현재의 무선 네트워크 환경과 성능을 파악하는 데도 중요한 역할을 합니다.

7.1.1 무선 연결의 쌍둥이, 무선 LAN 액세스 포인트와 무선 LAN 클라이언트

무선 LAN 네트워크의 핵심 구성 요소는 **무선 LAN 액세스 포인트(Wireless Access Point, WAP)**와 **무선 LAN 클라이언트**로 나뉩니다. **무선 LAN 액세스 포인트**는 무선 클라이언트와 유선 네트워크 사이의 다리 역할을 하는 중계 장치로 작동합니다. 즉, 무선 네트워크에서 데이터를 유선 네트워크로 전송하거나, 유선 네트워크에서 데이터를 무선 네트워크로 전송하는 역할을 합니다. 이제 각 핵심 구성 요소에 대해 자세히 알아보겠습니다.

액세스 포인트를 유선 이더넷에 연결하면 무선 클라이언트들은 유선 네트워크의 자원이나 서버와 통신할 수 있습니다. 이를 통해 무선 환경에서도 안정적인 데이터 통신이 가능해집니다.

무선 LAN 클라이언트는 무선 네트워크에 접속하기 위한 기기입니다. 예를 들어 노트북, 스마트폰, 태블릿 등이 무선 LAN 클라이언트에 해당합니다. 이 기기들은 액세스 포인트를 통해 데이터를 주고받습니다.

이처럼 무선 LAN 액세스 포인트와 무선 LAN 클라이언트는 상호작용하고, 사용자에게 무선으로 인터넷에 접속할 수 있는 환경을 제공하는 중요한 무선 LAN 구성 요소입니다.

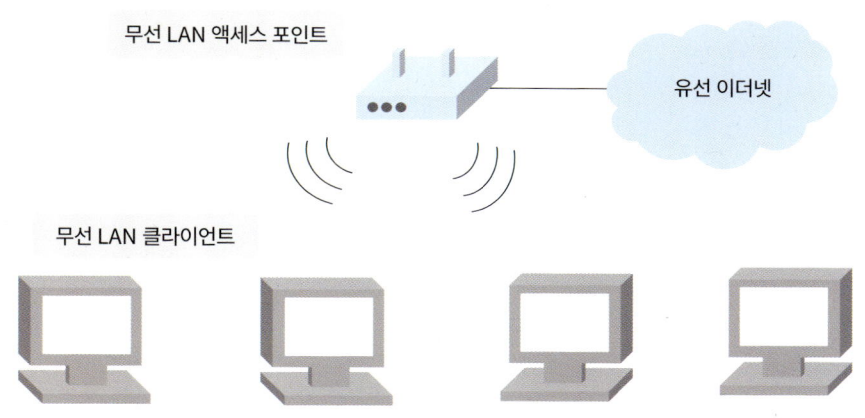

그림 7.3 무선 LAN 액세스 포인트와 무선 LAN 클라이언트

7.1.2 어떤 방식으로 무선 통신을 할까?, 인프라스트럭처 방식과 애드혹 방식

무선 LAN의 연결 방식은 주로 중심 장치를 통해 통신하는지, 아니면 클라이언트 간 직접 통신을 하는지에 따라 구분됩니다. 이러한 연결 방식은 크게 인프라스트럭처 방식과 애드혹 방식이라는 두 가지로 나눌 수 있습니다. 먼저 **인프라스트럭처 방식**은 무선 액세스 포인트를 중심으로 데이터를 주고받는 방식이고, **애드혹 방식**은 무선 클라이언트끼리 직접 데이터를 교환하는 방식을 의미합니다.

인프라스트럭처 방식은 여러 기기가 무선 LAN 액세스 포인트를 중심으로 통신하는 방식입니다. 이는 일반적으로 무선 공유기를 핵심 요소로 두고 공유기에 연결된 다양한 기기들이 서로 정보를 주고받는 형태입니다.

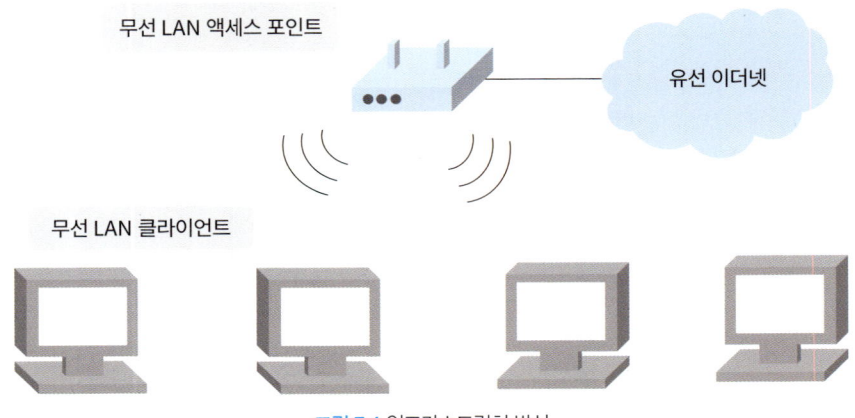

그림 7.4 인프라스트럭처 방식

이와 달리 **애드혹 방식**은 무선 LAN 액세스 포인트 없이 무선 클라이언트 간에 직접 데이터를 교환하는 통신 방식입니다. 인프라스트럭처 방식과의 주요 차이점은 중앙 액세스 포인트 없이 통신이 이뤄진다는 점입니다. 애드혹 방식은 주로 근거리 멀티플레이 기능에서 많이 활용됩니다. 예를 들어, 콘솔 게임기를 이용한 근거리 통신이 애드혹 방식을 사용하는 대표적인 사례입니다.

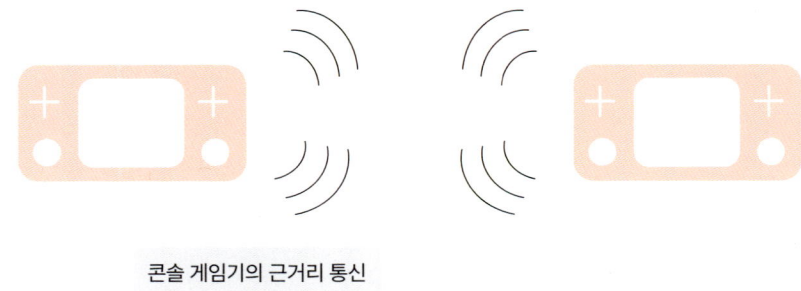

콘솔 게임기의 근거리 통신

그림 7.5 애드혹 방식

7.1.3 주요 무선 LAN 규격을 살펴보자

2장 '물리 계층'에서 다양한 유선 이더넷 규격에 대해 간략히 살펴본 적이 있습니다. 무선 LAN 역시 다양한 규격이 있는데, 무선 LAN의 표준 규격은 미국의 기술 표준화 기관인 **IEEE 802 위원회**에서 IEEE 802.11로 지정했습니다. 이 표준 내에서도 주요 하위 규격으로 11a, 11b, 11g, 11n, 11ac 등이 있습니다. 그중 현재 가장 널리 사용되는 무선 LAN 규격은 **11n**과 **11ac**로, 이 두 규격은 이전 버전에 비해 상당히 높은 전송 속도를 보여줍니다.

또한 이 표준들을 살펴보면 주파수 대역에 따라 2.4GHz와 5GHz로 구분됩니다. **2.4GHz 대역**은 더 긴 파장을 가지고 있어 넓은 범위를 커버할 수 있지만, 많은 기기들이 2.4GHz의 대역을 사용하기 때문에 혼잡해질 수 있다는 단점이 있습니다. 반면, 5GHz 대역은 빠른 데이터 전송 속도와 덜 혼잡한 환경을 제공하지만, 2.4GHz 대역에 비해 상대적으로 좁은 범위를 커버하고, 장애물을 잘 통과하지 못한다는 단점이 있습니다.

표 7.1 주요 무선 LAN의 규격

무선 LAN 규격	책정 시기	최대 전송 속도	주파수 대역
IEEE 802.11a	1999년 10월	54Mbps	5GHz
IEEE 802.11b	1999년 10월	11Mbps	2.4GHz
IEEE 802.11g	2003년 6월	54Mbps	2.4GHz
IEEE 802.11n	2009년 9월	600Mbps	2.4GHz/5GHz
IEEE 802.11ac	2014년 1월	6.9Gbps	5GHz

7.1.4 핵심 정리

- 무선 LAN은 유선 케이블 없이 LAN을 구축할 수 있는 기술입니다.
- 무선 LAN의 장점은 케이블 배선이 없어 편리하다는 것이고, 단점은 유선 이더넷보다 속도가 불안정하며, 보안상의 위험이 높아 해킹의 위험이 있다는 점입니다.
- 무선 LAN 네트워크는 무선 LAN 액세스 포인트와 무선 LAN 클라이언트로 구성됩니다.
- 무선 LAN을 구성하는 방식으로는 무선 LAN 액세스 포인트를 경유하는 인프라스트럭처 모드와, 무선 클라이언트끼리만 통신하는 애드혹 모드가 있습니다.

【연습 문제】

1. 무선 LAN 통신에서 사용되는 주요 기술 표준은 무엇인가요?
2. 무선 LAN에서 데이터 충돌을 방지하는 방식으로 어떤 메커니즘을 사용하나요?
3. 무선 LAN 설정에서 데이터 전송의 중계를 담당하는 장치는 무엇인가요?
4. 무선 네트워크에서 무선 클라이언트 간에 직접 데이터를 교환하는 통신 방식은 무엇인가요?
5. IEEE 802.11ac 규격이 사용하는 주파수 대역은 무엇인가요?

연습문제 해답

1. IEEE 802.11
2. CSMA/CA
3. 무선 액세스 포인트(Wireless Access Point; WAP)
4. 애드혹 방식
5. 5GHz

7.2 공기 중의 데이터 교통 경찰: CSMA/CA

무선 네트워크는 여러 장치들이 동일한 전파 주파수를 공유하며 통신합니다. 이러한 환경에서 여러 장치가 동시에 데이터를 전송하면 충돌이 발생할 수 있습니다. 이 충돌로 인해 데이터 패킷이 손상되거나 손실될 수 있고, 그 결과로 다수의 사람들이 사용하는 공용 와이파이 환경에서 속도가 저하되거나 끊기는 현상이 발생할 수 있습니다.

예를 들어, 한 장소에서 여러 사람들이 Wi-Fi를 사용하려고 할 때 동시에 인터넷에 접속하면 데이터 패킷 충돌이 발생할 확률이 높아집니다. 이러한 이유로 무선 네트워크가 효율적이고 안정적으로 작동하기 위해서는 데이터 패킷의 충돌을 최소화할 수 있는 프로토콜이 필요합니다. 이때 충돌을 방지하고 통신 효율을 높이는 프로토콜이 바로 **CSMA/CA(Carrier Sense Multiple Access with Collision Avoidance)** 입니다.

그림 7.6 데이터 충돌 방지를 위한 CSMA/CA

7.2.1 앗! 무선 네트워크도 충돌할 수 있어요

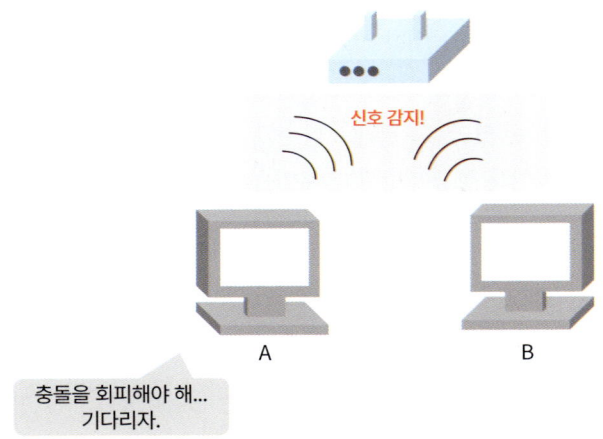

그림 7.7 CSMA/CA의 신호 감지와 충돌 회피

CSMA/CA의 핵심 목적은 무선 네트워크에서 발생할 수 있는 충돌을 방지하는 것입니다. 기존의 유선 네트워크에서 사용되는 CSMA/CD(Carrier Sense Multiple Access with Collision Detection)는 충돌을 감지한 후 해결하는 방식이었지만 무선 네트워크에서는 충돌 감지가 어렵기 때문에 CSMA/CA 같은 회피 기반의 접근 방식이 필요해졌습니다.

이 프로토콜은 특정 장치가 데이터를 전송할 때, 먼저 채널이 사용 중인지 감지하는 신호 감지 단계를 거칩니다. 채널이 사용 중이면 장치는 임의의 시간 동안 기다린 후 다시 확인합니다. 채널이 비어 있으면 장치는 데이터를 전송합니다. 이 방식으로 CSMA/CA는 무선 네트워크에서 데이터 충돌을 최소화합니다.

7.2.2 충돌 없는 통신을 위한 CSMA/CA의 과정

CSMA/CA의 첫 번째 단계는 **신호 감지(Carrier Sense; CS)**로, 데이터를 보내려는 기기가 먼저 공중을 통한 전송 경로인 채널이 사용 중인지 확인하는 단계입니다. 채널이 사용 중이면 기기는 채널이 사용 가능해질 때까지 기다립니다. 이때 채널이 사용 가능하면 데이터를 전송합니다.

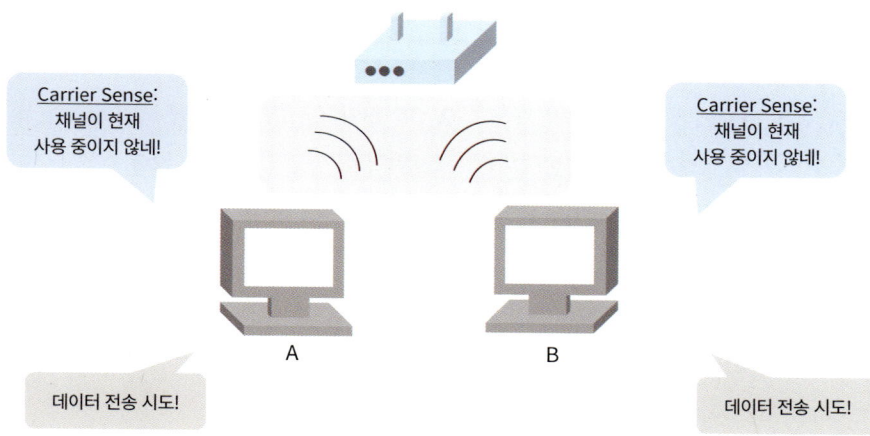

그림 7.8 CSMA/CA의 신호 감지 단계

이와 달리 채널이 사용 중이면 데이터를 전송하려는 기기는 랜덤한 시간 동안 대기합니다. 이 랜덤 시간은 임의로 정해지는데, 여러 기기가 동시에 전송을 시도해 충돌이 일어나는 것을 방지하기 위한 시간입니다. 이 단계를 **임의 대기**(Random Backoff; RB) 단계라고 부릅니다. 채널이 사용 가능해진 후에도 송신자는 무작위로 선택된 짧은 시간 동안 추가로 대기합니다. 이런 무작위 대기 시간은 여러 기기가 동시에 전송을 시도해 충돌이 일어나는 것을 방지하는 역할을 합니다.

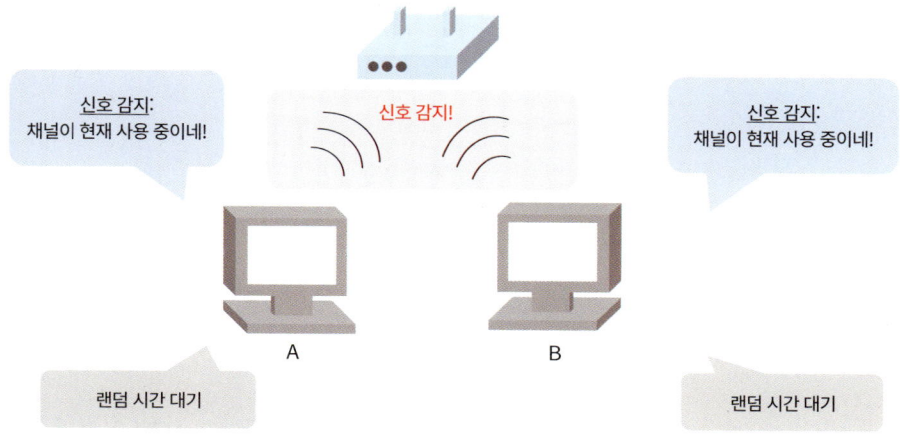

그림 7.9 CSMA/CA의 임의 대기 단계

❶ 대기 시간이 지나고 채널이 사용 가능해지면 데이터를 전송하고자 하는 기기는 **전송 요청 신호(Request to Send; RTS)**를 보냅니다. ❷ 이 신호를 받은 데이터를 수신하고자 하는 기기는 전송 요청 신호에 응답해서 **전송 가능 신호(Clear to Send; CTS)**를 보내 전송을 허가합니다. 이 전송 가능 신호는 지금 전송해도 된다는 의미를 가집니다. 전송 가능 신호를 받은 데이터 전송 기기는 데이터를 전송하기 시작합니다. 이때 데이터를 수신하고자 하는 기기는 전송된 데이터를 성공적으로 받으면 송신하고자 하는 기기에게 응답 신호를 보내 데이터의 성공적인 수신을 확인합니다.

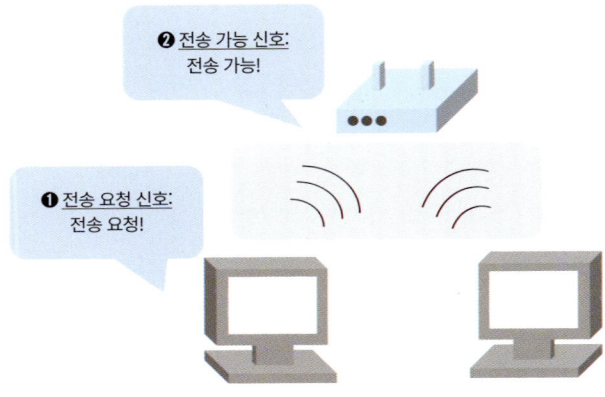

그림 7.10 CSMA/CA의 RTS/CTS 단계

이 같은 과정을 통해 CSMA/CA는 채널의 사용 상태를 감지하고, 랜덤 대기 시간을 가지며, 전송 요청 및 전송 가능 신호를 통해 충돌을 피하는 방식으로 무선 네트워크 환경에서 데이터의 충돌을 방지합니다.

7.2.3 핵심 정리

- CSMA/CA(Carrier Sense Multiple Access with Collision Avoidance)는 무선 네트워크에서 일어날 수 있는 데이터의 충돌을 회피하기 위해 사용되는 프로토콜입니다.

【연습 문제】

1. CSMA/CA에서 데이터 전송을 시도하기 전에 기기가 수행하는 랜덤 대기 시간은 무엇을 방지하기 위한 것인가요?

2. CSMA/CA에서 대기 시간이 지나고 채널이 사용 가능해질 때 어떤 신호들을 주고 받나요?

3. 무선 네트워크에서 CSMA/CD 대신 CSMA/CA를 사용하는 이유는 무엇일까요?

연습문제 해답
1. 동시 전송에 의한 데이터 충돌
2. 전송 요청 신호(Request to Send; RTS), 전송 가능 신호(Clear to Send; CTS)
3. 무선 환경에서는 충돌 감지가 어렵기 때문입니다.

08

총정리: 예시를 통해 둘러볼까요?

지금까지 네트워크의 모든 계층을 자세히 훑어봤습니다. 그 과정에서 각 계층이 어떤 역할을 하고, 어떤 프로토콜이 그 계층의 핵심인지 알아봤으므로 이제 하나의 시나리오를 살펴보면서 앞에서 배운 모든 내용들을 총정리해보겠습니다.

지금까지는 OSI 모델의 각 계층을 상향식으로 살펴봤지만 이번 절에서는 총정리를 위해 하향식 접근이 필요합니다. 여기서 상향식 접근은 1계층인 물리 계층부터 7계층인 응용 계층까지 순서대로 살펴보는 방식을 말합니다. 반대로 하향식 접근은 7계층인 응용 계층부터 1계층인 물리 계층까지 데이터가 전송되는 과정을 따라 내려가는 과정입니다.

그래서 이번 장에서는 사용자가 웹 브라우저로 위키북스 사이트에 접속할 때의 데이터 흐름을 OSI 모델의 하향식 접근으로 살펴보겠습니다.

08_총정리: 예시를 통해 둘러볼까요? | 217

그림 8.1 위키북스 웹사이트 요청

먼저, 사용자는 웹 브라우저 주소 표시줄에 wikibook.co.kr을 입력하고 엔터를 누릅니다. 웹 브라우저는 HTTPS를 통해 웹 서버에 웹 페이지 요청을 생성합니다. 이때 웹 브라우저는 사용자의 요청을 적절한 데이터 형식으로 변환하고, 보안 프로토콜을 사용해 데이터를 암호화하고 인코딩합니다. 또한 웹 서버와의 통신 세션을 생성하고 관리합니다. 응용 계층에서는 사용자와 웹 서버 간의 연결이 성공적으로 이뤄졌는지 확인하고, 데이터 교환을 준비합니다. 이 과정에서 웹 브라우저는 일반적으로 DNS 조회를 통해 웹 서버의 IP 주소를 미리 확인합니다. 여기서는 DNS를 통해 이미 wikibook.co.kr의 IP 주소를 확인한 상태라고 가정하겠습니다.

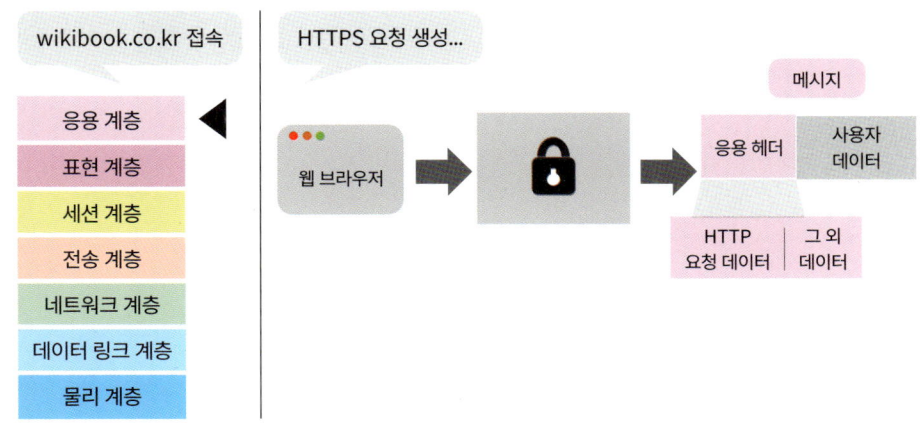

그림 8.2 웹 페이지 전송 요청 시 응용 계층에서 일어나는 일

응용 계층에서 HTTPS 전송 데이터를 가져온 다음, 전송 계층에서는 데이터를 포트 번호와 함께 캡슐화합니다. 이때 사용자의 데이터는 TCP에 의해 처리되고, TCP는 데이터를 세그먼트로 나눈 다음, 각 세그먼트에 포트 번호, 순서 정보, 오류 검사 등을 위한 TCP 헤더를 추가합니다. 그중 포트 번호는 특히 중요한데, HTTPS 요청의 경우 일반적으로 443번 포트(HTTPS)가 목적지 포트 번호로 설정됩니다. 또한 출발지 포트 번호는 1024~65535 사이에서 무작위로 현재 사용자의 컴퓨터에서 사용되고 있지 않은 임시 포트 번호가 설정됩니다.

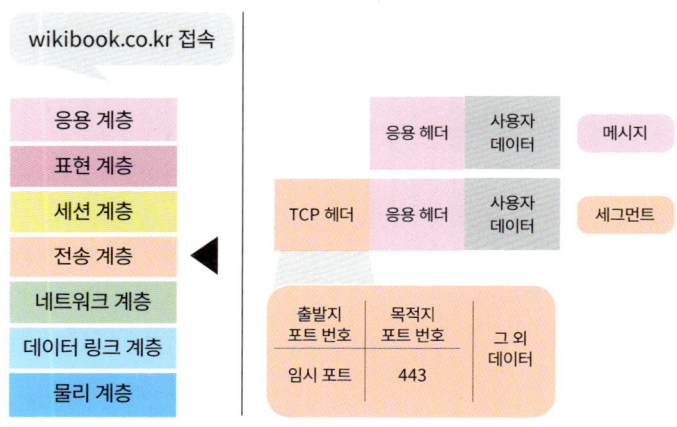

그림 8.3 웹 페이지 전송 요청 시 전송 계층에서 일어나는 일

이제 다음 계층인 네트워크 계층으로 내려가 보겠습니다. IP는 세그먼트를 패킷으로 캡슐화하고, 각 패킷에 출발지와 목적지의 IP 주소를 부여합니다. 이때 출발지 IP 주소는 사용자 컴퓨터의 IP 주소가 되고, 목적지 IP 주소는 최종적으로 위키북스 웹 서버에 도착해야 하므로 위키북스 웹 서버의 IP 주소가 됩니다. 하지만 전송 과정에서 라우터를 만나면 네트워크 주소 변환 프로토콜에 의해 출발지 IP 주소가 사용자의 컴퓨터가 아닌 공인 IP 주소로 변환될 수 있습니다.

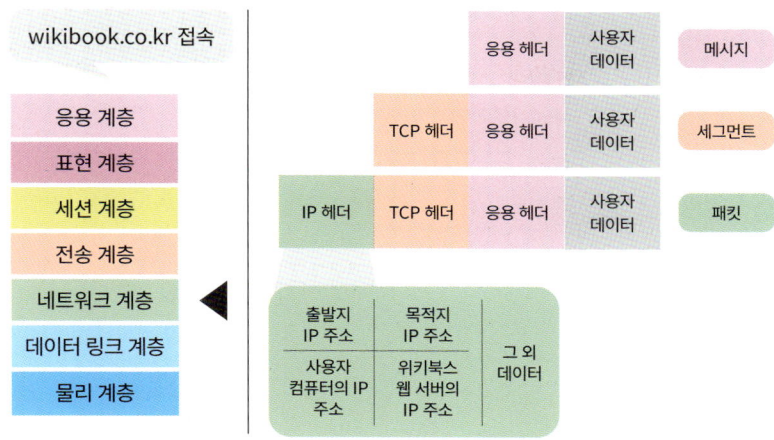

그림 8.4 웹 페이지 전송 요청 시 네트워크 계층에서 일어나는 일

한 층 더 내려가서 데이터 링크 계층을 살펴보겠습니다. IP 패킷은 데이터 링크 계층으로 이동해 프레임으로 캡슐화됩니다. 프레임은 네트워크를 통해 전송될 물리적 주소, 즉 MAC 주소를 포함하는 이더넷 헤더를 받습니다. 이 과정에서 출발지 MAC 주소와 목적지 MAC 주소가 결정됩니다. 이때 출발지 MAC 주소는 사용자 컴퓨터의 MAC 주소, 목적지 MAC 주소는 사용자 컴퓨터와 연결된 가까운 스위치나 라우터의 MAC 주소로 결정됩니다.

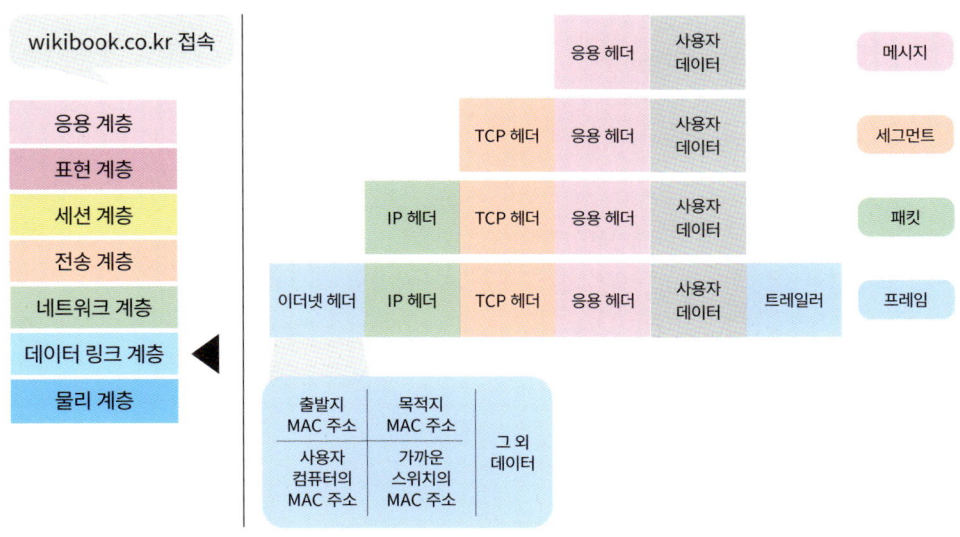

그림 8.5 웹 페이지 전송 요청 시 데이터 링크 계층에서 일어나는 일

이제 데이터가 하나의 캡슐처럼 준비되어 케이블을 통해 전기 신호로 변환될 준비가 끝났습니다. 마지막으로 캡슐화된 웹 서버 요청 데이터가 전선을 통해 전기 신호로 변환되는 과정은 물리 계층과 깊은 연관이 있습니다. 프레임은 물리 계층에서 전기 신호로 변환되어 사용자의 컴퓨터에서 스위치나 스위치 기능이 있는 라우터를 거쳐 외부 네트워크의 인터넷으로 전송됩니다. 이때 전기 신호로 변환된 데이터는 전선, 광섬유, 무선 링크 등 다양한 물리적 매체를 통해 전송될 수 있습니다.

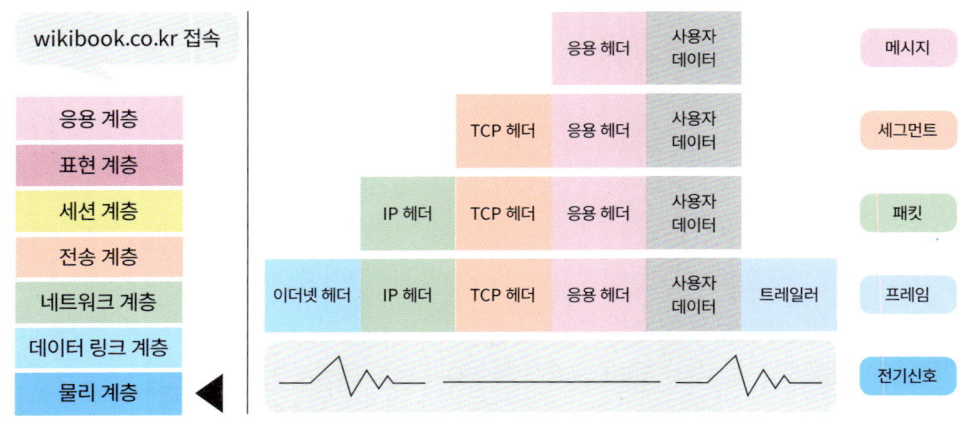

그림 8.6 웹 페이지 전송 요청 시 물리 계층에서 일어나는 일

이제 요청 메시지가 물리 계층을 통해 전기 신호로 변환되어 전선을 통해 전송될 준비를 마쳤습니다. 그림 8.7과 같이 전선을 통해 연결된 스위치로 데이터가 이동하면 스위치는 수신한 데이터의 이더넷 헤더에 포함된 데이터인 MAC 주소를 읽고, 목적지 MAC 주소가 자신의 MAC 주소와 일치하는지 확인한 후 다른 라우터로 전송합니다. 이때 라우터는 일반적으로 가정에서 사용하는 공유기 라우터를 의미합니다. 데이터를 전송받은 라우터는 데이터의 출발지 IP 주소와 목적지 IP 주소를 확인하고, 외부 네트워크로 전송하기 위해 NAT 프로토콜을 사용해 출발지 IP 주소를 공인 IP 주소로 바꿉니다. 그리고 LAN에서 WAN, 즉 외부 네트워크로 데이터를 전송합니다.

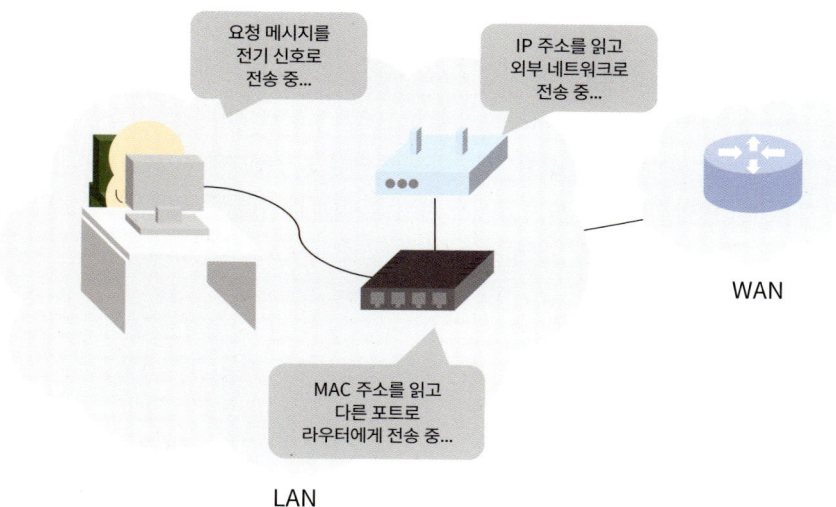

그림 8.7 스위치와 라우터를 거쳐 이동하는 데이터

그림 8.8과 같이 데이터가 여러 네트워크를 거쳐 인터넷 서비스 제공업체(ISP)에 도달하면 ISP는 데이터를 더 넓은 네트워크로 전달하고, 데이터가 웹 서버까지 도달할 수 있게 돕습니다. 이 과정에서 데이터는 여러 네트워크 장치와 다양한 지점을 거쳐 전송됩니다.

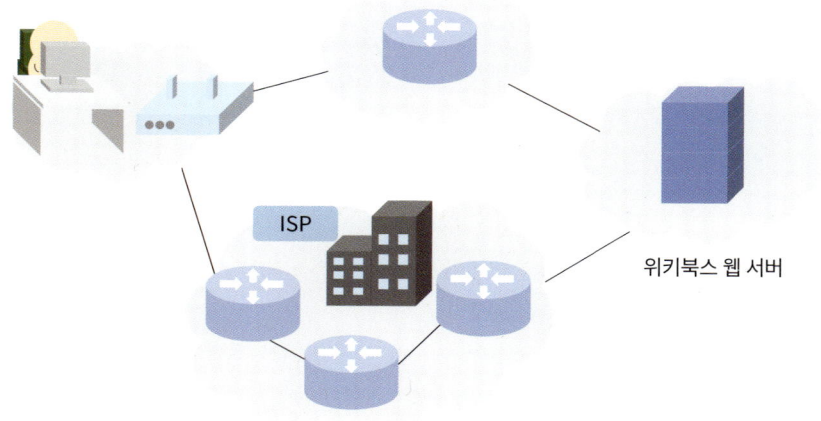

그림 8.8 ISP를 거쳐 웹 서버로 향하는 데이터

데이터가 외부 네트워크로 나가면서 다양한 라우터들을 만나게 되는데, 이 과정에서 각 라우터는 라우팅 프로토콜을 통해 데이터 패킷을 가장 효율적인 경로로 전달합니다. 이를 통해 데이터는 인터넷을 거쳐 여러 라우터를 거쳐 최종적으로 위키북스 웹 서버에 도달합니다. 마지막으로 웹 서버는 요청을 처리하고, 필요한 웹 페이지 데이터를 사용자에게 응답으로 다시 전송하게 되며, 사용자는 위키북스 웹 서버의 파일을 받을 수 있게 됩니다.

찾아보기

번호

0-RTT	200
2.4GHz 대역	209
3방향 핸드셰이크	136, 137
4방향 핸드셰이크	136, 138
5GHz 대역	209
10BASE-T	50
100BASE-FX	50
1000BASE-T	50

A - I

A 클래스	84
ACK	137
ARP 캐시	122
ARP(Address Resolution Protocol)	120
ARQ(Automatic Repeat Request)	140
AS-PATH	106
B 클래스	85
Bellman-Ford 프로토콜	101
BGP(Border Gateway Protocol)	75
C 클래스	85
CIDR(Classless Inter-Domain Routing)	90
CS(Carrier Sense)	212
CSMA/CA(Carrier Sense Multiple Access with Collision Avoidance)	204, 211
CSMA/CD	69
CTS(Clear to Send)	214
D 클래스	85
DELETE 메서드	193
DHCP(Dynamic Host Configuration Protocol)	168, 170
DNS(Domain Name System)	168, 174
E 클래스	85
FCS(Frame Check Sequence)	54
FIN	138
FTP(File Transfer Protocol)	169, 181
GET 메서드	193
Go-Back-N 재전송 방식	142
HEAD 메서드	194
HTTP 메서드	193
HTTP 요청	192
HTTP 응답	194
HTTP(Hypertext Transfer Protocol)	168, 190

ICMP Echo 요청 메시지	126	QUIC	199
ICMP Echo 응답 메시지	126	QUIC 핸드셰이크	201
ICMP(Internet Control Message Protocol)	124	RB(Random Backoff)	213
ID	78	RIP(Routing Information Protocol)	75
IEEE 802 위원회	209	RJ-커넥터	33
IP 주소	3, 75, 80	RTS(Request to Send)	214
IP 패킷	77		
IP 헤더	74, 76, 77		
IP(Internet Protocol)	74, 80		
IPv4	82		
IPv6	82		
ISP(Internet Service Provider)	3		

S – Z

Selective Repeat 재전송 방식	143
SMTP(Simple Mail Transfer Protocol)	169, 186
SSL(Secure Sockets Layer)	160
Stop-and-Wait 재전송 방식	141
SYN	137
TCP 세그먼트	131
TCP 에러 제어	140
TCP 헤더	131
TCP 헤더의 길이	134
TCP 흐름 제어	145
TCP/IP 모델	14, 15
TCP(Transmission Control Protocol)	129
Ten-기가비트 이더넷	49
TLS(Transport Layer Security)	160
TTL(Time-To-Live)	78
UDP(User Datagram Protocol)	129, 155
UTP 케이블	32, 33
VLSM(Variable Length Subnet Mask)	90
WAN(Wide Area Network)	6
Well-Known 포트	153
Wi-Fi	32

L – R

LAN(Local Area Network)	6
LLC(Logical Link Control) 계층	46
MAC 주소	45, 56
MAC 주소 테이블	58
MAC(Media Access Control) 계층	46
MAN(Metropolitan Area Network)	6, 8
MED(Multi-Exit Discriminator)	107
MTU(Maximum Transmission Unit)	54
NAT	4
NAT(Network Address Translation)	117
NEXT-HOP	106
OSI 모델	14
OSI(Open Systems Interconnection)	1, 11
OSPF 공통 헤더	111
OSPF(Open Shortest Path First)	75, 109
PDU	21
ping 명령어	126
POP3(Post Office Protocol 3)	169, 186
POST 메서드	193
PUT 메서드	193

ㄱ - ㄷ

가산 증가	149
감지	70
개방형 최단 경로 우선	98, 109
개인 키	161
거리 벡터 알고리즘	101
경계 게이트웨이 프로토콜	98, 105
경계 라우터	110
경로명	192
경로 벡터 라우팅	105
고속 이더넷	49
공개 키	161
공용 네트워크	2
광섬유 케이블	32, 35
국가 도메인	177
기가비트 이더넷	49
긴급 포인터	134
내부 게이트웨이 프로토콜	98, 100
내부 BGP	105
네트워크	1
네트워크 계층	12, 16, 73
네트워크 구조	10
네트워크 주소	81
네트워크 주소 변환	117
네트워크 주소 변환 프로토콜	4
네트워크 토폴로지	30, 40
네트워크 ID	81, 83
논리적 주소	81
느린 시작	149
느린 시작 임계값	150
다이렉트 케이블	32, 33
다익스트라 알고리즘	113
다중 접속	70
단순 메일 전송 프로토콜	169

대칭 키	162
대칭 키 암호화 방식	161
더미 허브	37, 38
데이터	1
데이터 링크 계층	12, 16, 45
데이터베이스 설명	112
데이터 연결	181
도메인 이름	192
도메인 이름 시스템	168, 174
동적 라우팅	97
동적 호스트 구성 프로토콜	168
동축 케이블	32, 35
두 번째 레벨 도메인	176
뜨거운 감자 라우팅	105

ㄹ - ㅂ

라디오파	32
라우터	74, 94
라우팅	74, 96
라우팅 정보 프로토콜	98, 100
라우팅 테이블	96
라우팅 프로토콜	97
랜 케이블	33
루트 도메인	176
리피터	30, 37
링크 상태 업데이트	112
링크 상태 요청	112
링크 상태 확인	113
링형	40, 42
망형	40, 42
멀티캐스트	24, 25
메시지	20
메시지 인증 코드	162
목적지 포트 번호	156

목적지 MAC 주소	54	스위칭 허브	37, 38, 45, 61
무선 매체	32	스타형	40, 41
무선 LAN	204	슬라이딩 윈도우	145
무선 LAN 액세스 포인트	206	신호 감지	212
무선 LAN 클라이언트	206	애드혹 방식	206
물리 계층	12, 16, 30	액세스 포인트	206
반복적 질의	177	액티브 모드	182
반이중 통신	28	역방향 조회	175
배수식 감소	149	역캡슐화	1, 19, 21
백본 라우터	110	연결 요청 비트	137
백본 영역	110	연결 종료 비트	138
버스형	40	영역 경계 라우터	110
버전	78	예약 영역	134
브로드캐스트	24, 25	옥텟	81
블루투스	32	외부 게이트웨이 프로토콜	98
비대칭 키 암호화 방식	161	외부 BGP	105
비신뢰성	80	우편 프로토콜 버전 3	169
비연결성	80	위성 마이크로파	32
비트	31	윈도우 광고	145
		윈도우 크기	134
		유니캐스트	24
		유선 케이블	32

ㅅ - ㅈ

사설 네트워크	2	응용 계층	12, 16, 166
사용자 데이터그램 프로토콜	129	이더넷	47
상태 코드	195	이더넷 프레임	53
서브넷 마스크	87, 88	이더넷 헤더	45, 47
서브넷팅	87	인증 기관	162
서브도메인	176	인터넷 서비스 제공업체	3
서비스 유형	78	인터넷 제어 메시지 프로토콜	124
세그먼트	20, 132	인프라스트럭처 방식	206
세션 계층	16	일련번호	133
송신 윈도우	145	일반 도메인	177
수신 윈도우	145	임의 대기	213
스위치	38, 45, 61	자동 재전송 요청	140
스위칭	62		

자율 시스템	98
재귀적 질의	177
전기 신호	31
전송 가능 신호	214
전송 계층	12, 16, 129
전송 매체	30
전송 요청 신호	214
전송 제어 프로토콜	129
전이중 통신	28
전체 길이	78
정방향 조회	175
정적 라우팅	97
정적 IP 할당	170
제어 연결	181
주소 결정 프로토콜	120
중간자 공격	160

ㅊ – ㅋ

체크섬	125, 134, 140
최상위 도메인	176
출발지 포트 번호	156
출발지 MAC 주소	54
충돌 감지	71
카테고리	34
캡슐화	1, 19, 20
코드	125
코어	35
코팅	35
크로스 케이블	32, 33
클래딩	35
클래스	81
클래스리스 주소 지정	90
클래스풀 주소 지정	84

ㅌ – ㅎ

타입	54, 125
토폴로지	40
트레일러	47, 54
특정 타입의 OSPF 헤더	111
파라미터	192
파일 전송 프로토콜	169
패시브 모드	182
패킷	20, 76
포워딩	66
포트 번호	133, 152
표준 이더넷	49
표현 계층	16
프래그먼트 오프셋	78
프레임	20, 45, 47
프로토콜	10
프로토콜 데이터 단위	21
프로토콜 타입	78
프리픽스 표기법	89
플래그	78, 134
필터링	66
하이퍼텍스트 전송 프로토콜	168, 190
허브	30, 37
헤더	19
헤더 길이	78
헤더 체크섬	78
헬로	112
호스트 이름	192
호스트 ID	81, 83
혼잡 제어	149
홉 수	100
확인 비트	137
확인 응답 번호	134

memo